學會等待，即使失敗仍要挑戰！享受生命中的每一刻，毅力造就非凡人生

等來的成功

← 耐心與堅持
的生活哲學 →

吳勵名，悠然 —— 著

The Power of Perseverance

當你沉迷於各種應酬卻感覺一無所獲時
你應該考慮靜下自己的心，去體驗與寂寞為伴的滋味
也許你會得到一些意外的收穫——

目錄

目 錄

序言

　　一家知名企業在人力銀行上刊登一則應徵廣告，要應徵一名有能力處理敏感事務的高階職員。因為這家公司的知名度很高，給的薪水也不低，所以前去應徵的人也非常多。在等待面試的大廳裡，所有人都在高談闊論，自賣自誇，希望自己的才華能夠引起公司重要人物的關注。

　　因此，大廳裡面非常吵雜，以至於絕大多數人都沒有聽到廣播裡那個微弱的聲音：「我們想應徵一名有安靜特質以及敏銳觀察力的人，聽到這個指示的人可以進來拿聘書。」

　　其中，只有一個年輕男孩除外。他從進入公司的那一刻開始一直保持沉默，安靜地坐在大廳的一個角落裡。當聽到那個廣播時，他立即站起來走進房間，並成功地拿到了聘書。

　　很多時候，我們一直都在苦苦地追尋著成功的蹤跡，奮力捕捉著機遇的靈光，但是當成功正在召喚我們的時候，卻因為沉浸在浮躁的世界中忽視了它的聲音。

　　因此，要想得到成功的垂青，需要耐得住寂寞，把心靜下來，專心等待成功來敲門。

　　當然，耐得住寂寞，並不都像上面的例子那麼簡單，很多時候，它需要我們長期與寂寞相伴，才能成功。

　　王國維在《人間詞話》裡說：「古今之成大事業、大學問者，必經過三種境界：『昨夜西風凋碧樹。獨上高樓，望盡天涯路』，此第一境也；『衣帶漸寬終不悔，為伊消得人憔悴』，此第二境也；『眾裡尋他千百度，驀然

回首，那人卻在燈火闌珊處」，此第三境也。」

第一境界「昨夜西風凋碧樹。獨上高樓，望盡天涯路」的含義是，鑽研學問、成大事者，首先要有執著的追求，登高望遠，明確目標與方向，了解事物的概貌。這也是人生寂寞迷茫、獨自尋找目標的階段。

第二境界「衣帶漸寬終不悔，為伊消得人憔悴」，作者以此兩句來比喻成大事、大學問者，不是輕而易舉、隨便可得的，必須堅定不移，經過一番辛勤勞動，廢寢忘食，孜孜不倦，直至人瘦衣寬也不後悔。這也是人生的追求孤獨階段。

第三境界「眾裡尋他千百度，驀然回首，那人卻在，燈火闌珊處」是說，鑽研學問、成大事者，必須有專注的精神，反覆追尋、研究，下足功夫，自然會豁然貫通，有所發現，也就自然能從寂寞王國進入自由王國。這也是人生的實現目標階段。

由此可見，大多的成功者都是孤獨而執著的。耐得住寂寞，是一個人思考靈魂修養的展現，是難能可貴的一種風範。

俄羅斯大文豪列夫・托爾斯泰（Lev Tolstoy）的《戰爭與和平》（*War and Peace*）、《安娜・卡列尼娜》（*Ahha Kapehnha*）相繼發表以後，各種宴請、採訪、簽名就包圍著他，使他極為苦惱。這時，托爾斯泰正準備寫一部揭露和抨擊沙皇專制制度的長篇小說《復活》（*Resurrection*）。

為了專心致志地寫好這本書，有一天，他把傭人叫到面前，對他說：「從今天起，我『死』了，就『死』在我的房間裡。不過別忘了送飯給我。」

從此，托爾斯泰把自己鎖在房間裡，集中精力寫作。每當有人來拜訪他時，傭人便顯出十分悲痛的樣子對客人說：「先生死了，死在誰也不知道的地方。」

漸漸地，社會上都傳說托爾斯泰神祕地去世，來訪者也因此而絕跡了。

　　9 年過去了。1891 年，世界文學史上的鉅著《復活》完成，作者托爾斯泰也同時「復活」了。

　　名利、浮華會使一個文學家、科學家很難再有大的進步，因為這些東西不僅會浪費文學家、科學家的時間、精力，還會干擾他們的心靈，使他們不能靜下心來做自己的事情。正因為此，才會有一些真正的「大家」不惜多次搬家，來逃避這些世俗的紛擾。

　　托爾斯泰的「死去」和「復活」，具體地告訴我們：要想成就一番事業，必須要學會給自己一張冷板凳。

　　耐得住「寂寞」，孤獨守一片乾坤，是一種境界。因為，這種「耐得住寂寞」的想法，無疑是一種強勁的動力，幫你上緊奔騰的發條。

　　當你沉迷於各種應酬卻感覺一無所獲時，你應該考慮靜下自己的心，去體驗與寂寞為伴的滋味。也許你會得到一些意外的收穫。

序 言

第一　寂寞是心靈的寶庫

　　許多成功者與失敗者的唯一區別，往往不是更多的努力和孜孜不倦的流血流汗，也不是多麼聰明過人的頭腦和謀略，而只在於他們的韌性和耐心。

　　如果你想改善人生，請不妨從忍耐，甚至習慣寂寞開始。耐得住寂寞者，始有所成，終有所就。

寂寞是成就的前提

社會學家證實，人類地群居的動物，當個體離開群體後，人性就會以一種手段懲罰個體，這種手段叫寂寞。

現實生活中，如何面對寂寞，往往投射著不同的人生追求和價值觀。

在某些人身上，寂寞是其無能、無為、無聊心態的描寫，而對於那些有能、有為者，對寂寞卻是迥異的認知與行動，也可概括為兩個字，即守住。

守得住寂寞，才能抗拒誘惑，成就事業。如今的世界繽紛多彩，價值觀多元，紅塵喧囂的大環境，對於每一個人都是一種無形的誘惑。

如果說「寂寞」考驗的是心境，「誘惑」考驗的就是定力。大量事實證明，在誘惑面前，就有人難以靜心、凝神，心浮氣躁，導致一事無成。

古人有言，「靜而後能安，安而後能慮，慮而後能得」。

在人生的歷練中，從容淡定，是一種氣度與志向。在潮漲潮落的人生舞臺上，灑脫嫻靜，是一種能力與素養。

有人說成大事者需要大格局，這種格局就能守得住寂寞。能做到在欲望與誘惑面前心無旁騖，在榮譽與屈辱面前鎮定自若，在困難與挫折面前不屈不撓，在喧囂與浮躁面前聚精會神，也才能在寂寞中創造輝煌。

有人說，守得住寂寞是一種悲壯的美麗，是呼喚理性的天籟，是人生珍貴的箴言。

這段話至少傳遞出兩個資訊，一為守得住寂寞者的這種氣度與修養，這種克制與堅守，這種信念與定力，正受著新的形勢和環境的挑戰。

另一點是告誡人們，成功往往只與那些「守得住寂寞」的人交朋友，浮躁是成就的大敵。

凡事業有成者的蹤跡均證明：守得住寂寞的人，看清的是自己面對的時局與環境，牢記的是自己的使命與責任，保持的是旺盛的鬥志與熱情。

這種「守得住」心境的養成，依存於一種堅定的信念 —— 忠誠；一種可貴的責任 —— 擔當；一種昂揚的精神 —— 奉獻；一種不懈的追求 —— 執著；一種難得的品格 —— 淡泊。

心靈感悟

誘惑是成功的一大障礙，抵制誘惑，忍受寂寞被許多成功人士所推崇。那是因為唯有如此才能在繽紛多彩的世界裡抵制誘惑，才能在紅塵喧囂的大環境中守住信念，也才能成就一番事業。

忍耐之心鑄就成功

那時，他們剛剛到新疆，他們的農場剛剛開墾出第一片黑得泛油的肥沃處女地。地剛開墾出來，他們就迫不及待地種上了小麥。他們想，這麼肥的土地，儘管不撒化肥，小麥也會蓬勃地生長。

春節前，他們種下的小麥陸陸續續開始拱出了泥土，那芽尖鵝黃鵝黃的，像黎明時東方地平線上的一束束曙光，從那一望無際的鵝黃裡，他們似乎看到了第二年秋天的金色希望。

但第二年初春，當厚厚的積雪緩緩融化時，他們吃驚地發現，那黑得泛油的土地不見了，鋪開在他們面前的是白茫茫的一片泥地，那層白，白

得像鹽，白得像一地濃得化不開的濃霜，更令他們吃驚的是，那鵝黃鵝黃的麥苗一片一片地枯萎了，小小的葉子像一根根無力垂下的小小手臂。

他們跑到幾萬公尺外的地方找到一位老農，老農聽了他們焦急地敘說後，淡淡一笑說：「今年你們可能要顆粒無收了。」

他們問老農他們的農場該怎麼辦？老農說：「沒辦法，最好的辦法就是耐心等待吧。」

「需要等多少時間？」他們問。

「兩年或者三年，甚至是五六年。」老農說。

他們一下子就沮喪起來。為了開墾農場、修建場房、買化肥農藥等，他們每個人都欠下了很多債務，不用旱災或水災，光是等，也會把他們全等垮的，因為每個人的債務都有驚人的利息。

面對這樣的鹽鹼地，許多人都徹底絕望了，有的退股，有的甚至連股金都不要了，乾脆不聲不響地一走了之。

而他沒有，他依舊在一塊一塊地拚命開墾著。他相信，那些厚厚的鹽鹼地總有一天會被風雨改良，變成肥沃的良田。

這一年的冬天，他依舊不慌不忙地在所有地裡撒上了麥種。這一年的冬天，雨水特別豐沛，雨一直淅淅瀝瀝，雪也非常大，皚皚白雪將農場的土地深深地埋了起來。

翌年春天，當地上的雪漸漸消融後，他驚喜地發現，農場的地已經沒有了那些霜似的鹽鹼，一片一片的泥土黑黝黝的，沒幾天，農場的土地裡已經是綠苗如茵了。

秋天，農場迎來了第一個豐收年。他滿懷喜悅地又去拜見那位老農：「你說我們農場的地脫去鹽鹼最少需要三兩年，但今年已經沒有鹽鹼了，

而且長出一地穗大粒飽的好麥子。」

老農說：「年輕人，你運氣不錯，去年的雨水和那幾場大雪幫了你大忙。其實對付這種鹽鹼地，沒有什麼好辦法，它需要的就是一顆忍耐的心。」

心靈感悟

忍耐，考驗的其實是一個人的意志和毅力。意志堅強者，能夠承受厄運的打擊，能夠不言放棄。忍耐，就可能取得碩果，反之，就可能一敗塗地。有時候，忍耐也是能否獲得成功不可缺少的一個條件。

堅持就是成功的關鍵

傳說，有兩個人偶然與神仙邂逅，神仙教授他們釀酒之法，叫他們選端陽那天成熟的稻米，與冰雪初融時高山飛瀑、流泉的水珠調和，注入千年紫砂土燒製成的陶甕，再用初夏第一張沐浴朝陽的新荷裹緊，密閉七七四十九天，直至凌晨雞叫三遍後方可啟封。

像每一個傳說裡的英雄一樣，他們牢記神仙的祕方，歷盡千辛萬苦，跋涉千山萬水，餐風露宿，胼手胝足地找齊了所有必需的材料，把夢想和期待一起調和密封，然後靜心等候著那激動人心、注定要到來的一刻。

時間一天天地過去了，多麼漫長的守護啊。

當第四十九天姍姍到來時，即將開甕的美酒使兩人興奮得整夜都不能入睡，他們徹夜豎起耳朵準備聆聽雞鳴的聲音。終於，遠遠地，傳來了第一聲雞啼，悠長而高亢。

又過了很久很久，依稀響起了第二聲，緩慢而低沉。

等啊等啊，第三遍雞啼怎麼來得那麼慢，它什麼時候才會響起呢？

其中一個再也按捺不住了，他放棄再忍耐，迫不及待地開啟了陶甕，但結果卻讓他呆住了。

裡面是一汪水，混濁，發黃，像醋一樣酸，又彷彿膽一般苦，還有一股難聞的怪味……怎麼會這樣？他懊悔不已，但一切都不可挽回，即使他跺腳、自責和嘆息。最後，他只能失望地將這汪水倒灑在地上。

而另外一個人，雖然心中的欲望像一把野火熊熊燃燒，燒烤得他好幾次都想伸手掀開甕蓋，但剛要伸手，他卻咬緊牙關撐住，直到第三聲雞啼響徹雲霄，東方一輪紅日冉冉升起 —— 啊，多麼清澈甘甜、沁人心脾的瓊漿玉液啊！

是的，許多成功者，他們與失敗者的唯一區別，往往不是更多的努力和孜孜不倦的流血流汗，也不是多麼聰明過人的頭腦和謀略，而只在於他們的韌性和耐心，在於他們多堅持了那一刻 —— 有時是一年，有時是一天，有時，僅僅是一聲雞啼。

心靈感悟

成功有時很簡單，就是忍住寂寞，多堅持一會。多堅持一會的作用到底有多大呢？

文中的釀酒的那個失敗者告訴我們：不管是辛勤的勞動，還是有聰明過人的頭腦和謀略，如果不能堅持，就注定會失敗。

每人都有獨特的長處

貝爾蒙多出生於巴黎一個貧困家庭。他天生遲鈍，學無所成。為此，他的母親一籌莫展，望子成龍的熱情也日益消減。

貝爾蒙多十幾歲的時候就被迫輟學，面對母親疲憊的臉，他除了懊惱沮喪，就是把家收拾得一塵不染，做些點心以博得母親舒心的笑。

在家無所事事，他就擺弄幾個蘋果，做成可口的甜點。這些討好的行為不但沒有博得母親的稱讚，反而使母親對他的前途更加憂心，繼而對他放任不管，認為他是一個沒有前途的人。

一個偶然的機會，貝爾蒙多去了巴黎一家非常豪華的大飯店任職。他相貌普通，又無特長，誰都可以對他指手畫腳。

後來他去了廚房當一名打雜的小廚師，幫助一位甜點大廚洗水果、配調料。當時他會做的唯一一道甜點，就是把兩只蘋果的果肉放進一只蘋果中，而外表上一點也看不出是兩個蘋果拼起來的，果核也都巧妙地去掉，吃起來非常香甜。

一次，這道特別的甜點被一位長期包住飯店的貴婦發現了。她品嚐後，十分欣賞，並特別約見貝爾蒙多。這個一直不被重視的年輕人激動地表示，他將再接再厲以不辜負她的賞識。

貴婦雖然長期包了一間最昂貴的套房，可是一年中也只有加起來不到一個月的時間在此度過，但是她每次來這裡，都會指名點那道貝爾蒙多做的甜點。

那幾年，巴黎的經濟蕭條，飯店裡每年都裁去一定比例的員工。然而毫不起眼的貝爾蒙多卻安然無事，那位貴婦是飯店最重要的客人，而他，

可愛的貝爾蒙多是飯店裡不可或缺的人。

飯店舉行豪華慶典的那天，每個大廚都做了一道自己的拿手菜。

輪到貝爾蒙多時，他仍然精心地做了那唯一一道甜點，對著家屬席中的母親，他熱淚盈眶地說：「我是一個很普通的人，我曾想給母親帶來一點點欣慰，可我沒有做到。我希望今天，當我在這個平凡的職位上為自己爭得一席之地時，母親能嚐嚐我 10 年前就做過的這道甜點。」

在眾人的注目中，這位年邁的母親眼裡含著幸福的淚花，一口一口地品嚐著這道遠近聞名的招牌佳餚。

她終於知道，貝爾蒙多不是一個普通而碌碌無為的人，因為上帝給了他兩個蘋果，他卻巧妙地調製成一個獨一無二又口味獨特的蘋果。

當年，她忽視了他，幸好，上帝從來沒有輕視他，儘管上帝能夠給他的，只是兩個普通的蘋果。

心靈感悟

每個人都有自己的長處和天分，但有時我們的優勢沒有發揮出來，人生也處在了谷底。

這時我們應該耐得住寂寞，努力按照自己的稟賦發展自己，不斷地超越心靈的羈絆，這樣我們就能實現自我，展現自我。猶太法典說：「如果你不做自己，那麼要叫誰來做你呢？」

讓心靈沉澱

美國一位成功人士說過這樣一個故事：

初秋時節的一天，我第一次從叔叔手裡接過魚竿，跟著他穿過樹林去釣魚。

多年的垂釣經歷使叔叔深知何處魚最多，他特別安排我在最有利的位置上。

我模仿別人釣魚的樣子，甩出釣魚線，宛若青蛙跳動似的在水面疾速地抖動魚鉤上的誘餌，眼巴巴地等候魚兒前來叮食。

好一陣子什麼動靜也沒有，我不免有些失望。

「再試試看。」叔叔鼓勵我道。

忽然，誘餌消失得無影無蹤了。

「這下好了，」我暗忖，「總算來了一條魚。」我趕緊猛地一拉魚竿，豈料扯出的卻是一團水草……

我一次又一次地揮動發酸的手臂，把釣線扔出去，但提出水面時卻總是空空如也。我望著叔叔，臉上露出懇求的神色。

「再試一遍，」他若無其事地說，「釣魚人得有耐心才行。」

突然間，好像有什麼東西在拉我的釣線，一下子將它拖入了深水之中。我連忙往上一拉魚竿，立刻看到一條小魚在璀璨的陽光下活蹦亂跳。

「叔叔！」我轉頭，欣喜若狂地喊道，「我釣了一條！」

「還沒完呢。」叔叔慢條斯理地說。他的話音未落，只見那條驚恐萬狀的小魚鱗光一閃，便箭一般地射向了河心。

釣線上的魚鉤不見了。我功虧一簣，眼看快到手的捕獲物又失去了。

我感到格外傷心，滿臉沮喪地一屁股坐在草灘上。叔叔重新替我縛上魚鉤，安上誘餌，又把魚竿塞到我手裡，叫我再碰一碰運氣。

「記住，小朋友，」他微笑著，意味深長地說，「在魚兒尚未被拽上岸之前，千萬別吹噓你釣住了魚。我曾不止一次看見大人們在很多場合下都像你這樣，結果做了蠢事。事情未辦成之前就自我吹捧一點用也沒有，縱然完成了也毋需自誇，這不是很明顯嗎？」

心靈感悟

無論做什麼工作，都要能沉住氣，踏踏實實地去做。成功由耐心得來，吹噓不能解決問題，只會把事情搞得更糟。所以，靜靜地沉澱一下心緒，笑對失敗；以一顆平靜的心對待發生的一切，認真做人，踏實做事，終究會成功的。

成功與忍受寂寞的能力

我叫艾瑞克・阿比達爾（Eric Abidal），是一個後衛，一個耐得住寂寞的後衛。在我走上職業足球的道路的時候，我就知道作為一個後衛，勢必須耐得住寂寞。

也許作為一個後衛，我永遠成不了主角，永遠無法在球場上被人稱為國王，因為足球的榮譽更多偏向那些進球的前鋒球員。後衛注定是一個寂寞的職業，所以我一直堅持著自己的職業道德，耐得住寂寞。

從摩納哥到里耳，然後是里昂，我終於在寂寞中被人認得，在利利

安‧圖拉姆（Lilian Thuram）等人終於漸漸老去的時候，正值青春少年的我終於開始被人發現了價值。所以，2004 年我順理成章地入選一向渴望的法國隊。而法國足球甲級聯賽的霸主六冠王也寄了邀請函給我。

然後，憑藉著我耐得住寂寞的表現，我被更多人肯定了作為一個後衛的價值。歐洲的豪門開始關注我，我知道現在這個足球的時代已經進入了優秀後衛稀缺的年代了，所以我這樣耐得住寂寞的後衛成了豪門眼中的紅人。

2007 年的夏天，我加盟了巴塞隆納，一個偉大的俱樂部，是的，雖然當時「夢 2」的光環已經退卻，聯賽冠軍也被皇家馬德里足球俱樂部奪去，但是我還是選擇了這個偉大的俱樂部，因為我相信我在這個俱樂部一定會成功，因為我是耐得住寂寞的後衛。

來到巴薩的時候我就告訴我自己，我是一個後衛，我需要耐得住寂寞，我的責任不是進球，我的責任是阻止對手的進球。也許我們後衛很多時候在場上是配角，但是我們必須耐得住寂寞，因為在場上我們不可或缺，尤其是在巴薩這樣的球隊。

巴薩是個偉大的球隊，是個崇尚進攻的球隊，這就需要我們後衛在場上更好時刻提防。

不要因為忘我的進攻而忽略了一個後衛的責任，因為那樣很可能致命，我們進攻時也意味著給敵人更多的機會，所以我們必須耐得住寂寞。

其實我也很羨慕萊納爾‧梅西（Lionel Messi）的衝鋒陷陣，我也很想自己帶球連續過人。然後，一個華麗的射門解決比賽。但是我知道一旦我那樣做了，萬一我的球中途被截斷，我的身後將是一片開闊地，一旦敵人在那裡搶到球，那麼對於球隊將是一個災難。

　　而梅西一旦失球，他後面還有我，所以，他可以放心地突破，我不可以。其實我也羨慕丹尼爾・阿爾維斯（Daniel Alves），我也想像他一樣攻守全能，上得去回得來。

　　但是我知道一旦我也上去，那麼後衛只剩下兩個中衛，一旦被反擊連補位的人都沒有了，所以我必須選擇留下，因為我是後衛，防守是我的使命。

　　我必須耐得住寂寞，即使我的職業生涯沒有進球紀錄，我也不能夠忘記一個後衛真正的使命，即使這個使命是個寂寞的使命，但是這是我的職責。

　　我是一個低調的人，也是一個知道自己的優缺點的人，我知道我能做到什麼，什麼難做到，所以我一直能夠恪守本分，世界上是沒有完美的人的，看看我後面的維克托・巴爾德斯（Víctor Arribas），他的奶油手不是一直被人詬病嗎？但是這不妨礙他成為一個偉大的守門員不是嗎？

　　而我雖然不能夠進球，但是也不妨礙我成為一個優秀的後衛，或許離那些偉大後衛還有差距，或許我成為不了馬提亞斯・薩默爾（Matthias Sammer）、弗蘭科・巴雷西（Franco Baresi）、保羅・馬爾蒂尼（Paolo Maldini）那樣偉大的名字，但是我卻是一個耐得住寂寞的後衛，我的名字一樣能讓頂級的前鋒害怕，因為我耐得住寂寞，我不怕寂寞，我恪守我的天然使命。

　　我，阿比達爾！我是一個後衛，一個優秀的後衛，我從不妄自菲薄，雖然我進不了球，但是我夠優秀，我的使命就是防守，防守再防守！努力扼殺一切的失球，我將堅守我的使命，諾坎普禁區左側永遠是我的地盤，一個敵人要從我這裡通過都必須先經過我這關！

紅花是總需要綠葉來襯托的，作為一個耐得住寂寞的後衛也許只能成為一片綠葉，但是綠葉也是會分等級，襯托牡丹的綠葉總比襯托狗尾草的綠葉來的好。

我就是那片天生為襯托巴塞隆納這朵國色天香的牡丹的綠葉，是的，我甘願當這樣的綠葉，巴塞隆納六冠王的將杯中有我的一份功勞，這是對我的汗水最好的褒賞！

寂寞！是個可怕的東西！但是我耐得住寂寞，所以我比寂寞更可怕！

心靈感悟

儘管我們可能並不是足球迷，但是我們不能不佩服足球表現出的團隊精神。

在一場足球比賽當中，和前鋒的無限風光相比，常常站在球門邊上的後衛顯得是孤寂的，很少有掌聲送給他，也很少有人呼喚他們的名字。但是他們就是那樣默默地看守著球門，隨時等待著狙擊對方的進攻，為球隊的勝利守住球門的第一道防線。

寂寞是人生的重要營養

人人都會有寂寞。如何看待寂寞，或者是見仁見智的事情。在我看來，寂寞是人生必需的營養素之一。

因而，寂寞難耐必須耐，一如「良藥苦口利於病」，這也算是人生最基本的考驗吧。忍耐不住寂寞是人生的悲哀。一個人連起碼的寂寞也不能夠忍耐，那麼，他就注定無事可成，無聊終生。

也許有人說，我並不想成名成家成一番大事，只想做一個普通人，何必要忍受寂寞的煎熬？這當然可以，畢竟成功者是少數人。然而，寂寞並不因此離去，你依然要設法與寂寞抗爭：寂寞是無所不在的。

也就是說，寂寞絕不會挑肥揀瘦地有所偏愛，有所選擇，它對所有的人都一視同仁。如果寂寞真的有所謂的偏愛，那麼它一定更會去糾纏那些懼怕寂寞的人。越是畏懼寂寞，寂寞就越是會「趁虛而入」。

我曾經在一家國營企業工作多年，認識一些耐不住寂寞的人。有時候，雖加班使得業餘時間所剩無幾，有些人回到家中卻依然覺得寂寞無聊。

這些人通常喜歡早早來到公司，最後才肯離開，他們並不是工作積極，只不過是為了排解無聊，當然，也願意順帶做些工作準備。我發現，這些人大多教育程度不高，興趣愛好匱乏。

如何對待寂寞呢？最好的方法是適當培養個人的興趣和愛好。我的老鄰居禮有一位姓康的女士，是一家企業的中階主管。身體雖說欠佳，卻也沒什麼大病，工作許多年也很少因病請假。

然而，她在退休後不到兩年就過世了。有人說是死於「退休症候群」，我卻覺得僅僅由於太過無聊。

她幾乎沒有愛好，報紙和電視都看不了半小時就睡著了，只剩下嘴頭的一味嘮叨，卻又缺乏聽眾，與丈夫已經分居多年，孩子都不在身邊，即便有聽眾，誰又受得了反反覆覆的嘮叨？

本來，她有一個小兒子在當地讀研究所，可以不住校，卻由於受不了母親的嘮叨而寧可住校。最後，康女士只落得鬱鬱而終。

我的個性恬靜，比較喜歡適當的寂寞。若沒有寂寞，我就無法靜靜地

讀書寫字，就沒有自省，就無法認識自我，這或許是深一層次的追求需要吧？

當然，忍耐寂寞的能力是有個別差別的，需要因人而異，因時而異。

科學家做過一個實驗：從森林中獲取兩隻猴子，一隻身體健壯，活潑好動；一隻身體屍弱，沉靜無聲，讓它們分別獨處。

一年後，身體健壯者竟然死去，為避免偶然，科學家便又引進一隻活潑好動的，連續幾次，結果依然。顯示出活潑好動者忍耐寂寞的能力是相對有限的。

許多人喜歡忙碌，有些人是由於害怕寂寞而故意使自己處在忙碌之中。其實，太過忙碌，也是人生的忌諱。在忙忙碌碌中，人們最容易忘卻自我，失去生活原本的面貌，最終丟失自我。

人生可以不甘心寂寞，卻必須學會忍耐寂寞。如果你想改善人生，請不妨從忍耐，甚至習慣寂寞開始。耐得住寂寞者，始有所成，終有所就。

心靈感悟

無論是哪種人，都不可能不經歷孤獨、寂寞。遇到寂寞時，我們不必煩惱，因為寂寞對人有很多好處，它可以讓我們靜下心來反思人生，它可以讓我們平日緊張忙碌的身心得到休息，它可以給我們帶來心裡的寧靜。

所以，我們不但不要刻意逃避寂寞，在適當的時候，我們還要稍稍追求一點寂寞。

在選擇中篩選最重要的

佛祖在菩提樹下問一人：「在世俗的眼中，你有錢、有勢、有一個疼愛自己的妻子，你為什麼還不快樂呢？」

此人答：「正因為如此，我才不知道該如何取捨。」

佛祖笑笑說：「我講一個故事給你聽吧。某日，一遊客就要因口渴而死，佛祖憐憫，置一湖於此人面前，但此人滴水未進。佛祖好生奇怪，問之原因。答曰：湖水甚多，而我的肚子又這麼小，既然一口氣不能將它喝完，那麼不如一口都不喝。」

講到這裡，佛祖露出燦爛的笑容，對那個不開心的人說：「你記住，你在一生中可能會遇到很多美好的東西，但只要用心好好把握住其中的一樣就足夠了。弱水有三千，只需取一瓢飲。」

我無法體會「十年修得同船渡，百年修得共枕眠」是怎樣的一種漫長，但我確信：愛，不僅需要苦尋，更需要守候。

真正的愛情，需要兩個人用一生固守。

滾滾紅塵中，兩顆心互動、磨合，從最初的靈犀一動到最終的渾然一體，這也是兩個靈魂不斷糾纏於吸引和排斥、疏離和親近的過程。這是一個非但不輕鬆而且可以說非常艱辛、漫長的過程。

芸芸眾生，亂花迷眼。幾經滄桑，幾多變遷之後，多少人為故人兒飲泣，為舊景緻唏噓。

可我，還是要真誠進言：不懂愛的人，才會把愛當作野火燒不盡、風吹又生的草。愛其實柔韌如絲，利刃難斷，卻禁不起滴水浸蝕。

真的，愛這個字，請你盡乎吝惜地鎖進心靈深處。為了它唯美的歸

宿，又何妨眾裡尋他千百度？弱水三千，只取一瓢飲。嬌玫萬朵，獨摘一枝憐。這，才是完整人格對愛本質的切膚認知，對愛內涵的深度詮釋。

喧囂現世中，我出沒於霓虹迷離的行人徒步區，人潮洶湧的地鐵站。迷離恍惚間，感動於每一對執著於真愛的人。看他們為愛沉醉，共賞愛的小橋流水，也同搏愛的暗礁驚濤。

霎時領悟到，在真愛的心靈裡，永遠沒有分手的理由。為愛可以滄海桑田，為愛可以鳳凰涅槃，只為和愛人，共擁匆匆幾十載的天長地久。

是的，不在乎天長地久，只在乎曾經擁有！一壺好酒，數碟時令小菜，與三五家人或知己摯友，圍坐在石桌旁，把酒問青天，豈不人生一大快事？

然而，這份愜意，世間又有幾人能共享？

一個漂亮的女孩，愛上了一個男孩。於是很自然地，女孩開始人生的初戀。女孩可愛的樣貌和清雅的氣質，使男孩深深心儀，他希望和女孩終身相守。

可是女孩卻拒絕了：「你是我第一個男朋友，誰知道我以後會不會遇到比你更好的。這樣吧，一年以後再說吧，如果我們真有緣，自然還會相逢。」

男孩聽了很傷感，但他沒有因失戀而失志，而是從此發憤創業。一年後，由於他業績良好，已從普通職員升為部門經理。

此時，男孩接到女孩的電話：「在這一年裡，我見過不少男孩，還是覺得你最好，我們結婚吧！」

「真對不起，我已經和另一個女孩子戀愛了。」男孩平靜地說。

有些精明的人總喜歡抱著「騎驢找馬」的心態去戀愛。眼前擁有的不

珍惜，結果最理想的人永遠高不可攀。

人的一生其實要求的東西並不多，一杯水、一碗飯、一句「我愛你」足矣！如果可以多做一次選擇的話，我希望水是你端的，飯是你煮的，我愛你是你說的，就這樣過日子，多好！

心靈感悟

不僅對事業需要耐得住寂寞，愛情也需要。這種耐得住寂寞既包含「嬌玫萬朵，獨摘一枝憐」，也包含抵制各種誘惑，對愛情的忠誠於固守。

在這個物欲橫流的社會裡，如果沒有這兩種固守，我們不可能得到幸福的愛情。

用盡一生等一個約定

小時候，溫暖明亮的下午，她會站在他家的窗下，高聲喊著他的名字，然後他會從窗戶探出小小的腦袋回答她：「等一下，3 分鐘！」

但她通常會等 5 分鐘以上，因為他會躲在窗簾後面，看著她在開滿花的樹下一朵一朵地數著樹上的梨花。當他看到分不清哪個是她，哪個是花的時候，才會慢吞吞地下樓去。

她看到他。會說，你又遲到了。然後他們就開始玩扮家家酒，她是媽媽，他是爸爸，卻沒有孩子。她把掉下來的花瓣撕成細細的條，做菜給自己的小丈夫吃。

上國中的時候，她和他約定每天早上 7 點在巷口的早餐店見面。她總

是很準時地坐在最裡面的位置，叫了兩根油條。

7 時 10 分以後，他拖著黑色的書包出現在有些寒冷的陽光裡。懶散的表情。臉上有時隱隱可見沒擦乾淨的牙膏泡沫。

她看到他，會說，你又遲到了。然後他坐下來開始吃早餐，她把他髒髒的書包放在自己的腿上。

她把粗大的油條撕成細細的條，讓他配著熱騰騰的豆漿喝。

高中畢業典禮那天，他們去了一家婚紗店。她指著一套婚紗對他說，我好喜歡那套婚紗。他看那套婚紗，它不是白色，而是深藍色的。藍的有些詭異，有些憂鬱，就像新娘一個人站在教堂裡，月光掉在她如花的臉上時，眼中落下的一滴淚。

然後他輕聲告訴她：「等你嫁給我的那一天，我買給你。」

大學他們分隔兩地，當她打電話詢問他的信什麼時候會到時，他常常回答她大概三天以後。而她收到信的時候，已經過了七天。於是她會在信裡包上新鮮的玫瑰花瓣，然後寫到，你又遲到了。

她把日記撕成細細的條，夾在信裡寄過去。她想，如果他細心地把那些碎條拼起來，就可以讀到她在深夜對他的思念。

畢業以後，他們有了各自的工作。有一天他說要來看她，於是樸素的她第一次化了妝，匆匆趕去車站。她看著空蕩蕩的鐵道，覺得那是些寂寞的鋼軌，當火車從它身上走過，它會發出絕望的哭聲。

火車比預定時間晚了一個小時。她看到他變得比以往更加英俊，只是眼中少了點懶散，接著她又看到他的身邊有一個笑顏如花的女子，他介紹說那是他的未婚妻。

她只是說了一句，你又遲到了。

　　那天晚上，她把他寫過的信撕成了細細的條，讓一團溫柔的火苗輕輕舔舐它們的身軀。他結婚那天，也邀請了她。她看到新娘是如此的美麗，穿著一套潔白的婚紗。那套婚紗白得十分刺眼，像是在譏諷她的等待，沒有人發覺她在暈眩。

　　第二天她就搬去一個小城市，沒有人知道她在哪裡，她決心要在這個世界蒸發，從他的生活裡蒸發。他像大多數城市裡小有成就的男人一樣，經歷了事業上的成功、失敗、離婚、再婚、再離婚、再結婚、喪妻。

　　在他的生命裡路過了許許多多的女人，他們有些愛他，有些被他愛，有些傷害了他，有些被他深深地傷害。匆匆而來，又匆匆而去。當他恍惚記起曾經那個站在開滿鮮花的樹下，一朵一朵地數著樹上梨花的小女孩時，自己已經是七旬的老人了。

　　他尋訪到了她的消息，他認為自己可以帶一點見面禮給她。後來有人告訴他，她一直都沒有結婚，她似乎在等待一個約定，只是這個約定的期限不知是在何時。於是，他知道自己該買些什麼了。

　　他花了很長時間去尋找一件深藍色的婚紗，他的確找了很多件，只是沒有一件像當年那套一樣，有著孤獨新娘在月光下的第一滴眼淚感覺的深藍色婚紗。終於，他從香港一位收集了很多套婚紗的太太手裡買下了那樣一件婚紗。

　　那位太太聽過他們之間的故事後堅持不收錢，但他還是付錢給她，他們結下等她嫁給他時，他會買那套婚紗送她的約定之時，直至現在已經有55年。

　　他帶著那套深藍色的婚紗，匆忙趕到醫院。他從不知道自己70幾歲的身體居然可以跑得這樣快。但是時間是最捉弄人的東西，在他懷抱那堆

深藍色的輕紗踏進病房的那一刻，她停止了呼吸。

他覺得這一幕是那麼似曾相識，只不過不同的是，她不能再對他說一句，你又遲到了。她一直都在等待約定的期限，儘管他總是遲到。

但是她從沒想過，那最後一個約定的期限，就是她一生的時間。

心靈感悟

感人的愛情故事大都是淒美的，也常常是震撼人心的。文中的她用 55 年的時間，一個人孤獨地面對一個沒有約定的約定。別人無法推測她在這 55 年中的心理狀態，但可以想像得出應該是孤獨寂寞的。她忍住了幾十年的寂寞，最終等來了那份約定，儘管是一份遲到的約定。

有一種感動相濡以沫

他說新來的主任很和藹，新來的女大學生很清純……女人掐他的耳朵，笑著說，你小心點。

那時他正往外走，女人拉住他幫他整理襯衣的領口。男人夾了公事包，擠上公車，三站後下來。他在公園的長椅上坐定，愁容滿面地看廣場上成群的鴿子。

到了傍晚，男人換一副笑臉回家。他敲敲門，大聲喊，我回來啦！男人這樣待了 5 天。5 天後，他在一家很小的水泥廠，找到一份短期工作。

那裡環境惡劣，飄揚的粉塵讓他的喉嚨總是乾的；勞動強度很大，這讓他身上又總是溼的。組長說你別做了，你這體格……男人說我可以。

他緊咬了牙關，兩腿輕輕地抖。男人全身沾滿厚厚的粉塵，他像一尊活動疲勞的泥塑。

下了班，男人在工廠匆匆洗了個澡，換上筆挺的西裝，一身輕盈回家。他敲敲門，大聲喊，我回來啦！女人就奔過來開門。滿屋蔥花的香味，讓男人心安。

飯桌上女人問他工作順心嗎？他說順心，新來的女大學生很清純⋯⋯女人給他一個怒眉，卻給男人夾一筷子木耳⋯⋯

女人說水開了，要洗澡嗎？

男人說洗過了。

女人說洗過了？

男人說洗過了⋯⋯和同事洗完三溫暖才回來的。

女人說好享受啊！你。她輕哼著歌，開始收拾碗碟。男人想：好險，差一點被識破。疲憊的男人匆匆洗臉刷牙，然後倒頭就睡。

男人在那個水泥廠做了二十多天。快到月底了，他不知道那可憐的一點薪資，能不能騙過女人？

那天晚餐後，女人突然說，你別在那個公司上班了，我知道有個公司在招募人，幫你打聽了，所有要求你都符合，明天去試試？

男人一陣狂喜，卻說，為什麼要換呢？女人說換個環境不好嗎？再說這家待遇很不錯呢！

於是第二天，男人去應徵，結果被順利錄取。那天男人煮了很多菜，喝了很多酒。

男人知道，他其實瞞不過女人的。或許從去水泥廠上班那天，或許從

他丟掉工作那天，女人就知道了。是他躲閃的眼神出賣了他嗎？是他疲憊的身體出賣了他嗎？是女人從窗戶看到他坐上了相反方向的公車嗎？還是他故作輕鬆的神態太過拙劣和誇張？

他可以編造故事騙他的女人，但卻無法讓心細的女人相信。其實，當一個人深愛著對方，又有什麼事，能瞞過去呢？

男人回想這二十多天的日子。每一天，飯桌上都有一盤木耳炒雞蛋。男人知道木耳可以清肺。在粉塵飛揚環境中工作的男人，需要一盤木耳炒蛋；有時女人會逼他吃掉兩勺梨膏，現在男人想，那也是女人精心的策劃；還有這些日子，女人不再纏著他陪她看連續劇，因為他是如此的疲憊。

現在男人完全相信女人早就知曉他的祕密，她默默地為他做著事，卻從來不揭開它。事業如日中天的男人突然失業，變得一文不名，這是一個祕密。是男人的，也是她的。她必須咬著痛，守口如瓶。她不能讓任何人知道，包括製造祕密的男人。

男人站在陽臺看城市的夜景，終有一滴眼淚落下。婚姻生活中，有一種感動叫相親相愛，有一種感動叫相濡以沫，其實還有一種感動，叫作守口如瓶。

心靈感悟

不僅那些曲折淒美的愛情讓人感到，那些看似平淡的愛情也會令人感動。因為這種看似平淡的愛情中包含了默契，包含了相濡以沫。

在兩個人共同生活的幾十年裡，貧窮或富貴，生病或健康、卑微或顯赫、低賤或高貴、失意或成功，在人生的路上一路攙扶、相濡以沫，在平靜、關心甚至爭吵中走向每一個歲末，走向白髮蒼蒼的暮年。

有一種愛情叫相濡以沫

有人說，相濡以沫不如相忘於江湖。

以前無數次看到這句話，對其沒有任何概念，直至上了大學，時不時有成雙成對的親密身影從眼前走過。人們都說大四是分手的季節，勞燕分飛的故事每一年都不勝其數，看著眼前甜蜜的倩影，不由地想是不是他們大多數的結局都是相忘於江湖呢？

有多少人曾經花前月下，山盟海誓，愛得昏天暗地，可是最終還是敗給了現實，緣分盡了，便相忘於江湖。然而，有一種愛，叫作相濡以沫。比起「相忘於江湖」，我更讚賞、更傾注的還是「相濡以沫」。

在我的身邊，我從小至大的成長歷程，就見證了對這四個字的最好詮釋，是的，他們就是我的父親母親。

◆ 愛在圍城裡

佛說，前世的一千次回眸，換來了今生的擦肩而過。但是佛能否告訴世人，多少次的擦肩而過才換來了今生的同甘共苦？

父母相識於最艱苦的時代，物質條件及其惡劣。父親青年才俊，卻一窮二白。母親慧眼識珠，看準了父親的才智，不在意他的潦倒家境。

剛結婚之時，家裡唯一的電器是一只電燈泡，所謂的「家」也只是臨時租借的一間小屋。媽媽說她也不是沒有過憂慮，但是對父親的信任，讓她無論在何時何地都一直堅信著父親會憑藉自己的能力給我們幸福的未來。

母親賢惠能能做，不但在工作上獨當一面，而且包攬了家裡的一切，

父親的一切，我的一切，以至於若干年後我們什麼都有了的時候，母親總是因為多年來的操勞而腰痠背痛抑或咽炎發作。

然而，父親不做家務也是有苦衷的，小時候落下的腰痛根本經受不住一丁點體力活。父親經常開玩笑說自己「身殘志堅」，「身殘」是誇張了點，「志堅」卻是真的。

父親思維嚴謹縝密，做事成熟穩重，也正是因為果敢而又堅毅的個性，才能從當初一無所有的窮小子走到了今天，擁有了成功人士所擁有的一切。

如果把我家二十年來的奔富過程比作一場戰役，那麼父親就是前方的英勇戰士，母親就是後方的兵馬糧草。二者同樣重要，缺一不可。最重要的是，在彼此的默契配合和同舟共濟下，這場戰役取得了決定性的勝利。

錢鍾書說：婚姻是一座圍城，外面的人想進來，裡面的人想出來。然而，有一種愛叫作相濡以沫，婚姻並不是它的墳墓，而是它的永生。

我的父親母親，他們也許曾經也在這座圍城裡迷茫、徘徊過，可是，更多的包容、理解與關懷，使那看似是圍城的婚姻對他們來說成為了一種責任，讓彼此生活地更幸福的義務。

那一紙婚書，便是兩人締結同盟的約定，於是，從此以後兩人並肩作戰，突出重圍，最初的那座「城」便不復存在了，愛便得到永生。

◆ 習慣是愛的最高境界

有沒有人思考過：愛的最高境界是什麼？也許有人會說是為了愛的人捨棄自己生命中擁有的一切，我最初也是這麼認為的，因為許多愛情最壯烈的時候總是會和生與死連繫在一起。

　　然而，後來想想，那些蕩氣迴腸的愛情總是悲情者居多，如果什麼都捨棄了，那又有何幸福可言？又談何最高境界呢？況且只會在言情小說和電視劇中出現的片段，只是水中月，霧中花而已，離我們的現實太遠了。

　　愛的最高境界，我認為，是習慣。當你習慣了一個人生活中的習慣，你就真的愛上他了。正如母親習慣了父親的鼾聲，沒有了反而覺得心裡不踏實；父親習慣了母親的嘮叨，聽不見反而覺得心裡空空的。

　　從前不愛乾淨的父親，和母親生活了十多年後，也開始指責別人不乾淨，那樣的語氣、那樣的神態竟與母親如出一轍；從前很早就上床睡覺的母親，慢慢也開始了「夜貓」的生活，只為了等待晚歸的父親，並為他準備一份夜宵。

　　母親每天將父親隔天要穿的衣物準備妥當，擺放整齊；父親只喜歡吃母親煮的菜，對其他人都挑三揀四。習慣是個可怕的東西，它讓父親依賴，讓母親樂意被依賴。

　　愛情是對另一個人習慣的認同，愛到最高境界就是認同了他的習慣。現在早已習慣相似、步調統一的父母，卻出生於兩個截然不同的環境裡。父親是清苦鄉下家庭的長子，母親是衣食無憂的都市女孩。兩個人會為了對方去改變、去遷就，這就是愛。

　　愛情的哲學有時候就是這麼簡單，就在生活的點滴裡。有一名作家曾說過：「不是愛他，而是愛有他的日子。」習慣是愛的最終歸屬，也許，也是愛的最高境界吧。

◆ 執子之手，與子偕老

　　在那麼多描寫愛情的古詩詞中，不乏優美華麗的。然而，要說我最愛的還是那一句言簡意賅卻寓意無窮的「執子之手，與子偕老。」

執子之手，與子偕老。這是一幅兩個人同撐起一方天空的風景。父親母親就好比兩棵獨立的大樹，共同撐起一方天空，枝葉在藍天下盛放，樹根在地底下相互扶持。風也罷，霜也罷，雨雪也罷，執子之手，就無所畏懼；與子偕老，就是短暫的一生。

執子之手，與子偕老。這其間又包含著多麼大的勇氣，要和一個曾經陌生的人融入同一種生活，要克服最初的恐慌與迷茫，要承受來自另一半和孩子的壓力，要度過令人焦慮的七年之癢，要忙走於柴米油鹽之間……

漫漫長夜裡執子之手，走完這一段又一段的長路；坎坷的道路上執子之手，度過一次又一次的難關。執子之手，與子偕老，於平凡中彰顯偉大，於平淡中窺見真情。

舒婷描繪過這樣一道風景：大街上，一個安詳的老婦人和一個從容的老人微笑著，從不同的方向面對面地走近，然後微笑著，鼻尖頂著鼻尖地站著，雙手緊緊地握在一起，身後西下的陽光把他們的頭髮和笑容染成一片暖暖的黃色。身旁的人們被他們的幸福染成一片溫暖。

我想，老年的父親母親應就如同這般，羨煞旁人。

他們說婚姻是一座圍城，進去了的想出來。而你們就這樣手牽著手，坦然地一起走入圍城裡，互相扶持著，把許多毫不動人的日子走成一串風景。

在你們身上，我看到了愛情的最高境界：習慣彼此，為了彼此去習慣另一種生活。

「生死契闊，與子成說。執子之手，與子偕老。」這就是在說你們吧。在冥冥之中相遇，然後攜手相伴，看過無數日出與日落，走過每個陰雨豔陽天。

沒有太多的**轟轟**烈烈驚天動地，沒有大喜也沒有大悲，沒有 999 朵玫瑰也沒有魂斷藍橋，有的是攜手並肩看細水長流的淡然，是相對無言眼波如流的默契，是滄桑歲月中沉澱下的溫暖，是浮華背後的那一抹真摯、一份依靠。這種愛，就叫作「相濡以沫」。

心靈感悟

一對夫妻幾十年風雨與共，相濡以沫，看似平淡，其實這裡面包含了很多常人無法做到的事情。因為相愛的人相處久了，感情開始磨滅，感覺開始鈍化，更多的是對柴米油鹽的關注，注視的眼光也從含情默默到平平淡淡。

此時，外界的誘惑不斷衝擊著這個兩人組合，兩個人必須耐得住寂寞，經過不斷磨合，才能逐漸走向相濡以沫。

有一種精神叫相濡以沫

我和一位老人一起聽著一個淒美的愛情故事：

60 年前，一位美麗大方的女孩經人介紹認識了一個帥氣的年輕人。女孩的年齡比年輕人的年齡大，可是女孩並沒有說什麼，依然答應了這門婚事。隨後女孩與年輕人結婚。

婚後的生活似乎並不順利：貧窮的家庭，脾氣暴躁的丈夫。可是這一切女孩都忍受了，在丈夫外出的日子裡獨立承擔起家中的一切，沒有怨言，沒有不滿。默默地盡著一個妻子，一個兒媳應盡的責任。無法想像一個弱女子，怎樣用自己稚嫩的雙肩扛起整個家庭。

再後來有了孩子，於是成了一個真正的家。再後來，孩子都長大，成家，立業，離開了他們自己獨立生活。

就在兒女都有能力自己生活的時候，她病倒了 —— 半身癱瘓。這意味著她不能再勞動，不能再到處走動，甚至自己的飲食起居都控制不了。

她的丈夫，當年那個比他小的年輕人，那個脾氣暴躁的男人，頃刻間變得溫柔，似乎是彌補這麼多年的缺憾。也許照顧她應該是兒女的事，也許他可以更有資格發脾氣，也許他可以好好享受他的晚年，也許……有一千，一萬種也許，他偏偏選擇了自己親自照顧她 —— 他的妻子。

從未有過的細心與溫存，從未說出口的愛與呵護，就是這麼一位脾氣倔強的老人，卻讓從未出現的現象持續了整整 10 年。10 年，足夠改變一個人了；可是，10 年，那需要多少的耐心與勇氣。

他承擔著家中的一切，沒有怨言，沒有不滿。默默地盡著一個丈夫的責任。照顧她的飲食起居，照顧她的吃喝拉撒。洗衣，煮飯。並不是每個男人都能在這 10 年間，每天做同樣的事。可他做到了，而且是那麼盡心，那麼認真。每一次餵她吃藥，他都要先親口嚐一嚐：水是不是燙，藥是不是苦。

有一年，他出去旅遊了，於是她住到了大女兒家。到了他回家的日子。她便對女兒說：「你爸回家了，怎麼還不來接我？」而他，回家的第一件事就是對他的兒子說：「你媽還在你姐姐家，我得去接她回來。」

他把她接回了家。只要他在，他不允許任何人照顧她，他說別人照顧他不放心。他親自餵藥，親自幫她洗臉，親自幫她刷牙，親自煮飯給她，親自盛飯給她。他們像是活在一個完全隔離的世界裡，外人插不進去。

結婚後最平淡的生活也許是在她病倒後，結婚後最平靜的日子也許是

在她病倒後，結婚後最值得珍惜的日子也許是在她病倒後，結婚後最令人留戀的日子也許還是在她病倒後。

那段日子裡，他溫柔體貼，她也終於安安穩穩地享受他照顧。這是她渴求的，也是他盼望的。

佛家講：「天下沒有不散的筵席。」在她病倒 10 年後，在他照顧了她 10 年後，她先他而去。

她走後，他一遍一遍說：「她還沒來得及享福啊！」但他不知道，他照顧她的 10 年就是她最幸福的 10 年，他在她身邊寸步不離的 10 年就是她最滿足的 10 年。

她走後，他說：「我終於可以安心地離開了。以前總害怕我走後沒有人照顧她，現在終於可以安心離開了，無牽無掛。」

講述者聲音哽咽，老人眼淚婆娑，我也已是眼淚潸然。他說她走的太突然，讓他有點接受不了；他說她走的日子太特別，大年初一。

他說他對不起她，沒有給她幸福。講到這裡，講述者轉過頭，對我身邊的老人說：「爸，節哀吧，媽這輩子很知足。」

這時，老人的大女兒，我的媽媽走過來對他說：「爸，吃飯吧。」接著，這個故事的講述者，我的舅舅對他說：「爸，吃飯吧。」

隨後，舅舅把目光轉向我，於是我起身，攙扶住老人的手臂，輕聲說：「爺爺，我們去吃飯。」

然後我擦乾眼淚，和爺爺一起去吃飯。是的，那位美麗大方的女孩是我的奶奶，那位年輕人是我的爺爺。

60 年，他們同甘共苦，同舟共濟，風雨同舟；60 年，他們平平淡淡，沒有跌宕起伏，只有從從容容。他們養育了 6 個孩子，二男四女，每一個

都孝順，每一個都懂得顧家。而她，他更是親自教給他們的孩子們怎樣去相愛，去生活。

60 年，攙攙扶扶，他們共同走過；60 年，吵吵鬧鬧，他們一直相愛；60 年，磕磕碰碰，他們不曾放手。

他們的故事不浪漫，甚至太平淡，平淡地讓我哭著把它記述下來。我不知道什麼才叫作愛，但是，那一刻我明白，世界上有一種愛，叫作相濡以沫。

心靈感悟

年輕時，夫妻雙方因為各有個性，各有事業，彼此之間偶爾會有些爭吵，有些矛盾。隨著時光的流逝，夫妻雙方開始進入中年，進入老年，二人突然默契起來，相互關愛，相互照顧。

他們將愛每一分的美好珍藏，在寧靜、淡泊、閒適和相互關愛中慢慢變老，這是何等愜意的人生！

一位老人對一個鎮的影響

為了你早起八九年，我願意！因為，沒有人可以替代你在我生命中的位置……

英國福尼亞小鎮上至今依然保留著這樣一個習慣：每年 6 月 15 日那天早上的 4 點整，小鎮上所有的家庭都會響起一陣鬧鐘聲。

4 點鐘？這個時間未免也太早了吧？難道福尼亞小鎮上的人都這麼勤奮嗎？

這件事要從一個人說起，他叫馬歇爾。

馬歇爾先生是個每天都起得很早的人。只要教堂裡的鐘聲剛剛敲響 4 下，他就要從床上爬起來，習慣性地在爐子上燉一碗雞湯，然後走出家門，到教堂附近的小路上走走。

要知道，馬歇爾先前可不是一個早起的人，那時候的他嗜睡如命，到了早上 9 點還賴在床上，把被子裹得緊緊的，拽都很難拽得動。

馬歇爾的改變緣於自己的妻子。

馬歇爾 20 歲那年留學中國，在中國，他結識了自己的妻子。兩人感情甚篤，後來妻子跟著他來到英國，並改名為琳達。婚後的生活十分甜蜜，一年後，琳達為馬歇爾生下一個兒子，一家人過得和和美美。

然而，這樣的日子並沒有持續下去，5 年後，琳達在一場車禍中被撞成重度癱瘓，馬歇爾傷心欲絕，變賣了所有家產來維持琳達的生命，並且照顧著一個未成年的孩子，生活過得十分艱難。

艱苦的條件並沒有改變馬歇爾對琳達的愛，由於大小便失禁，琳達總會在早上 4 點多把床單弄得一團糟，透過長期觀察，馬歇爾發現，這個時間十分準時。

為了讓琳達少受點罪，馬歇爾總在每天教堂鐘聲敲響 4 下的時候，迅速爬起來，為琳達換好墊布，擦洗身子，然後再到廚房，為琳達燉一碗她最愛喝的雞湯，最後再一小勺一小勺地餵琳達喝下去。

等他們都吃好飯以後，差不多 6 點，這時候，馬歇爾再把琳達抱到輪椅上，推著她到教堂附近的小路上散步。這樣的習慣被馬歇爾演化成了一種規律，每天皆是如此，雷打不動，漸漸地，馬歇爾和琳達逐漸成了教堂附近的流動風景。

琳達生病期間，有一位朋友曾經為馬歇爾介紹過一名對象，女人是個國中老師，人也十分賢淑，表示願意和馬歇爾一起照顧琳達，儘管這樣，還是被馬歇爾一口回絕了。

一年，琳達在輪椅上於一個午後安然離去，這時候，兒子早已成家，70 平方公尺的房子，只剩下了馬歇爾一個人。

儘管琳達不在了，但是，馬歇爾每早 4 點起床，煮湯的習慣卻一直延續下來。只不過每到 6 點，馬歇爾不再去教堂，而是到附近山腰的公墓去陪琳達說半小時的話，順便幫琳達換上一束最鮮美的雛菊，那也是琳達生前最愛的。

後來，馬歇爾家附近的教堂拆遷了，許多人以為馬歇爾聽不到鐘聲不會再起得那麼早了，其實，他們怎會知道，此刻的馬歇爾早已在自己的心靈深處安置了一只鬧鐘，每天早上 4 點，準時響起。

馬歇爾的愛情故事後來被一家媒體報導出來，許多年輕的情侶都湧往這座小鎮，每天早上 4 點整，準時守候在馬歇爾家門前，只為一睹馬歇爾這位「痴情先生」的尊容。

多年以後，馬歇爾先生開始步履蹣跚了。不知道誰最先相信，人們認為：只要能攙扶馬歇爾走上一程，就能一生愛情美滿，家庭幸福。

再後來，整個小鎮發布一項活動，那就是在 6 月 15 日那天 4 點整，小鎮上的所有家庭都會響起一陣鬧鐘聲。因為，那天是馬歇爾的生日，在那天，所有小鎮上的夫妻，約定互相為彼此做一件有意義的事情。

馬歇爾先生享年 109 歲，他去世以後，讓自己的兒子在他的墓誌銘裡寫下了這樣一句話：「親愛的琳達，如果有可能的話，我一定願意再為你早起 89 年！因為，沒有人可以替代你在我生命中的位置……」

心靈感悟

也許一個偉人都不可能影響一鎮人的生活習慣，但一個平凡的老人，馬歇爾居然做到了。

這聽起來奇怪，其實不奇怪。因為馬歇爾用他的愛，用他孤獨的堅持，打動了小鎮每一個人的心。

藝術背後的孤獨感

我在買一支狼毫筆時邂逅了他。狼毫筆在他的店裡，店在古色古香的青石板街上。

這是一棟兩層閣樓，屋中央一個超大的畫案。三面牆上掛著字畫，畫下是琳瑯滿目的筆墨紙硯。

他拿一支狼毫遞給我：「孩子學畫尚早，她太小，練字是可以的，不過也不必花錢請名師，先拿字帖臨摹一下。」

「你這樣的丹青妙手，孩子肯定也很出色吧？」我問。

「不，我的孩子不學畫，學國術去了。」他見我吃驚的樣子，頓了一下，苦笑，又搖搖頭，「歧途啊，歧途……」

我問：「什麼是歧途？」我不確定他說的歧途是指學國術，還是丹青書法。

「做我們這行的，聽上去很風雅，卻清苦寂寞，孩子可以把此當愛好，若以此為生，卻好比歧途，我的叔父，」他說了一個如雷貫耳的名字，「他默默地畫了一輩子畫，從不像別人那樣包裝宣傳，直至去世，連

美術協會都進不去，畫自然也賣不出好價錢。」

我說，你叔父的大名，早已遍佈大江南北啊，怎麼會？

他答道：那是他去世之後的事了。叔父活著的時候，困頓了一輩子。曾為生計所迫，賣掉了房子，一家人擠在畫室的角落裡。他的畫很好，卻沒有名氣，他知道自己的價值，便宜了不肯出售，遇上朋友，或者清貧的知音，又免費贈送，這樣一來，賣畫的收入寥寥。

叔叔有 8 名學生，學生們最了解他，也知道他的價值。叔叔仙逝後，學生們跑到北京，湊錢為他辦畫展，機會這時候來了。

一天下午，來了位老先生，站在畫前看了又看，愛不釋手，問：「我能不能見一見這位畫家？」

學生們說：「老師已經不在人世。」

老先生嘆了口氣：「遺憾啊！那麼，我能不能用我的畫換你們這一張？我很喜歡。」

學生們很乾脆地告訴他：「不行！」他們想，你隨便畫張畫，就想跟我們老師的換，怎麼可以？

老先生離開後，有知情人對學生們說：「你們認識剛才那位老先生嗎？」

學生們說：「不認識。」

那人說：「你們果然不認識！他，可是李可染大師啊，連他的畫，都換不了？」

學生們很驚訝！

自那以後，叔叔突然就聲名鵲起，他的遺作，價格節節攀升，叔叔若在天有靈，是喜是悲？也可能，兩者都有吧！春日的黃昏，斜暉脈脈地漫

過窗櫺，流淌在寬大的畫案上，淌在那些瘦竹、卵石上，也照著他幽邃的眼。

「千秋萬歲名，寂寞身後事」，我想起了這句詩。這是古今多少藝術家的宿命！他們把全部精力都放在了藝術本身，無暇或者不屑於俗事。

從某種意義上說，藝術成就了他們，同時也誤了他們，但藝術也給了他們最純粹的快樂，這種快樂，最永恆的，是雲端的享受。

心靈感悟

有個詞叫「窮文人」，其實不僅文人，很多真正從事藝術的人大都非常清貧。

他們一方面在生活上忍受了常人無法忍受的辛酸，另一方面，他們也在藝術上享受了常人無法體會的快樂。身體的疼與精神上的樂，究竟如何取捨，這個問題的答案只能因人而異了。

寂寞造就成功

傳說，有一個勤奮好學的木匠，一天去法庭修理椅子，他不但認真仔細，還改裝法官坐的椅子。

有人問他其中原因，他解釋說：「我要讓這把椅子經久耐用，直至我自己作為法官坐上這把椅子。」心想事成，這位木匠後來果真成了一名法官，坐上了這把椅子。

相信自己能夠成功，往往自己就能成功，這是人的儀式和潛意識在發揮作用。人的心靈有兩個主要部分，就是意識和潛意識。當意識作所有的

決定時，潛意識則做好所有的準備。

換句話說，意識決定了「做什麼」，而潛意識使將「如何做」整理出來。意識就好像冰山浮出水平線上的一角，而潛意識使將「如何做」整理出來。

意識就好像冰山浮出水平線上的一角，而潛意識就是埋藏在水平線下面很大很深的部分。

有人還用科學術語比喻：人體的神經系統，特別是大腦，就相當於電腦的「硬體」，意識就是這部無比精密電腦的「操作者」，潛意識就等於電腦的「軟體」。

讀了這些生動的比喻，你就會明白意識和潛意識其中的關係和奧妙。

我們從古今中外許多科學家身上發現，他們的成功雖然各有不同，但在善於運用意識和潛意識的力量這一點上卻是相同的。難怪人們把意識和潛意識稱為人的自動引導系統。

一個人如果下定決心做某件事，那麼，他就會憑藉意識的驅動和潛意識的力量，跨越前進路上的重重障礙，成功也就有了切實可靠的保證。

被稱為新工業之父的亨利‧福特（Henry Ford），年輕時在一家電燈公司當工人。

有一天他突發奇想，產生了要設計一種新型引擎的想法，他把這個想法告訴妻子，妻子對他的發明研究很支持，還鼓勵他說：「天下無難事，你就試試吧！」

她把家裡的舊棚子整理出來，供他試用。福特每天下班回到家裡，就鑽進舊棚子裡做引擎的研究工作。

冬天舊棚子裡冷，他的手都凍成紫色，牙齒在寒冷中顫抖，可他默默

地對自己說：「引擎的研究已經有了頭緒，再堅持做下去就能成功。」

亨利‧福特充分調動了自身的自動引導系統，在舊棚子裡辛苦研究了三年，這個異想天開的稀奇的東西終於問世了。

1893 年，亨利‧福特和他的妻子乘坐著沒有馬的馬車，在大街上搖晃著前進，街上的人被這景象嚇了一跳，有些膽小者還躲在遠處偷偷地觀看。

從這一天起，這個對整個世界都產生深遠影響的新工業，就在亨利‧福特的意識和潛意識的驅動下誕生了。

後來亨利‧福特決定製造著名的 V8 型汽車時，他要求工程師們在一個引擎上鑄造 8 個完整的汽缸。工程師聽了都直搖頭說：「這不可能。」

福特命令道：「誰不想做，就走人！」

工程師們誰都不願失業，只好照著亨利‧福特的命令去做。因為他們認為這是一件不可能的事，所以誰都沒有把成功輸入在自己的意識裡，潛意識也就閒置起來。

6 個月過去，研究毫無進展，亨利‧福特決定另外挑選幾個對研製 V8 型汽車有信心的人去完成。他堅信人一旦有了穩操勝券的心理，就有了希望。

新挑選的幾個工程師經過反覆研究，忽然間，好像被一股神祕的力量「擊中」，終於找到了製造 V8 型汽車的關鍵竅門。

是什麼令這 V8 型汽車從無到有？是什麼令這「不可能」的計畫奇蹟般的成功？這就是意識和潛意識的無形力量在發揮作用。意識雖然是極小極小的「已知能量」，而潛意識卻是大腦細胞內隱藏著的很大很大的潛能。

亨利‧福特就是用這小小的已知力量，開發了那無窮無盡的大腦潛能。如果把意識和潛意識比喻為成功的「第一把金鑰匙」，一點也不過分。

從以上故事中，我們就會明白，人的意識和潛意識具有操縱人類命運的巨大能力。如果意識給潛意識一個目標，潛意識就會為實現這個目標而行動起來；如果意識給潛意識一個指令，潛意識就會認真執行這個指令。

所以說，一個想著成功，就可能成功；想著失敗，就會失敗。一個人期望的多，獲得的也多，期望的少，獲得的也少。成功是產生在那些有了成功意識的人身上，失敗根源於那些不自覺地讓自己產生失敗的人身上。

心靈感悟

很多成功的人士在介紹成功經驗時都說：「寂寞鑄就成功。」而關於為什麼能夠帶來成功卻有很多解釋。本文無疑也算是對這一成功法則的又一解釋。

那就是當我們讓心寂寞下來的時候，各種干擾意識的誘惑都不存在了，我們把意識和潛意識都聚集在我們的目標上，自然容易取得成功。

潛意識使夢想成真

很多人都聽過潛意識，知道潛意識，可能也用過潛意識。好萊塢巨星金‧凱瑞（Jim Carrey）就是一個最佳實踐者。

大概在金‧凱瑞十幾歲的時候，他就下定決心一定要成功。他的家庭背景不是很好，所以他每天就只好在家裡搞笑，每天看著鏡子做那些奇怪的鬼臉。

假如你看過金‧凱瑞的電影，你一定會很好奇地想，他的嘴巴怎麼可

以張那麼大？他的臉怎麼可以歪成那個樣子？事實上那是他連續練習 15 年的結果。

所以，每一個成功的人士，都有一個成功的榜樣。

在那個時候金‧凱瑞下定決心一定要成功，當時，他運用了潛意識的力量。

有一天，他拿出一張空白支票，上面寫著：「這個支票要付給金‧凱瑞 1,000 萬美金，在 1995 年年底，要擁有 1,000 萬美金的現金。」

他開了一張支票，後來就把這張空白支票攜帶在自己身上。每天有空的時候，就把這張 1,000 萬美金的支票拿出來看 ——「金‧凱瑞得到 1,000 萬美金，在 1995 年年底」，「金‧凱瑞得到 1,000 萬美金，在 1995 年年底」……每天這樣看。

很巧的是，在 1995 年，金‧凱瑞從事電影工作的第二年，他簽到一個合約，高達 2,000 萬美金的一部電影，超過他原來的期望。

金‧凱瑞的父親過世後，他來到父親的墓地，把那張空白支票擺在他父親的旁邊，他說：「父親，我終於成功了！」

潛意識的力量無所不能，任何一個成功的人都運用了潛意識的力量，所以，我們也可以讓我們的夢想運用潛意識實現！

幾年前在看車展的時候，我看到一輛賓士轎車。那時候，我準備要買一輛賓士 S320。結果車展上展示的是一輛賓士 S600，我想反正這個車子的樣子是一樣，我就站在旁邊，請我太太拍了一張照片。

事實上拍了這張照片之後，我就把它擺在抽屜裡，再也沒有看過了。直至有一天我的助理到我家裡來，我就跟他說：「你要成功的話，一定要運用潛意識的力量。」

於是，我就把我很多以前貼的夢想板從牛皮紙袋裡拿出來，並且這些東西都實現了！

我告訴他：「你看這是我的家具，和現在你看到的是不是一樣？這是我的書桌，這是我手錶的圖案，這是我汽車的圖案，這是我汽車的模型。」

我的助理看到之後就嚇了一跳，他說：「陳老師，真的，我一定要運用潛意識的力量。」

結果後來從那個牛皮紙袋當中，我拿出了一個賓士 S600 的圖片，我以前曾經看過。可是一直覺得實在是太貴了，所以我就把它收進去了。

結果我發現我實在釘了很多，我連 S600 的車子，S600 的內裝，S600 的字樣……我都把它剪下來，貼起來，全部都有釘洞。

所以我就對我的助理說：「看來我真的很想擁有這輛車子，可是一直覺得太貴。但我現在還是要把它釘在我的夢想板上，我要看看會發生什麼事情。即使我不想買，看看潛意識會不會因為我天天看而實現。」

結果我在兩個禮拜前，買了一輛 S600，而且內裝跟我那時候貼的一模一樣。當我購買那輛車的時候，我準備買另外一個顏色，而且我都下訂單了。

到了晚上，我太太說：「不要，我們不要這個顏色，我們要換另外一個顏色，要跟夢想板上貼的顏色一樣。」

可見潛意識的力量有多大，假如你沒有用潛意識的力量，你真的在浪費你自己的生命。

在我 17 歲的時候，我時常說，下個月賺 10 萬美金，下個月我要買一部保時捷……事實上我那個時候都沒有兌現，可我在幾個月前也買了一部保時捷敞篷車。事實上，這些夢想都是可以實現的，關鍵是你到底有沒有堅持到底。

心靈感悟

　　夢想的力量是偉大的，但夢想的實現離不開全力以赴地堅持。全力以赴到把潛意識都調動起來，把所有的精力、興趣和時間全都花到實現夢想上，再加上長久的堅持，夢想的實現是一定的。

心境的強大魔力

　　一個名叫維克多‧弗蘭克（Viktor Frankl）的精神病學家曾經在納粹集中營中被關押了很多日子，飽受凌辱。

　　弗蘭克曾經絕望過，這裡只有屠殺和血腥，沒有人性，沒有尊嚴。那些持槍的人，都是野獸，他們可以不眨眼地屠殺一位母親、兒童或者老人。

　　他時刻生活在恐懼中，這種對死的恐懼讓他感到一種巨大的精神壓力。集中營裡，每天都有因此而發瘋的。弗蘭克知道，如果自己不控制好自己的精神，也難以逃脫精神失常的厄運。

　　有一次，弗蘭克隨著長長的隊伍到集中營的工地上去勞動。一路上，他產生一種幻覺，晚上能不能活著回來、是否能吃上晚餐？他的鞋帶斷了，能不能找到一根新的？這些幻覺讓他感到厭倦和不安。

　　於是，他強迫自己不再想那些倒楣的事，而是刻意幻想自己是在前去演講的路上。他來到了一間寬敞的教室中，他精神飽滿地發表演講。他的臉上慢慢浮現出了笑容。

　　弗蘭克知道，這是久違的笑容。當知道自己會笑的時候，弗蘭克就知

道，他不會死在集中營，他會活著走出去。

當從集中營中被釋放出來時，弗蘭克顯得精神很好。他的朋友不相信，一個人可以在魔窟裡保持年輕。

這就是心境的魔力。有時候，一個人的精神可以擊敗許多年輕人。因為對於人的生命而言，要存活，只要一簞食、一缽水足矣。但要存活下來，並且要活得精彩，就需要有寬廣的心胸、百折不撓的意志和化解痛苦的智慧。

因此，從某種意義上說，人不是活在物質裡，而是活在自己的精神裡。如果精神垮了，沒有人救得了你，包括上帝。

心靈感悟

當寂寞與磨難降臨時，決定我們幸福、快樂與否的，不在於我們的外在條件，如出身、職位、住地，而在於我們的心境，我們怎麼想。

人不是活在物質裡，而是活在自己的精神裡。因此，不管我們的處境怎樣的糟糕，我們還剩下一個自由，那就是選擇，我們可以選擇快樂。

持久的夢想與追求

1911 年，我生在一個小康家庭。那是一個北方的城市，所以一年之中，有四個月都飄著白雪。

父親常常為著貪婪而失掉了人性。他對待僕人，對待自己的兒女，以及對待我的祖父都是同樣的吝嗇而疏遠，甚至於無情。

有一次，為了房屋租金的事情，父親把房客的馬車趕了過來。房客的家屬們哭著，訴說著，向著我的祖父跪了下來，於是祖父把兩匹棕色的馬

從車上解下來還了回去。

為著這兩匹馬，父親與祖父終夜地爭吵。「兩匹馬，對我們而言不算什麼，窮人，這兩匹馬就是命。」祖父這樣說著，而父親還是爭吵。

9歲時，母親過世。父親也就更變了樣，偶然打碎了一只杯子，他就要罵到使人發抖的程度。

後來就連父親的眼睛也轉了彎，每從他的身邊經過，我就像被針灸一樣：他斜視著你，他那高傲的眼光從鼻梁經過嘴角而往下流著。所以每每在大雪中的黃昏裡，圍著暖爐，圍著祖父，聽著祖父讀詩篇，看著祖父讀著詩篇時微紅的嘴唇。

父親打我的時候，我就在祖父的房裡，從黃昏至深夜都對著窗戶看。窗外的白雪，好像白棉一樣地飄著；而暖爐上水壺的蓋子，則像伴奏的樂器似的振動著。

祖父常常把多紋的兩手放在我的肩上，而後又放在我的頭上，我的耳邊便響著這樣的聲音：

「快快長大吧！長大就好了。」

20歲那年，我就逃出了父親的家庭。直至現在還是過著流浪的生活。

「長大」是「長大」了，而沒有「好」。

可是從祖父那裡，知道了人生除掉了冰冷和憎惡而外，還有溫暖和愛。所以我就向這「溫暖」和「愛」的方面，懷著永久的憧憬和追求。

心靈感悟

有句話說：「沒有吃不完的苦，只有享不完的福。」人生的苦難是非常多的，例如文中蕭紅的童年就充滿了苦難，而蕭紅離開家之後，

> 苦難還一直伴隨著她。但是再多的苦難我們總是可以度過的，只要我們耐得住寂寞，只要我們心裡有愛和希望，美好的生活一定會到來的。

在何處閃耀

有一個流亡海外的女孩子，因為能講一口流利的英語和法語而被英國特務組織看中，加入了英國的特務。

她其實並不適合特務工作，性情急躁，所有的同事都不看好她，認為她做間諜，無疑是為敵國送上一座祕密的寶礦。

果然，幾乎所有的訓練過程都對她沒有用處。組織讓她傳遞一份敵國駐軍圖，她到了碰面地點後，怎麼也想不起暗號，情急之下，索性把地圖展開，對著來來往往的人群試探：「你對這張地圖感興趣嗎？」

幸運的是，她很快遇上交接的人，他們扮作精神病人迅速地掩蓋了這個可怕而致命的錯誤。

不僅如此，她認為越是繁華的地段越是安全，於是自作主張把祕密電臺搬到了巴黎的鬧區，可她不知道，國家秘密警察的總部就在離她一條街之遠的地方。

終於在一天夜裡，國家秘密警察把這個膽大妄為、正在傳送情報的間諜逮捕了。

英國特務都後悔不已，如果這個天真的女孩在刑具下毫無保留地說出一切，那麼對在法國的特務組織將是一個重創。出乎意料，警察們用盡了種種殘酷的刑罰，都無法撬開她的嘴。

她的名字叫努爾．艾娜雅特．汗（Noor Inayat Khan），曾是一位印度

王族的嬌貴女兒。二戰結束後，英國政府追授她喬治勳章和帝國勳章。

這樣一個不稱職的間諜獲得英國政府的最高獎賞，官方的解釋是：對帝國而言，夢寐以求的是間諜的背叛，這等於無形的巨大寶藏。

但這個很笨的女孩，至死都沒有吐露一個字。一個人需要技巧和智慧，但最不能缺少的，是原則和信念。這就是一個間諜最本位、最出色的地方，所以我們從沒懷疑她是一個優秀的間諜。

心靈感悟

堅持自己的信仰和責任要比具體的業務能力更重要。

努爾雖然在別人看來很一般，但她堅強的意志，對工作百分之百的負責，高貴的職業道德、感動了官方，她的故事被傳為了佳話。

一隻老鼠和上帝的賜予

這是一位孤獨的年輕畫家，除了理想，他一無所有。

為了理想，他毅然出門遠行，來到堪薩斯城（Kansas City）謀生。起初他到一家報社應徵，編輯部有一種藝術氛圍，這也正是他所需要的。

但主編閱讀了他的作品後不是很滿意，認為作品缺乏新意不予錄用。這使他感到萬分失望和頹喪。和所有出門打天下的年輕人一樣，他初嘗了失敗的滋味。

後來，他終於找到了一份工作，替教堂作畫。可是報酬極低，他無力租用畫室，只好借用一家廢棄的車庫作為臨時的辦公室。他每天就在這充滿汽油味的車庫裡辛勤地工作到深夜。沒有比現在更艱苦的了，他想。

尤其煩人的是，每次熄燈睡覺時，就能聽到老鼠「吱吱」的叫聲和在地板上的跳躍聲。

為了明天有充足的精力去工作，他忍耐了。也許是太累了，他一沾著地板就能呼呼大睡。就這樣一隻老鼠和一名貧困的畫家和平共處，倒也使這個荒棄的車庫充滿生機。

有一天，當疲倦的畫家抬起頭，他看見昏黃的燈光下一對亮晶晶的小眼睛。

是一隻小老鼠。如果是在幾年前，他會設計出種種計謀去捕殺這隻老鼠，但是現在他不，一隻死老鼠難道比活老鼠更有趣嗎？

磨難已經使他具備大藝術家所具有的悲天憫人的情懷。他微笑著注視這隻可愛的小精靈，可是它卻像影子一樣溜了。窗外風聲呼嘯，他傾聽著天籟的聲響，感到自己並不孤單，好歹有一隻老鼠與他為鄰，它還會來的，像羞怯的小女孩。

那隻小老鼠果然一次次出現，不只是在夜裡。他從來沒有傷害過它，甚至連嚇唬都沒有。它在地板上做著多種運動，表演精彩的雜技。而他作為唯一的觀眾，則獎它一點點麵包屑。

漸漸地，他們互相信任，彼此間建立了友誼。老鼠先是離他較遠，見他沒有傷害牠的意思，便一點點靠近。最後，老鼠竟敢大膽地爬上他工作的畫板，並在上面有節奏地跳躍。而他呢，絕不會趕走牠，而是默默地享受與牠親近的情意。

信賴，往往創造出美好的境界。

不久，年輕的畫家離開堪薩斯城，被介紹到好萊塢去製作一部以動物為主的動畫片。

　　這是他好不容易得到的一次機會，他似乎看到理想的大門開了一道縫。但不幸得很，他再次失敗了，不但因此窮得毫無分文，並且再度失業。

　　多少個不眠之夜他在黑暗裡苦苦思索，他懷疑自己的天賦，懷疑自己真的一文不值，他在思索著自己的出路。

　　終於在某天夜裡，就在他潦倒不堪的時候，他突然想起了堪薩斯城車庫裡那隻爬到他畫板上跳躍的老鼠，靈感就在那個暗夜裡閃了一道耀眼的光芒。他迅速爬起來，拉亮燈，支起畫架，立刻畫出了一隻老鼠的輪廓。

　　有史以來，最偉大的動物卡通形象 —— 米老鼠就這樣平凡地誕生了。靈感只青睞那些思考的頭腦。

　　這位年輕的畫家就是後來的美國最負盛名的人物之一、才華橫溢的華特‧迪士尼（Walt Disney）聞名全球。

　　華特‧迪士尼先生後來說，堪薩斯那間充滿汽油味的車庫，至少要值100萬美金。其實那裡沒有什麼，只有一隻老鼠，那是上帝給他的，上帝給誰都不會太多。

心靈感悟

　　有時候，成功總是顯得離我們那麼的遙遠，甚至遙不可及。此時，我們不要氣餒，只要我們安下心來，腳踏實地的工作，也許在我們不知不覺中，遙不可及的成功會突然敲開我們的大門。

　　所以，我們要踏踏實實地事，老老實實地做人。

學習的耐心之道

有一隻燕子，她總是把窩建在房頂下面。一隻小麻雀是她的鄰居，窩就在屋簷下面。

可是，這哪是築巢的地方啊！不過是排水管和房簷之間的一個小小的空隙罷了，小麻雀只不過在裡邊添了幾隻雞毛，就每晚睡在那。

燕子每年都孵育小燕子，教他們飛行，唱歌。一家人快樂無比，很讓人羨慕。

麻雀卻不一樣，她每年也生不少蛋，可是一次都沒有把小鳥孵育長大：不是淘氣的孩子們掏走了她窩裡的蛋，就是小鳥被貓吃掉了。

「你真幸福！」麻雀說，「你每年都能孵出小燕子，而我的孩子卻總是保不住！」

「都怪你自己不好，」燕子說，「要是你的窩也有我這樣的結實，小孩和貓就沒有辦法了。」

「那就請你教我築巢吧！」麻雀說，「你一定知道什麼祕密，或者有什麼訣竅呢！」

「築巢要動動腦筋才行，」燕子說，「不過，其實也沒有什麼訣竅。來吧，讓我們一起，我一定教會你。」

燕子和麻雀一起飛到了一個湖邊。

「喂，我的朋友，你用嘴巴銜一點泥，就學我的樣子。」燕子邊說邊努力銜了一大塊泥。

「唧唧唧！」麻雀回答說，「依我看，不就是弄點泥巴嘛，什麼訣竅也

沒有！」

　　燕子沒有說什麼，它銜著一塊泥飛回家，把它糊到牆上。「你也這樣做吧！」它又勸麻雀。

　　「我看見了，看見了！」麻雀很不耐煩地說，「這是再簡單也沒有了。我還以為你做的那個窩有什麼祕密或訣竅呢！這樣糊泥誰不會呀？不！這樣的小事我不做！唧泥巴又髒又累。」

　　燕子一次又一次地飛到湖邊，每次都銜回一塊泥。泥銜夠了以後，她又去銜稻草。材料備齊了，她就開始築巢了。她一層泥，一層草，又一層泥，又一層草……把窩搭得嚴嚴實實。

　　「窩只有這樣搭才行。」它教麻雀說，「先糊上一層泥，再加上一層草，再糊上一層泥，再糊上一層草……這樣，一個結結實實、舒舒服服的窩就搭好了。」

　　「我知道，我知道！這裡一點高明之處也沒有！」麻雀以輕蔑的口吻吱吱喳喳地說。

　　燕子回答說：「你知道是知道，可是光知道還搭不成窩，需要付出勞動才行。你如果不像我那樣勤奮地勞動，你的小麻雀永遠也不會長大成人！」

心靈感悟

　　你再想做偉大的事情也得從事邊的小事做起，不付出勞動就想嘗到甜美的果實是不可能的，當自己面臨貧窮與逆境的時候，首先要從自身出發去考慮原因，一定要腳踏實地去做任何一件事，才能成功。

第二　抵抗不可抗拒的誘惑

　　如果某種誘惑能滿足你當前的需要，但卻會妨礙達到更大的成功或長久的幸福。那就請你屏氣凝神，站穩立場，耐得住寂寞。

　　淨葉不沉，純淨的心靈又有什麼能把它擊沉呢？即使把它埋入汙泥深深的塘底，它也會綻出一朵更美更潔的蓮花。

成功者的孤獨忍受力

傳說中，西西里島附近海域有一座塞王島，長著鷹的翅膀的塞王女妖，日日夜夜唱著動人的魔歌引誘過往的船隻。

在古希臘神話中，特洛伊戰爭的英雄奧德修斯，曾路過塞王女妖居住的海島。

之前早就聽說過女妖善於用美妙的歌聲勾人魂魄，而登陸的人總是要死亡。奧德修斯囑咐同伴們用蠟封住耳朵，免得他們被女妖的歌聲所誘惑，而他自己卻沒有塞住耳朵，他想聽聽女妖的聲音到底有多美。

為了防止意以外發生，他讓同伴們把自己綁在桅桿上，並告訴他們千萬不要在中途替他鬆綁，而且他越是央求，他們越要把他綁得更緊。

果然，船行到中途時，奧德修斯看到幾個衣著華麗的美女翩翩而來，她們聲音如鶯歌燕啼，婉轉跌宕，動人心絃。聽著這美妙的歌聲，奧德修斯心中頓時燃起熊熊烈火，他急於奔向她們，大聲喊著讓同伴們放他下來。

但同伴們根本聽不見他在說什麼，他們仍然在奮力向前划船。有一位叫歐律羅科斯的同伴看到了他的掙扎，知道他此刻正在遭受著誘惑的煎熬，於是走上前，把他綁得更緊。

就這樣，他們終於順利透過了女妖居住的海島。

這是一個神話故事，帶有強烈的虛構和誇張成分。但是現實中類似的事情卻比比皆是。

朋友燕是一家會計師事務所的員工。春節，老同學聚會，她也來了，看看同學們個個體態玲瓏，再看看自己發福的身材，不禁自慚形穢，於是

下決心不再吃那些高熱量的食品了，要多吃蔬菜和水果。

近日，我們又在一起吃飯，她一見到有炸雞，口水都流出來了，一位好友提醒她：「你不是要減肥嗎？」

燕嘿嘿一笑：「不讓我吃，還不如殺了我！」於是不由自主地就去享用這些美味了。結果可想而知。

發展心理學的「棉花糖實驗」：那些忍住誘惑的孩子，成年後在事業上更易成功。

1960年代，美國心理學家沃爾特・米歇爾（Walter Mischel）給一些4歲小孩子每人一顆非常好吃的棉花糖，同時告訴孩子們可以吃糖，如果馬上吃，只能吃一顆；如果等20分鐘，則能吃兩顆。

有些孩子急不可待，馬上把棉花糖吃掉了。另一些孩子卻能等待對他們來說是無盡期的20分鐘，為了使自己忍住，他們閉上眼睛不看棉花糖，或頭枕雙臂、自言自語、唱歌，有的甚至睡著了，他們終於吃到了兩顆棉花糖。

這個實驗後來一直繼續了下去，那些在他們幾歲時就能等待吃兩顆棉花糖的孩子，到了青少年時期仍能等待，而不急於求成；而那些急不可待，只吃了一顆棉花糖的孩子，在青少年時期更容易有固執、優柔寡斷和壓抑等個性表現。

當這些孩子長到上國中時，就會表現出某些明顯的差異。對這些孩子的父母及教師的一次調查顯示，那些在4歲時能以堅忍換得第二顆棉花糖的孩子常成為適應性較強，冒險精神較強，比較受人喜歡，比較自信，比較獨立的少年。

而那些在早年已經不起軟糖誘惑的孩子則更可能成為孤僻、易受挫、

固執的少年，他們往往屈從於壓力並逃避挑戰。

對這些孩子分兩級進行學術能力傾向測試的結果顯示，那些在棉花糖實驗中堅持時間較長的孩子的平均得分高達 210 分。

研究人員在十幾年以後，再考察當年那些孩子現在的表現，研究發現，那些能夠為獲得更多的棉花糖而等待得更久的孩子，要比那些缺乏耐心的孩子更容易獲得成功，他們的學習成績要相對好一些。

在後來的幾十年的追蹤觀察中，發現有耐心的孩子在事業上的表現也較為出色。

哈佛大學心理學家丹尼爾‧高曼（Daniel Goleman）說：自律對一生的成功都很重要！他在《EQ》一書，把情緒智力（Emotional Intelligence Quotient）定義為「能認識自己和他人的感覺，自我激勵，以及控制自己在人際交往中的情緒的能力。」這一理念很快跨過大西洋，成為英國工業、教育和公共生活領域的主流思潮。

一些國際大企業也將 EQ 測試作為選用人才的依據。

EQ 分為 5 種情緒能力和社會能力：自我察覺、自我規範、動機、同理心，以及社交技巧。自我察覺，意味著知道自己當前的感受。因為他們整天都忙忙碌碌，所以就無暇顧及反省和自知。一個人的自我形象與其在他人眼中的形象越一致，他的人際關係就越成功。

EQ 的第二個是自我規範。自律的人能夠很好地控制情緒，不靠衝擊或刺激就能採取行動。

EQ 的第三部分是動機。EQ 高的人能更好地從人生的挫折和低潮中恢復過來。

EQ 的第四組成部分（同理心），能培養我們站在對方角度思考的能

力，並能帶來合作。

最後，社交技巧指的是透過與他人友好的交流，來掌握人際關係的能力。

情緒智力溯源一個高智商的人，完全可以與一個低智商但有著高水準社交技巧的人很好地合作。高曼將高 EQ 與成功連繫起來，並以上面提到的「棉花糖實驗」的例子來闡明控制衝動的重要性。「棉花糖實驗」說明了自律對一生成功的重要性。

某種誘惑能滿足你當前的需要，但卻會妨礙達到更大的成功或長久的幸福。

無論是神話，還是現實，成年人還是孩子，它們都反映著同樣的道理：克制欲望、抵抗誘惑是多麼困難。想一想不時出現在電視鏡頭中的那些醜聞纏身的腐敗官員，曾經何等顯赫風光，接受審查時又是如何滿臉失落沮喪。

一位作家說：「其實人與人都很相似的，不同就那麼一點點。」這一點點，在相當程度上，就是一種自我克制的能力。正是由於對自我的慾念的調控，才顯現出人性的高貴與光輝。

所謂的目標是多方面的。作為普通人，我們不可能像高官那樣時常面對金錢、權力與美色，但在我們的生活中也經常存在著各式各樣或大或小的誘惑。

例如，你明明知道抽菸對身體不好，但卻因為抽菸的快感放縱自己繼續抽菸；明明知道努力學習有利於今後的成功，但卻難以放棄現在輕鬆自在的生活而投入緊張的學習中。

奧德修斯塞住耳朵，束縛手腳，戰勝了海上女妖魔法的誘惑，並歷經

種種風險，終於回到朝思暮想的家園。

1960 年代的美國，物質條件遠不及現在豐富，為了得到心愛的美味棉花糖，4 歲的小孩子是如何在煎熬中度過 20 分鐘的？

在一粒芝麻與一個西瓜之間，你一定明白什麼是明智的選擇。如果某種誘惑能滿足你當前的需要，但卻會妨礙達到更大的成功或長久的幸福。那就請你屏氣凝神，站穩立場，耐得住寂寞。

一個人是這樣，一個企業，一個社會也是這樣。

心靈感悟

人的一生中，誘惑實在是太多了，小時候有玩的誘惑、吃的誘惑，長大了又金錢、美女的誘惑。

誘惑可以說是無處不在，一不留神沒有抵擋住誘惑，就會帶來了不良的後果，小則浪費時間、金錢，大則破壞了家庭，葬送了事業，甚至搭上了性命。

所以，人生在世第一件事就是要抵制誘惑，耐得住寂寞。

避免短期利益的誤導

他家很窮，住在貧民區的一棟破房子裡，他有 7 個兄弟姊妹，還有一個表妹和一個堂兄寄居在他家裡。他特別瘦弱，時常感冒發燒。他似乎缺乏學習的天賦，學業成績是孩子裡最差的。

有一天，他看到介紹有史以來最偉大的高爾夫球運動員傑克‧尼克勞斯（Jack Nicklaus）的電視節目，他的心一下子被打動了：我要像尼克勞斯

一樣，當一個偉大的職業高爾夫球運動員！他要求父親買高爾夫球和球桿給他。

父親說：「孩子，我們家玩不起高爾夫球，那是有錢人玩的。」

他不依，吵著要。母親抱著他，朝父親喊：「我相信他，他一定會成為優秀的高爾夫球手！」

說完，母親轉過頭，柔聲說：「兒子，等你成為職業高爾夫球手後，就買棟別墅給媽媽，好嗎？」他睜著那雙大眼睛，朝母親重重地點了點頭。

父親做了一個球桿給他，然後在家門口的空地上挖了幾個洞。他每天都用撿來的球玩上一會兒。

升上國中後，他遇到了後來改變了他一生的體育老師里奇‧費爾曼。費爾曼發現了這個黑人少年的天賦，於是建議他到高爾夫球俱樂部去練球並幫他支付了 30% 的費用。僅僅 3 個月，他就成了奧蘭多市少年高爾夫球賽的冠軍。

高中畢業後，他幸運地被史丹佛大學錄取了。暑假期間，他的一個要好的同學來他家玩，說他哥哥所在的旅遊公司有一艘豪華遊輪正在招服務生，薪水很高，每週有 500 美元，問他是否有意去應徵。他動心了：家裡仍然貧窮，自己應該像個男人一樣賺錢養家了。

過了幾天，里奇‧費爾曼來到他家，他已經幫他媒合了一家高爾夫球俱樂部，準備帶他去報名。年輕人不好意思地告訴老師，他打算去工作了。

里奇‧費爾曼沉吟半晌，然後問他：「我的孩子，你的夢想是什麼？」

他愣了一下，似乎有些措手不及。過了好久，他紅著臉囁嚅道：「當

一個像尼克勞斯一樣的高爾夫球運動員，賺很多錢，買一棟漂亮的別墅給母親。」

里奇・費爾曼聽完，眼睛盯著他高聲叫道：「你現在就去工作，那麼，你的夢想呢？不錯，你馬上就可以每週賺 500 美元了，很了不起！但是，你的夢想就只值每週 500 美元嗎？每週 500 美元能買得起別墅嗎？」

18 歲的他被老師的話震驚了，他呆呆地坐在屋子裡，心裡反覆默唸著這句話。

突然，曾經的夢想閃電般穿過腦海，熱血瞬間流遍全身：我的夢想是要成為像尼克勞斯一樣偉大的高爾夫球運動員，我的夢想是要為母親買一棟別墅！

那個假期，他自覺地投入到了訓練中。在當年的全美業餘高爾夫球大獎賽上，他成為該項賽事最年輕的冠軍。3 年後，他成了一名職業高爾夫球手。

他是迄今為止最偉大的高爾夫球運動員，他正創造著高爾夫球的神話：1999 年，他成為世界排名第一的高爾夫球手；2002 年，他成為自 1972 年尼克勞斯之後連續獲得美國大師賽和美國公開賽冠軍的首位選手。從 1996 年出道至今，他總共獲得了 39 個冠軍。

如今，他以一億美元的年收入成為世界上年收入最高的體育明星。他一共買了 6 棟位於不同地方的別墅給他的母親。

你可能已經知道他是誰，他就是「老虎」伍茲 (Tiger Woods)。

一個人應該儘自己最大的努力，挖掘自己所有的潛力來實現自己的夢想。努力可能會失敗，但放棄則意味著你根本不可能成功。

請試著像伍茲一樣為了夢想奔跑，也許有一天，你也能為自己的母親買 6 棟別墅。

心靈感悟

難得住寂寞分好多種，其中抵制誘惑也是忍受寂寞的一種。如果你完全有希望靠自己的能力實現夢想的時候，你應抵制一切誘惑，因為夢想是我們最大的價值。

朝著夢想高遠的天空努力飛翔，不在蓬蒿間低低飛舞，敢上青天與鯤鵬比翼；摒棄燕雀屋簷下的廉價歡悅，在夢想的天空中接受風雨的洗禮。

不要過度揮霍

在一個假日裡，同伴們集錢購買玩具，而我是負責跑腿的。當我口袋裡裝滿了同伴們的銅板時，我立即向兒童玩具店跑去。

有必要說一下，當時我只是個 7 歲的孩子。路上，我看見別的孩子手裡拿著哨子，哨子吹出的聲音把我迷住了。於是，我就把銅板通通掏出來，換了一隻哨子。我回到家裡，一蹦三跳地吹著哨子跑遍全屋，為此頗感得意。

我把買哨子所付的錢如數告訴兄姐和堂哥堂姐時，他們說我付了 4 個哨子的錢，還對我說，多付的錢本來可以買許多好玩的東西。

他們嘲諷我做了件蠢事，我由於氣惱而大聲哭泣起來。即使現在每想到這件事，我所感到的羞辱，遠遠超過哨子帶給我的樂趣。

然而，這件事一直印在我的腦際，而且後來對我的人生頗有助益。每當別人引誘我去買一些我用不著的東西時，我常常告誡自己：「別對哨子

花太多的錢。」我把錢省了下來。

　　長大成人以後，結識了形形色色的人，我發現有許多「對哨子付出了太多的錢」的人。

　　有的人渴望得到宮廷的青睞，把時間浪費在宮廷會議上，放棄休息、自由、美德，甚至朋友。在我看來，這種人對他的哨子付了過高的代價。

　　有的人爭名奪利，時常參與政事，忽視自己的本職工作，最後因此而墮落，我認為，這種人對他的哨子付出的代價實在太高了。

　　有的守財奴為了斂財致富，不惜置一切舒適、一切與人為善的快樂、別人對他的尊敬和友誼的歡樂於不顧。

　　對此，我勸誡他們說：「可憐的人啊，你為你的哨子付出了過高的代價。」

　　有的人專事尋歡作樂，不努力提高自己的志向或社會地位，忽視健康，只沉溺於眼前的良辰美景時，應該勸慰他們說：「錯了，你這樣做適得其反，在自找苦吃；你對你的哨子付出了過高的代價。」

　　有的人注重於外貌儀表，講究衣著，欲置備豪華舒適的住宅、精雕細琢的家具和富麗堂皇的馬車，但他的財力根本未達到此種水準，結果弄得債臺高築。我感嘆道你對你的哨子付出了太高太高的代價。

　　總而言之，人類一切痛苦之事，大都由於對事情的錯誤估價，也即因小失大，「對他們的哨子付出過高的代價」。

心靈感悟

　　一個人活著，就會有很多的東西在誘惑著他，但是，是否受這些東西的誘惑卻決定於他自己。整體原則是不要丟了西瓜撿芝麻，因小

失大是造成人類痛苦最常見的因素。

從小學會約束自己，因為容易受誘惑就如同放縱，其結果是可怕的。

抵抗不了誘惑的斑馬

有這麼一個童話，說的是斑馬艾瑞克在一次逃避獅子的襲擊中，本能地向後一踢，恰好踢中獅子的額頭，獅子應聲倒地，一會兒就命歸西天。

於是斑馬群中就流傳著艾瑞克是上帝派來的保護馬群的天馬。在大家的推崇之下艾瑞克成了草原上斑馬的領袖，獅子們也知道它們同夥中一名勇將就命喪於它的「鐵蹄」之下，自然誰都不敢貿然主動前去找艾瑞克的麻煩。

一年後，艾瑞克在幸福安逸中發福了。龐大的體形配上油光發亮的毛皮，讓大家一眼就知道這是「馬中之尊」，加上慢悠悠的走路姿態，十足的領袖身分。

一天，一頭從外地流浪到此的獅子，見到斑馬群早已垂涎三尺。它決定用擇其弱者一口定乾坤的捕食原則。

主意已定，它尋覓了一下斑馬群，見弱者不少，但不是骨瘦如柴，就是小如羔羊，實在不值得填自己的胃口。

正猶豫不決時，它的眼睛突然一亮，一匹體態臃腫、油光發亮，走路悠然自在的斑馬鑽進它的視野。憑它的斷定，這匹馬雖不年邁，但絕對沒有奔跑力。

想到這裡，這頭流浪獅子喜出望外，於是一縱身向那匹它看好的斑馬襲去。

艾瑞克也已發現這頭獅子向它襲來，除了加快速度奪路逃竄之外，還使出它曾經踢死一頭獅子的歷史經驗，抬後腿頻頻向獅子踢去，可這頭獅子狡猾地一偏頭躲過去了，並趁斑馬放慢了速度之際，一口咬斷了它的喉管。

眾斑馬見它們的領袖被一頭很一般的獅子沒費多大力氣地捕獲了，個個停止奔跑瞪起驚奇的眼睛。

草原上斑馬領袖艾瑞克成了一頭很一般獅子的口中美味，作為斑馬，未必能找出真正的癥結所在，但作為高等動物的人來說，再找不出癥結所在可能就是笑話了。

作為斑馬艾瑞克一蹄踢死一頭獅子是大家無需爭辯的事實，應當算是絕妙無比的成功，但也得承認，艾瑞克那次絕妙的成功是偶然所得，並非必然結果。

假如艾瑞克比較聰明的話，既然大家推崇自己當了領袖，就要以此為開始，苦練奔跑能力和求生技巧，而絕不能不自量力地貪圖安逸，自高自傲。

斑馬總是斑馬，經不起一丁點的尊貴誘惑，幼稚地養肥自己，用生命早早地填飽了獅子的肚子。但斑馬艾瑞克的悲慘結局卻給作為人類的我們豎起了很好的參考指標。

心靈感悟

安逸與榮耀會毀了一個人，而孤獨與寂寞可以使一個人變得堅強。一次偶爾的絕妙成功算不了什麼，真本事還得靠自己在生存的過程中，不間斷地總結經驗，來不得半點虛偽和驕傲，這樣才能充實自己的生存和發展的基礎。

不然的話，一次偶爾的絕妙成功一定會導致自己永遠的失敗。

去除「完美之手」的困擾

他曾經是人們眼裡不可理解的怪人。

讀高中時，因為他的優秀，有個保送名牌大學的機會擺在他面前，他卻不要。到了高考，他考出了非常高的分數，卻執意選擇了又苦又累的地質專業。

畢業了，照樣在學校裡稱得上風雲人物的他，同時被幾個好公司看中，可他卻要求去一個地質團隊，做一個浪跡天涯的地質隊員。

很多人不理解他的選擇，他總是笑笑，不值一顧。

終於有一天，他在別人再次問起他當初為什麼作這些選擇的時候開了口：法國著名雕塑家奧古斯特‧羅丹（Auguste Rodin），精心雕塑了一座文學家奧諾雷‧德‧巴爾札克（Honoré de Balzac）的雕像：巴爾札克目光炯炯，身披寬袖長袍，一雙手非常自然地疊合在胸前。

羅丹喚來了自己的三個學生來欣賞他的得意之作。三個學生不約而同地被雕像上那雙栩栩如生的手吸引住了，連聲讚嘆：「極好了，這真是一雙奇妙的手啊！」

羅丹從學生的表情中感到這雙手雖然塑得絕妙，可是作為整體的一部分，太突出了，起了喧賓奪主的作用。因此，他找來一把大斧，把那雙完美的手砍掉了。

幾個學生被羅丹的舉動嚇得目瞪口呆。

其實，在生活中，這種「完美的手」隨處可見，它時時處處地誘惑著人們忘記了最初對人生的本質追求，常常因此走上了一條與理想背道而馳的路。

只有果斷地砍掉那雙「完美的手」，砍掉那些暫時的誘惑，實實在在，耐住寂寞，潛心做自己想做的事，才能雕塑出生命整體的完美。

說這些話時，他已經取得了許多獎項的成果；編寫了兩個有關地震勘探的專欄；在許多專業報刊上發表了上百篇論文；承擔著非常重要的國家科學研究專案。

而且，他還用自己細膩的心去翻閱每一寸自然的美麗，寫出了許多充滿豪情、激情、深情、智慧的詩篇，成了一個地質詩人，一個知道如何去追尋生命真正美麗的詩人。

心靈感悟

人生在世，不可避免地會遇到很多誘惑，如果貪於享受，陶醉於榮譽，就可能裹足不前，失去進取的勇氣。

為此，只有看淡那些籠罩在頭上的光暈，堅定執著地向著預定的目標前進，才能到達理想的彼岸。

一次追逐一個目標

兒時，我家住在一個很鄉下的地方。我們姐弟三人，跟著村裡的孩子捕魚撈蝦，我父親端起我們撈的一盆魚蝦，全掀翻在河溝裡；我們跟著其他的孩子上山打柴，我父親一把火，將那堆柴火化為灰燼。父親在這樣做後，總惡狠狠地留下一句話：將軍路上不追兔！對父親的言行，我們大惑不解。

後來，父親講了一個楚王打獵的故事給我們聽。在獵場，一隻兔子從

草叢中竄出，楚王彎弓搭箭，正要射獵時，忽然從他的左邊蹦出一隻山羊，於是他把箭頭對準了山羊。

正在此時，右邊又跳出一隻梅花鹿，楚王又重新掉轉箭頭對準了梅花鹿。忽然從樹梢飛出了一隻珍貴的蒼鷹，楚王最終選擇了蒼鷹，待要瞄準時，蒼鷹已迅速在空中劃過一道弧線遠遁而去。

待到楚王回過頭來找其他的獵物時，前面的目標早已無跡可尋。楚王拿著箭比劃了半天，結果一無所獲。

聽懂了故事，才明白父親前面說的那句話。自此，姐弟三人心無旁騖，終以優異的成績完成學業。

大學時代，一位學術成就很高的老師，深有感觸地現身說法：人生有三隻兔子不可追。

兒少時代，教室之外嬉戲玩耍是一隻誘人的兔子，你若去追趕它，它就帶給你荒廢的一生；

青年時代，校園之外名利富貴是一隻誘人的兔子，你若去追趕它，它就帶給你虛榮的一生；

中年時代，社會上燈紅酒綠是一隻誘人的兔子，你若去追趕它，它就帶給你墮落的一生。

與其挖許多井，不如挖一口最深的井。放棄多個目標是為了突出放大一個目標。

何況，沒有一隻兔子在正道上奔跑，所以，當你要趕路時，不要被草叢中竄來竄去的兔子弄得眼花撩亂，從而偏離了前進的方向，記著自己是在趕路，唯一要做的是：看腳下，看前方。

心靈感悟

人的一生要面臨許多誘惑，歸結起來無外乎：兒少時貪玩，青年時虛榮，中年時墮落。

人的生命是一條長長的線，少、青、中、老就像四個點貫穿在這條線上，其中任何一個點出現故障，都不會有完美的人生。絕不能因為一個點的絢麗，一時的痛快，而荒蕪長長的一生。

貪婪的愚蠢後果

有一個小孩，大家都說他傻，因為如果有人同時給他 5 毛和 1 元的硬幣，他總是選擇 5 毛，而不要 1 元。

有個人不相信，就拿出兩個硬幣，一個 1 元，一個 5 毛，叫那個小孩任選其中一個，結果那個小孩真的挑了 5 毛的硬幣。

那個人覺得非常奇怪，便問那個孩子：「難道你不會分辨硬幣的幣值嗎？」

孩子小聲說：「如果我選擇了 1 元，下次你就不會跟我玩這種遊戲了！」

這就是那個小孩的聰明之處。

的確，如果他選擇了 1 元，就沒有人願意繼續跟他玩下去了，而他得到的，也只有 1 元！但他拿 5 毛，把自己裝成傻子，於是傻子當得越久，他就拿得越多，最終他得到的，將是 1 元的若干倍！

因此，在現實生活中，我們不妨向那「傻小孩」看齊，不要 1 元，而取 5 毛！

而更多的人在社會上，卻常有一種不拿白不拿，不吃白不吃的貪婪！殊不知你的貪不僅損害了他人的利益，還會使他人對你的貪反感。或許他人可以容忍你的行為，不在乎你的貪，但如果你懂得適可而止，他會對你有更好的印象與評價，因此願意延續和你的關係。

可嘆的是，現代社會充斥著下列現象：人際關係一次用完，做生意一次賺足！以為自己這樣做是聰明，殊不知這都是在斷自己的路！我不希望你有這種聰明，而希望你能一直擁有那個小孩一樣的「傻」，因為這會讓你得到更多回報。

10 個 5 毛錢多，還是一個 1 塊錢多？你自己算算吧！

永不滿足的欲望不停地誘惑著人們追求物欲的最高享受，然而，過度地追逐利益往往會使人迷失生活的方向，因此，凡事適可而止，才能把握好自己的人生方向。

幾個人在岸邊垂釣，旁邊幾名遊客在欣賞海景。只見一名垂釣者竿子一揚，釣上了一條大魚，足有一尺多長，落在岸上後仍騰跳不止。

可是釣者卻用腳踩著大魚，解下魚嘴內的釣鉤，順手將魚丟進海裡。圍觀的人發出一片驚呼，這麼大的魚還不能令他滿意，可見垂釣者雄心之大。

就在眾人屏息以待之際，釣者魚竿又是一揚，這次釣上的還是一條一尺長的魚，釣者仍是不看一眼，順手扔進海裡。

第三次，釣者的釣竿再次揚起，只見釣線末端鉤著一條不過幾寸長的小魚。眾人以為這條魚也肯定會被放回，不料釣者卻將魚解下，小心地放回自己的魚簍中。

眾人百思不得其解，就問釣者為何捨大而取小。

釣者回答說：「哦，因為我家裡最大的盤子只不過有一尺長，太大的魚釣回去，盤子也裝不下。」

在經濟發達的今天，像釣魚者這樣捨大取小的人是越來越少，反而是捨小取大的人越來越多。俗話說，貪心圖發財，短命多禍災。心地善良、胸襟開闊等良好的品性，才是健康長壽之本。貪圖小便宜，終究是要吃大虧的。

法國人從莫斯科撤走後，一位農夫和一位商人在街上尋找財物。他們發現了一大堆未被燒焦的羊毛，兩個人就各分了一半捆在自己的背上。

歸途中，他們又發現了一些布匹，農夫將身上沉重的羊毛扔掉，選些自己扛得動的較好的布匹；貪婪的商人將農夫所丟下的羊毛和剩餘的布匹通通撿起來，重負讓他氣喘吁吁，行動緩慢。

走了不遠，他們又發現了一些銀質的餐具，農夫將布匹扔掉，撿了些較好的銀器背上，商人卻因沉重的羊毛和布匹壓得他無法彎腰而作罷。

突降大雨，飢寒交迫的商人身上的羊毛和布匹被雨水淋溼了，他跟蹌著摔倒在泥濘當中。而農夫卻一身輕鬆地回家了。他變賣了銀餐具，生活富足起來。

大千世界，萬種誘惑，什麼都想要，會累死你，該放就放，你會輕鬆快樂一生。貪婪的人往往很容易被事物的表面現象迷惑，甚至難以自拔，事過境遷，後悔晚矣！

一次，一個獵人捕獲了一隻能說 70 種語言的鳥。

「放了我，」這隻鳥說，「我將給你三條忠告。」

「先告訴我，」獵人回答道，「我發誓我會放了你。」

「第一條忠告是，」鳥說道，「做事後不要後悔。」

「第二條忠告是：如果有人告訴你一件事，你自己認為是不可能的就

別相信。」

「第三條忠告是：當你爬不上去時，別費力去爬。」

然後鳥對獵人說：「該放我走了吧。」獵人依言將鳥放了。

這隻鳥飛起後落在一棵大樹上，又向獵人大聲喊道：「你真愚蠢。你放了我，但你並不知道在我的嘴中有一顆價值連城的大珍珠。正是這顆珍珠使我這樣聰明。」

這個獵人很想再捕獲這隻放飛的鳥。他跑到樹面前並開始爬樹。但是當他爬到一半的時候，他掉了下來並摔斷了雙腿。

鳥嘲笑他並向他喊道：「笨蛋！我剛才告訴你的忠告你全忘記了。我告訴你一旦做了一件事情就別後悔，而你卻後悔放了我。我告訴你如果有人對你講你認為是不可能的事，就別相信，而你卻相信像我這樣一隻小鳥的嘴中會有一顆很大的珍珠。我告訴你如果爬不上去，就別強迫自己去爬，而你卻追趕我並試圖爬上這棵大樹，結果掉下去摔斷了雙腿。這個箴言說的就是你：『對聰明人來說，一次教訓比蠢人受一百次鞭撻還深刻。』」

說完，鳥飛走了。

人因貪婪常常會犯傻，什麼蠢事也會做出來。所以任何時候要有自己的主見和辨別是非的能力，不要被假現象所迷惑。

心靈感悟

貪婪是一切罪惡之源。貪婪能令人忘卻一切，甚至自己的人格。貪婪是人類頑疾，人們極易成為它的奴隸，變得越來越貪婪。貪婪令人喪失理智，做出愚昧不堪的行為。

因此，有遠見的人應當採取的態度是：遠離貪婪，知足者常樂。

貪欲即陷阱

從前，無果禪師為了專心參禪，在深山裡一住就是 20 年，這 20 年一直有一對母女細心地照料他。

然而，這 20 年，他並沒有取得太大的成就，他認為自己無法在那裡修行得道，所以打算出去尋師問道，解多年來心中的疑惑。

臨行前，他向這對母女辭別時，她們對無果禪師說：「禪師，您再多留幾日吧。路上要餐風露宿，容我們為您做件衣服再上路也不遲呀！」

母女的好意讓禪師無法推辭，於是只好點頭答應了。

母女二人回家後，馬上著手剪裁衣服。衣服做好了，她們又包了四錠馬蹄銀，送給無果禪師作為路費，禪師心中無比感激，他接受了母女二人的饋贈，收拾行李準備第二天一大早就走。

到了晚上，無果禪師坐禪養息，半夜裡突然出現了一個童子，後面還跟著許多人在吹拉彈奏。他們扛著一朵很大的蓮花，來到無果禪師面前說：「禪師，請上蓮花臺！這就是您要去的地方。」

無果禪師心裡嘀咕：「我的修行還沒有達到這種程度，這種境況來得太早了，恐怕是假象吧！」

於是他沒有理會，童子又說：「禪師，請您坐上來吧，機會就只有一次，錯過了就再也不會有了哦。」

抵不住童子的糾纏，無奈之下，無果禪師就把自己的拂塵插在蓮花臺上。童子與諸樂人便高興地離去了。

第二天一大早，無果禪師正要動身時，那母女二人來到他家，手裡拿了一把佛塵，問道：「禪師，這可是您的物品？昨晚怎麼會從我家母馬的

肚子裡生了出來？」

無果禪師聽後十分吃驚，說道：「如果不是我的定力深厚，今天已經是你們家的馬兒了。」於是將馬蹄銀還給了母女二人，作別而去！

蓮花臺就是一個陷阱，還好無果禪師識破它，否則就被投入母馬的肚子裡面，成為一隻小馬了。

不要被突如其來的實惠或好運迷惑，其實天上是不會掉餡餅的。然而，生活中的陷阱太多了，金錢、名譽、地位、美女、機遇……

其實，所有的陷阱都有一個共同的特點，就是抓住人心中最脆弱的那根弦，使人像著了魔似的不能脫身，毫不猶豫地掉進陷阱裡。掉進陷阱的人，十人當中有十個是因為貪戀不該屬於自己的那份東西；被當時不屬於自己的東西所誘惑，結果總是得不償失的。

一天，老張去城裡看望兒子兒媳，走在半路上，突然見到一個精美的首飾盒滾到他的腳邊。

身旁的一個年輕人眼尖手快，急忙撿了起來，開啟一看，裡面竟然有一條金項鍊，還附著一張發票，上面寫著某某飾品店監製，售價3,600元。

但是老張當即拽住年輕人，讓他在原地等候失主；可是等了老半天，還是沒人來領。

那個年輕人便小聲提議兩個人私分，說：「給我一千元，項鍊歸你。」邊說邊朝巷口走去。

老張一聽，這怎麼可以，但是看看項鍊，心裡就有點動搖了。他心想：「我可以把它送給我的兒媳婦，當年她嫁過來的時候，我們手頭不寬裕也沒怎麼買過東西給她。這次去看他們，正好把這個項鍊送給她，她一

定會很高興的，這也是我這個做公公的一番心意嘛。」

老張的猶豫沒有逃過年輕人的眼睛，他更是一個勁地說這條項鍊有多好，今天運氣好才會遇到的。老張經不住年輕人的遊說，便說：「可是我沒有這麼多錢，我是來城裡看我兒子的，身上只帶了 800 元。」

年輕人故作大方地說：「這樣啊，沒有關係，我就吃點虧，誰叫您年紀比我大呢？」

於是，老張就把好不容易湊到的 800 元給了年輕人，拿著那條金項鍊美滋滋地向兒子家走去。

一到兒子家，他便把路上的事情跟兒子兒媳說了，還拿出那條金光閃閃的項鍊送給兒媳婦。小夫妻倆一聽就不對，果然，那條項鍊根本就是假的。

老張這才恍然大悟，原來人家設了一個陷阱讓他跳，於是他非常懊惱，因為那 800 元是準備給還沒出生的小孫子買些東西的。

老張因為貪吃天上掉下來的餡餅而掉進了圈套中，其實，這些陷阱都是人們自己挖掘的；而人生最可怕的，莫過於跳進自己親手挖下的陷阱中！

心靈感悟

在當今社會，誘惑無處不在。遇到誘惑，不要試圖同誘惑爭辯，躲開它，躲得遠遠的。

面對誘惑動不動心並不重要，重要的在誘惑面前能夠堅持自己的原則。否則，貪一時之利，而損失則無法計量。

小欲望，大代價

清乾隆年間，一外地書生來京城趕考。

路過延壽寺街，在書鋪裡拾到一個買書少年丟失的一文銅錢，立刻揣入懷中，欣欣然面有喜色。

書鋪裡有位老者見其裝扮，知道是讀書求官之人，便和他聊了起來。末了問了問書生的名姓，相揖而別。

後來這個書生考中了常熟縣尉，赴任前去拜謁他的上司江蘇巡撫湯斌時，連去 10 次都被拒見。

書生要討說法，巡撫傳下口諭：還記得當年在書鋪拾錢一事嗎？做秀才時尚視一錢如命，做了地方官吏豈不要挖地三尺？你的名字已被除掉，不必赴任去了。

書生恍然大悟，繼而頓足失聲，但已悔之晚矣。

貪心都是一點點滋生，最後膨脹成無止境的欲望。這個書生為貪心付出的代價看起來過於沉重，但如果不是這樣，他最終失掉的可能不僅是前程，還要搭上性命。

心靈感悟

貪心，無論大小，都是其本性使然。不貪之人，大小都不會貪，這從那些清官的布衣粗食卻能看出端倪。而貪官是小到一個銅鈿，大到整個國庫，民脂民膏，都想搜為己有，清朝的和坤就是這類人物。

我們做人，應該重義而輕利，如果像那個秀才，一文都看在眼裡，最終必吃大虧。

警惕生活中的誘惑

農場主湯普森的小店裡有很多寄宿的人。蘇珊的媽媽每週都幫他們代洗衣物，報酬僅 5 美元。一個週六晚上，蘇珊像往常一樣去替媽媽領錢，她在馬廄裡遇到了這位農場主。

顯然他正處於氣頭上。那些總和他討價還價的馬販子激怒了他，令他火冒三丈。他手裡的錢包開啟了，被鈔票塞得鼓鼓的。

當蘇珊向他要錢時，他沒有像從前那樣訓斥她打擾了正在忙碌的他，而是馬上將一張鈔票遞給了她。

蘇珊暗暗高興自己這次比往常輕易地逃過了這一關，她急忙走出馬廄。

到了路上，她停下來，拿針將錢小心翼翼地別在圍巾的褶皺裡。這時，她看到湯普森給了她兩張鈔票，而不是一張！

她往四周望了望，發現附近沒有人看到她。她的第一反應，是為得到了這筆飛來橫財而興奮不已。

「這全是我的了。」她心想，「我要買一件新的鬥篷送給媽媽，媽媽就能把她那件舊的給瑪麗姐姐了。這樣，明年冬天瑪麗就能跟我一起去上學了，說不定還可以給弟弟湯姆買雙新鞋呢！」

過了一會兒，她又認為這筆錢一定是湯普森在給她時拿錯了，她沒有權利使用它。

正當她這樣想時，一個充滿誘惑的聲音說：「這是他給你的，你又怎麼知道他不是想要把它作為禮物送給你呢？拿去吧！他絕對不會知道的。就算是他弄錯了，他那大錢包裡有那麼多張 5 美元鈔票，他也絕不會注意到的。」

她一邊往家走，一邊進行著激烈的道德衝突。她一路上都在思考著是拿這筆錢買享受重要呢，還是誠實重要？

當她經過家門前那座小橋時，她想到了媽媽平時的教誨：「你想要人家怎樣對你，你就得怎樣對人。」

蘇珊猛地轉過身，往回跑去。她跑得很快，快得讓她差點連氣都喘不過來了，彷彿是在逃離什麼無形的危險。就這樣，她直接跑回了農場主湯普森的店門口。

湯普森注視著眼前這個小女孩，他從口袋裡取出 100 美元遞給了蘇珊。

「不，謝謝你，先生。」蘇珊說，「我不能僅僅因為做了件正確的事就得到報酬。」

心靈感悟

「不以窮變節，不以賤易志。」這是古人對高尚之人的要求。

在現實生活中，誘惑無處不在，但只要你有顆抗誘惑的心，哪怕金山銀山在前也會黯然失色，不戰而退。把持住自己，就不會霧裡看花，迷失方向。

最強大的心靈是純淨的

一個年輕人千里迢迢找到燃燈寺的釋濟大師說：我只是讀書耕作，從來不傳不聞流言蜚語，不招惹是非，但不知為什麼，總是有人用惡言誹謗我，用蜚語詆毀我。如今，我實在有些承受不住了，想遁入空門削髮為僧以避紅塵，請大師您千萬收留我！

釋濟大師靜靜聽他說完，微然一笑說：施主何必心急，同老衲到院中撿一片淨葉你就可知自己的未來了。

釋濟帶年輕人走到禪寺中殿旁一條穿寺而過的小溪邊，順手從菩提樹上摘下一枚菩提葉，又吩咐一個小和尚說：去取一桶一瓢來。

小和尚很快就提來了一個木桶一個葫蘆瓢交給了釋濟大師。

大師手拈樹葉對年輕人說：施主不惹是非，遠離紅塵，就像我手中的這一淨葉。說著將那一枚葉子丟進桶中，又指著那桶說：可如今施主慘遭誹謗、詆毀深陷塵世苦井，是否就如這枚淨葉深陷桶底呢？

年輕人嘆口氣，點點頭說：我就是桶底的這枚樹葉呀！

釋濟大師將水桶放到溪邊的一塊岩石上，彎腰從溪裡舀起一瓢水說：這是對施主的一句誹謗，企圖是打沉你。

說著就「譁」地一聲將那瓢水兜頭澆在桶中的樹葉上，樹葉激烈地在桶中蕩了又蕩，便靜靜漂在了水面上。

釋濟大師又彎腰舀起一瓢水說：這是庸人對你的一句惡語誹謗，企圖還是要打沉你，但施主請看這又會怎樣呢？說著又嘩地倒下一瓢水兜頭澆在桶中的樹葉上，但樹葉晃了晃，還是漂在了桶中的水面上。

年輕人看了看桶裡的水，又看了看水面上浮著的那枚樹葉，說：樹葉秋毫無損，只是桶裡的水深了，而樹葉隨水位離桶口越來越近了。

釋濟大師聽了，微笑著點點頭，又舀起一瓢瓢的水澆到樹葉上，說：流言是無法擊沉一枚淨葉的，淨葉抖掉澆在它身上的一句句蜚語、一句句誹謗，淨葉不僅未沉入水底，卻反而隨著誹謗和蜚語的增多而使自己漸漸漂升，一步一步遠離了淵底了。

釋濟大師邊說邊往桶中倒水，桶裡的水不知不覺就滿了，那枚菩提樹

葉也終於浮到了桶面上，翠綠的葉子，像一葉小舟，在水面上輕輕地蕩漾著、晃動著。

釋濟大師望著樹葉感嘆說：再有一些蜚語和誹謗就更妙了。

年輕人聽了，不解地望著釋濟大師說：大師為何如此說呢？

釋濟笑了笑又舀起兩瓢水嘩嘩澆到桶中的樹葉上，桶水四溢，把那片樹葉也溢了出來，漂到桶下的溪流裡，然後就隨著溪水悠悠地漂走了。

釋濟大師說：太多的流言蜚語終於幫這枚淨葉跳出了陷阱，並讓這枚樹葉漂向遠方的大河、大江、大海，使它擁有更廣闊的世界了。

年輕人驀然明白了，高興地對釋濟大師說：大師，我明白了，一枚淨葉是永遠不會沉入水底的。流言蜚語、誹謗和詆毀，只能把純淨的心靈淘洗得更加純淨。釋濟大師欣慰地笑了。

淨葉不沉，純淨的心靈又有什麼能把它擊沉呢？即使把它埋入汙泥深掩的塘底，它也會綻出一朵更美更潔的蓮花。

心靈感悟

寂寞也是一種意境，是一種追逐功名利祿的人無法領悟的境界，也是那些憂讒畏譏的人無法達到到境界。

前者是因為受不住各種人生誘惑的吸引，所以無法享受寂寞；後者是因為過於關注別人的看法，沒有了自信。要品嚐寂寞這種意境，這兩種心態都必須戒除。

擺脫不必要的負擔

　　一對靠撿破爛為生的夫妻，每天一早出門，拖著一部破車到處撿拾破銅爛鐵，等到太陽下山時才回家。

　　他們回到家的時候，就在門口的院子裡擺上一盆水，搬一張凳子把雙腳浸在盆中，然後拉弦唱歌，唱到月正當空，渾身涼爽的時候他們才進房睡覺，日子過得非常逍遙自在。

　　他們對面住了一位很有錢的員外，他每天都坐在桌前打算盤，算算哪家的租金還沒收，哪家還欠帳，每天總是很煩。

　　他看對面的夫妻每天快快樂樂地出門，晚上輕輕鬆鬆地唱歌，非常羨慕也非常奇怪，於是問他的夥計說：「為什麼我這麼有錢卻不快樂，而對面那對窮夫妻卻會如此的快樂呢？」

　　夥計聽了就問員外說：「員外，想要他們憂愁嗎？」

　　員外回答道：「我看他們不會憂愁的。」

　　夥計說：「只要你給我一些錢，我把錢送到他家，保證他們明天不會拉弦唱歌。」

　　員外說：「給他錢他一定會更快樂，怎麼說不會再唱歌了呢？」

　　夥計說：「你儘管給他錢就是了。」

　　員外果真把錢交給夥計，當夥計把錢送到窮人家時，這對夫妻拿到錢真的很煩惱，那天晚上竟然睡不著覺了。

　　想要把錢放在家中，門又沒法關嚴；要藏在牆壁裡面，牆用手一扒就會開；要把它放在枕頭下又怕丟掉；要……他們一整晚都為這貫錢操心，

一會兒躺上床，一會兒又爬起來，整夜就這樣反覆折騰，無法成眠。

妻子看丈夫坐立不安，也被惹煩了，就說：「現在你已經有錢了，你又在煩惱什麼呢？」

丈夫說：「有了這些錢，我們該怎樣處理呢？把錢放在家中又怕丟了。現在我滿腦子都是煩惱。」

隔天一早他把錢帶出門，整條街繞來繞去不知要做什麼好，繞到太陽下山，月亮上來了，他又把錢帶回家，垂頭喪氣的不知如何是好。

想做小生意不甘願，要做大生意錢又不夠，他向妻子說：「這些錢說少，卻也不少，說多又做不了大生意，真正是傷腦筋啊！」

那天晚上員外站在對面，果然聽不到拉弦和唱歌了，因此就到他家去問他怎麼了？

這對夫妻說：「員外啊！我看我把錢還給你好了。我寧可每天一大早出去撿破爛，也比有了這些錢輕鬆啊！」

這時候員外突然恍然大悟，原來，有錢不知布施，也是一種負擔。

什麼樣的人生才是快樂的呢？

放下沉重的包袱，不為貪婪所誘惑，量力而行。這樣的人生，自然是輕鬆而快樂的。

心靈感悟

耐得住寂寞包含了對各種不好情緒的抵制，貪婪之心也是要被抵制的一種。不被貪婪所誘惑的人最沒有負擔。

因為沒有人與他結怨，他也沒有心機來和別人計較。這種日子最輕鬆，這樣的人生最快樂。

經歷痛苦的心靈驛站

很久沒有聯絡了，同學若萍忽然從美國打電話，隔著千山外水，依然能聽出她聲音中的堅決：「我春節回國，你無論如何也要幫我連繫到段莉莉，我想親口對她說：『對不起』。」

這麼多年來，大家誰也沒有對他提起過段莉莉，大學時的一段過節，曾經造成過持久的傷害，我們都以為她想忘卻。

段莉莉的父親在他很小時就離棄了他和母親。長期的單親生活及母親的憤恨和偏執，造成了他孤僻倔傲的個性。緊張愉快的大學生活，漸漸撫平了他的傷口，到了大三，她已經常常參加一些集體活動。

那時候她和若萍是室友，不知怎麼就鬧翻了，吵得不可開交，口不擇言的若萍脫口罵了她：「你沒父親管教，所以這樣沒教養！」

段莉莉掩面而去，從此極少與同學來往，也不再參加集體活動，連畢業照都沒有去拍……

幾年過去了，昔日的老同學早已各奔東西，去謀自己的前程，若萍也遠渡重洋去了美國。時光雕塑這面容和心靈，在生活裡摸爬滾打著，大家都已有傷痕，心靈也漸漸蒙上一層老繭，往事也漸漸如琥珀一樣封存。

我以為若萍也一樣，已將往事慢慢淡忘。

可是電話裡他的聲音如此懊悔。她說這幾年她始終不能忘記當初那件事，不是她至今還對別人心存恨意，而是她無法原諒自己。當日衝口而出的那句話，從來沒想到會成為如影隨形的噩夢，在最歡愉的時候幽靈般到來，時時苦痛了她的心靈。

當初以為傷害的是別人，時光流逝之後才漸漸發現，其實傷害最深的

還是自己。

我勸慰她，也許別人早已忘記了當初的傷害，距離一旦拉遠，沉澱下來的往往只有美好，而傷心與怨恨會在記憶的網眼裡有意或無意地漏盡。

就像我自己，偶然翻到國中時的日記，發現有幾張頁碼有意黏貼在一起。小心地開啟來，天哪，上面用紅色水筆氣勢磅礡地寫著若干大字：我真是恨死他了！我永遠也不會忘記他對我的傷害！每一句後面都有一連串驚心動魄的驚嘆號，像一個個憤怒的槍口，雖然年代久遠早已不再噴火，但仍然可以想像得到當初那種激烈的情緒。

可不好意思的是，上面這個曾被我強烈憎惡的「他」，我卻再也想不起是誰。

然而，她堅持：「這麼多年來，這是我唯一不能解釋的一件事，只有親口對他說出抱歉，我才可以放下心中沉重的包袱，真正輕鬆。」

有些事情我不知道該如何跟她說。生命中很多話，很多事已經說出做出，可能就再也無法挽回。

我很小的時候讀了很多魯迅的文章，最使我震撼的卻是那篇短短的《風箏》。嚴厲的大哥最鄙視玩風箏這類沒出息的玩意兒，年幼多病的小弟卻最喜歡，他背著大哥獨自躲在堆放雜物的小屋裡製作風箏，被大哥偶然發現，將他扔在地上狠狠踩碎，只留下小弟絕望地站在小屋裡。

很多年以後，人到中年的兩兄弟臉上都已添刻了許多的辛苦條紋，大哥的心卻越來越難以釋懷，終於笑笑地說起少年時代的糊塗，無辜地虐殺了他的快樂，希望能得到他的寬恕和諒解。然而，對方已經全然忘卻，毫無怨恨，自然也無所謂寬恕。

當年讀這篇文章，心中的傷感至今仍清晰記得，一是為了破屋中躲起

來做風箏的小孩，他的心靈改遭受了怎樣的殘害？

　　一是為了人到中年的大哥，沉重地道出自己的懺悔，卻永遠也不會得到寬恕和諒解，因為遭受傷害的人已經全然忘記，而他卻回畢生背負於身，它如此沉痛地展示了生命的一種無奈。鄭重其事地負荊，原以為從此可以解脫，卻不料再也找不到請罪的理由，沉重的負荊因而成為生命中不能承受的負擔。

　　然而，懺悔了的大哥還是幸運的，他畢竟能夠有機會親口對他傷害的人說一聲「對不起」，儘管遺忘已經永遠阻擋了對面的回聲。

　　假如當初受傷的人永遠不在了呢？

　　段莉莉年輕的生命已經永遠定格在很多年前那個落雪的黃昏。莫名其妙的腿疼，一串醫學名詞，就此宣判了一個年輕生命的死刑。

　　那時我正和她一起讀碩班，去醫院探望時，她已經昏迷，從此再也沒有醒來。那是我平生第一次近距離觀望死亡，無奈地看到生命的花朵在瞬間凋落。

　　僅僅只是一句話而已。但也許終此一生，若萍都將背負沉重的遺憾，在平凡的日子裡時時體會到尖銳的刺痛。

　　在人生的長路上，越往前走，我們越感受到沉重。許多裝載背簍裡的都是沉重而無意義的東西，比如悔恨，比如傷害，比如虧欠。

　　當時以為解氣了，勝利了，輕鬆了，沒想到它們會隨著光陰越來越重，成為心的「結石」。使我們的心痛的往往是來自它們的重量。其實想想當初，我們根本就可以不必背上的。

　　如何做到不去傷害一個人，在漫長的日子裡如何化解而造成的內疚，這真是我們一生的課題。

心靈感悟

我們也許都曾經做過錯事，這在我們心理產生了愧疚、悔恨等情緒，這使我們的生命承載了太重的負荷，也使我們鬱郁難歡。

我們應該明白，不管當初我們做了什麼錯事，時間已經過去了，我們在悔恨、歉疚已經沒有多大用處了。我們不能終生都背著「十字架」生活，應該盡快忘卻它們，給心靈一個寧靜。

遠離虛榮的人生

很久以前，在波羅國有一座深山。山上古木參天，奇花遍地，人跡罕至。只有潺潺的溪水和偶爾的鳥鳴聲，才會打破這份寂靜。

在這座深山裡，住著一老一小兩位仙人。老仙人是位得道者，面容清瘦，精神矍鑠，雪白的鬚眉下，雙目炯炯有神。小仙人雖然也希望能修得正果，卻不願像老仙人那樣整天修煉，虛榮心特別強，但是沒有多大的本事。

老仙人經過多年的苦心修煉，有了五種不可思議的神通力。老仙人到處尋訪仙人，虛心求教，而別的仙人也常常贈給他一些仙果佳釀。從北方的邯鄲國，老仙人帶回了又香又軟的稻米；他提來山上從沒見過的瓜果。

甚至有一天，老仙人飛上了天，尋訪天上的仙人，回來時還帶了一大堆天上的山珍海味。老仙人每次帶回美味佳餚時，總要請小仙人共同品嚐。

小仙人看到老仙人來去自如，很是威風，心裡十分羨慕。有一天，他

對老仙人說：「師父，請您收我做徒弟吧，我想跟您學本事。」

老仙人嚴肅地說：「年輕人，我們仙人修身養性，學習神通力，不是為了自身的便利或是滿足個人的虛榮心。如果你學習神通力是為了造福於人，那麼你將會如願以償的；相反，則會荼毒人間，造成危害！」

聽了老仙人的一番話，小仙人不再吭聲了。但是過了些日子，他又看到老仙人帶回了許多好吃的東西，就再也忍不住了，苦苦哀求道：「師父，您教教我吧，我保證一定聽您的話，用心修道，我不是因為虛榮心才要學習的，而是為了福利世人，我決不會做壞事的。」

看著小仙人一臉的誠懇，經不住他三番五次的請求，老仙人終於答應把五種神通力傳授給他。小仙人費了好大功夫，總算把神通力學到了手。

小仙人學會了五種神通力後，便忍耐不住山上的寂寞，總想到處炫耀一番，可在這個連一個人影都看不到的深山老林裡，他怎麼可能聽到別人的讚揚聲呢？

於是有一天，小仙人偷偷地下了山，來到城裡。

熱鬧的街道上滿是熙熙攘攘的人群，只見一個年輕人拔地而起，騰雲駕霧，大家都看呆了。人們圍攏來讚不絕口：「這個年輕人人真不簡單，本領可真大啊！」

聽著大夥兒的一片讚揚聲，小仙人不禁洋洋得意起來，於是他使出了各種神通力展示給眾人看。

虛榮的小仙人自此常常下山，在男女老幼面前表演神通力，不久便聲名大噪。

一次，小仙人正在賣力表演時，不巧被老仙人撞見了。老仙人沉下臉來說道：「年輕人，若是心術不正，總有一天你會喪失神通力的。」

可是小仙人對老仙人的好言相勸充耳不聞，反而以為老仙人故意讓他在眾人面前出醜，便到處誹謗老仙人，說老仙人是嫉妒他的本事，見不得年輕人比自己強等。

流言傳到老仙人耳裡，他只是淡淡一笑，也不做任何辯解，因為他知道他的預言終有一日會變成現實。

果然，沒過多久，小仙人在一次表演中，竟然失足跌了下來，眾人哄堂大笑。他試圖再次拔地而起，卻怎麼也升不上天空了。小仙人不甘心在眾人面前丟人現眼，便一遍遍地施展各種神通，得到的卻總是眾人嘲諷的笑聲，原來他的神通力已經徹底消失了。

沮喪的小仙人這才懊悔不該把老仙人的忠告當成耳邊風，可是一切都已經晚了，他只能在眾人的斥責聲中狼狽地離去……

虛榮只是表面的榮耀、虛幻的美名而已，是人們過分追求美譽的膨脹，是一種輕浮，一種不真實。所以小仙人再怎麼挖空心思地去博取掌聲，最終也不能贏得世人的欽敬！

心靈感悟

空有虛榮的外表和形式上的尊貴是沒有意義的，只有確實的勇氣和力量才能使人立於不敗之地，真正獲得他人的尊重和敬畏。

做人不應該太注重虛名薄利，而要踏踏實實地培養自己各方面的素養與能力，因為實力才是證明自我身價的基準。虛榮不過是文過飾非的偽善，只會招致簡陋、淺薄和庸俗。

勇敢放棄的重要性

電視上有一個娛樂節目，就是數鈔票比賽。主持人拿出一大疊鈔票，這一大疊鈔票裡面，有大小不一的各類幣種，按不同順序雜亂重疊著，在規定的 3 分鐘內，讓現場選拔的 4 名觀眾進行點鈔比賽。

這 4 名參賽的觀眾中，誰數得最多，數目最準確，那麼，他就可以獲得自己剛剛數的現金。

主持人將遊戲規則一宣布，頓時引起全場轟動。在 3 分鐘內，不說數幾萬元，總能數出幾千元來吧。而在短短的幾分鐘內，就能獲得幾千元錢的獎勵，能不叫人興奮嗎？

遊戲開始了，4 個人開始埋頭「沙沙沙」地數起了鈔票。當然，在這 3 分鐘內：主持人是不會讓你安心點鈔的，他還會拿著話筒，輪流出腦筋急轉彎的題目給參賽者，打斷他們的思路，並且，必須答對題目才能接著往下數。

幾輪下來，時間到了，4 名參賽觀眾手裡各拿了厚薄不一的一把鈔票。主持人拿出一支筆，讓他們寫出剛才所數鈔票的金額。

第一名：3,472 元；第二名：5,836 元；第三名：4,889 元；而第四名，只數出區區 500 元。當主持人報出這四組數字的時候，臺下頓時一片笑聲，他們都不理解，第四名觀眾為什麼會數得那麼少呢？

這時，主持人開始當場驗證剛才所數幣值的準確性。眾目睽睽之下，主持人把 4 名參賽觀眾所數的鈔票重數了一遍，結果分別是：3,372 元、5,831 元、4,879 元、500 元。

也就是說，前三名數得多的參賽觀眾，不是多計算了 100 元，就是少

計算了 5 元，或者 10 元，距離正確幣值，都只是一「票」之差。

只有數得最少的第四名完全正確。按遊戲規則，也只有第四名參賽觀眾獲得 500 元獎金，而其他的 3 名參賽觀眾，都只是緊張地做了 3 分鐘的無用功。

得到這樣出乎意料的結果，臺下的觀眾先是沉默，繼而爆發出熱烈的掌聲。

這時，主持人拿著話筒，很嚴肅地告訴大家一個祕密：自從這個娛樂節目創辦以來，所有參賽者所得的最高獎金，從來沒人能超過 1,000 元。

原來，有時候，聰明的放棄，其實就是經營人生的一種策略，也是人生的一種智慧。不過，它需要更大的勇氣和睿智啊。

心靈感悟

貪婪，是人生的一大誘惑，而貪婪又無處不在。只有保持一顆淡泊的心，耐得住寂寞，穩紮穩打，不急不躁才能取得最後的勝利。

遠離過度享受

客居南方這個開放城市，我承認自己被生存環境有所改變，但遠離享受的觀念始終如一。

南方珠江三角洲並不是所有人想像的那種遍地黃金，要什麼要什麼，不是的，從來不是。

城市的動畫人生，競爭與奮鬥，誘惑與騷動……整個城市生存格局含蘊著一種亢奮的商業情調。

　　在商業化的社會裡，或許臺幣、美金多些；名車、美女多些，來的名人也不少，但到了這裡你就很快被淹沒了，所重視的是現在和明天會成為什麼，而不講究你過去是什麼身分，什麼級別。

　　一個城市必定有地域文化，而文化的組成部分自然是離不開名人，名人在一定意義上代表著這個地域的文化形象和水準。

　　這些話是沒錯，但事實上很多人理性早已開始動搖，他們不崇拜名人，不崇拜任何人；他們所崇拜的是自己賺錢的本事，是享受。

　　我忙於工作，沒有時間和精力深究這些。不過從近幾年名人來這個城市的情況來看，電臺、報紙上的語言是吝嗇的，能傳一則百字訊息就不錯了。

　　後來名人學乖了，要來就以私人名義，不張揚，住幾天玩一玩就走了，當什麼事沒有發生一樣；名人留下創業做事的，首先要有失去名人光環的心理準備，你與人在一個跑道上競爭，誰也不買誰的帳，名人效應似乎不靈了。歷史是人民創造的，隨便怎麼想都是真理。

　　去年夏秋之交，有位朋友遠道來看我，這份情義使我無論如何不能帶他到路邊攤喝酒，正當我思忖喝酒地方時，朋友開口了：「一切從簡，遠離享受，我們文人不學暴發戶那一套。」

　　朋友是作家，任職一家文學雜誌主編職務，如果他與當地文化相關單位通個電話，想出一點理由，憑他那個等級不愁沒人迎送，吃宴席住飯店的，但他不那樣做，不願人家當面笑哈哈不成敬意，背後說吃了多少經費。

　　朋友接著說：「現在的社會正經歷急遽轉型時期，大家逐漸習慣於用市場經濟來衡量、判斷事物的價值，學術、文化氣氛淡薄了，這是一代學界、文人的悲哀。」所以，他感到這樣活著很煩，跑出來考察一下，末了

還笑著說：「看你『下海』怎樣當經理。」

送走了朋友，我經常回想起他那句「遠離享受」的話。對照自己的過往歲月，奢侈和享受同樣遠離於我，似乎還從未孜孜不倦過。在家鄉上海時，我的工作、寫作如同日子一般都是平平淡淡。

前幾年想換一種活法，換一種角度看人生，就淡然地來到了廣東，應徵，跳槽，先後在幾家公司做不同工作。

由於我在外資企業一直當經理的緣故，比較適應承擔責任、困難及壓力，學到的、認識的東西相較而言比較多，然而始終改變不了老闆僱員的身分，也不會享受。

比如眼下雖進不了自備轎車階層，但摩托車是買得起的。可我撿了一位好友丟棄不用的舊腳踏車，從公司無償提供我居住的別墅到辦公大樓上班要騎 20 分鐘路程，哪怕頂風冒雨我從不搭計程車。

令我尷尬的是腳踏車後輪胎常壞，先是內胎，壞起來總是三四個洞，稍後外胎磨破了好幾處，我就一次又一次讓修車店老闆修忙補。

有同事見我三天兩頭往車攤上擲錢，就調侃幾句：「丁先生真不會享受，這車也配你騎！又不是沒有錢，早該換輛車啦。」

我無話可說，同時多虧別人提醒，才想起一個簡單的道理，何不內外胎都換新的，沒完沒了地修補花的冤枉錢，已遠遠超出新輪胎價格的幾倍。

也許別人認為這種小事享受不享受是無所謂的。我不這樣想，衣食住行畢竟也是人生重要的事，關鍵問題在於儲存著一份被人日漸唾棄、看輕的艱苦精神，這種精神是與奮鬥、追求事業或者生活成功連繫在一起的，而遠離享受是這一精神的前提和展現。

是的，我坦然面對現實的喧囂，遠離享受，本分做人，用自己的方式

投入和創造人生，不管進入哪種角色，在狂飆的市場經濟面前，只要不泯滅作為人的良心和社會責任感，那麼這個世界會留給你一席之地。

心靈感悟

遠離享受需要一個人具有自制能力，一個人或許能在缺乏教育和健康的條件下獲得成功，但他無法在沒有自制能力的情況下成功。因為那種不同凡響的自制能力，能讓他度過艱難的歲月和困苦的境地而衝到最前面去。

記住這樣的告誡，如果人們僅僅是面對重大過失的誘惑，他們或許會過得很好，但是，每天都要與細微的過失作戰卻往往使人們一敗塗地。

避免嫉妒的毒害

佛經上有一則故事 —— 在古遠時代，摩揭陀國有一位國王飼養了一群象。象群中，有一頭象長得很特殊，全身白皙，毛柔細光滑。後來，國王將這頭象交給一位馴象師照顧。

這位馴象師不只照顧它的生活起居，也很用心教它。這頭白象十分聰明，善解人意，過了一段時間之後，他們已建立了良好的默契。

有一年，這個國家舉行一個大慶典。國王打算騎白象去觀禮，於是馴象師將白象清洗、裝扮了一番，在它的背上披上一條白毯子後，才交給國王。

國王就在一些官員的陪同下，騎著白象進城看慶典。

由於這頭白象實在太漂亮了，民眾都圍攏過來，一邊讚嘆、一邊高喊

著：「象王！象王！」這時，騎在象背上的國王，覺得所有的光彩都被這頭白象搶走了，心裡十分生氣、嫉妒。他很快地繞了一圈後，就不悅地返回王宮。

一入王宮，他問馴象師：「這頭白象，有沒有什麼特殊的技藝？」

馴象師問國王：「不知道，國王您指的是哪方面？」

國王說：「它能不能在懸崖邊展現它的技藝呢？」

馴象師說：「應該可以。」

國王就說：「好！那明天就讓它在波羅奈國和摩揭陀國相鄰的懸崖上表演。」

隔天，馴象師依約把白象帶到那處懸崖。國王就說：「這頭白象能以三隻腳站立在懸崖邊嗎？」

馴象師說：「這簡單。」

他騎上象背，對白象說：「來，用三隻腳站立。」果然，白象立刻就縮起一隻腳。

國王又說：「它能兩腳懸空，只用兩腳站立嗎？」

「可以。」馴象師就叫它縮起兩腳，白象很聽話地照做。

國王接著又說：「它能不能三腳懸空，只用一腳站立？」

馴象師一聽，明白國王存心要置白象於死地，就對白象說：「你這次要小心一點，縮起三隻腳，用一隻腳站立。」白象也很謹慎地照做。

圍觀的民眾看了，熱烈地為白象鼓掌、喝采！

國王越看，心裡越不平衡，就對馴象師說：「它能把後腳也縮起，全身懸空嗎？」

這時，馴象師悄悄地對白象說：「國王存心要你的命，我們在這裡會很危險。你就騰空飛到對面的懸崖吧！」不可思議的是，這頭白象竟然真的把後腳懸空飛起來，載著馴象師飛越懸崖，進入波羅奈國。

波羅奈國的人民看到白象飛來，全城都歡呼了起來。國王很高興地問馴象師：「你從哪兒來？為何會騎著白象來到我的國家？」

馴象師便將經過一一告訴國王。國王聽完之後，嘆道：「人為何要與一頭象計較、嫉妒呢？」

心靈感悟

人生在世，一定要有一顆平靜和睦的心，切不可心懷嫉妒。

俗話說：「己欲立而立人，己欲達而達人。」別人有所成就，我們不要心存嫉妒，應該要平靜地看待別人所取得的成功，這是擁有幸福人生的祕訣。

拒絕嫉妒，選擇人生

有一對夫妻心胸很狹窄，總愛為一點小事爭吵不休。有一天，妻子做了幾樣好菜，想到如果再來點酒助興就更好了。於是她就拿瓢到酒缸裡去取酒。

妻子探頭朝缸裡一看，瞧見了酒中倒映著的自己的影子。她以為是丈夫對自己不忠，把女人帶回家來藏在缸裡，就大聲喊起來：「喂，你這個死鬼，竟然敢瞞著我偷偷把女人藏在缸裡面。如今看你還有什麼話說？」

丈夫聽了糊裡糊塗的，趕緊跑過來往缸裡瞧，他一見是個男人，也不

由分說地罵起來：「你這個壞女人，明明是你帶了別的男人回家，暗地裡把他藏在酒缸裡面，反而誣陷我！」

「好哇，你還有理了！」妻子又探頭往缸裡看，見還是先前的那個女人，以為是丈夫故意戲弄她，不由勃然大怒，指著丈夫說：「你以為我是什麼人，任憑你哄騙的嗎？你，你太對不起我了……」

妻子越罵越氣，舉起手中的水瓢就向丈夫扔過去。丈夫側身一閃躲開了，見妻子不僅無理取鬧還打自己，也不甘示弱，於是還了妻子一個耳光。這下可不得了，兩人打成一團，又扯又咬，簡直鬧得不可開交。

最後鬧到了官府，官老爺聽完夫妻二人的話，心裡頓時明白了大半，就吩咐手下把缸打破。

一錘下去，只見那些酒汩汩地流了出來。不一會兒，一缸酒流光了，缸裡也沒看見半個男人或女人的影子。夫妻二人這才明白他們嫉妒的只不過是自己的影子而已，心中很是羞慚，於是就互相道歉，重又和好如初了。

我們遇到懷疑的事，不宜過早下結論，要客觀、理智地去分析，才能夠了解真相。尤其在生氣的時候，不能像故事中的這對夫妻見到自己的影子，不能冷靜地思考分析，反被嫉妒心衝昏了頭腦而傷了和氣。

如果別人的嫉妒能把你打倒，這說明你雖然可能是優秀的，卻不是最優秀的，在意志上更算不上優秀。

面對嫉妒者的中傷，常人最容易做出的也是最下策的反應就是反唇相譏。這樣，你會因為別人的無聊，自己也變得無聊。甚至有可能陷入一場曠日持久，使心智疲憊又毫無意義的糾葛中。

喬治‧戈登‧拜倫（George Gordon Byron）說過：「愛我的我報以嘆

息，恨我的我置之一笑。」他的這「一笑」，真是灑脫極了。對嫉妒者的中傷，最妙的回答是 —— 讓心靈安詳地微笑。

心靈感悟

人人都希望自己有成熟的心理，而成熟的心理應該能夠抵制各種誘惑，接受各種打擊。如果我們常常好犯嫉妒的毛病，或者常常被別人的嫉妒能把你打倒，這說明我們在心理上還不夠成熟，在意志上更算不上優秀。

放棄是成功的一部分

有一個孩子，他小時候最喜歡的玩具就是那五顏六色的氣球，每次外出玩耍，他的手裡總是拿著各式各樣的氣球，因為那是他最心愛的玩具。

有一次，他母親帶他出去玩。在公園玩耍的空檔，他的母親從包裡拿出了一個精緻的口琴，吹出了一首首動聽的樂曲。

他有心要母親的口琴，但又捨不得放棄手中的氣球，左右為難之際，母親突然停止了吹奏，笑瞇瞇地看看他。

就在這一瞬間，他做出了選擇，他鬆開了手，毫不猶豫地放飛了氣球，然後撲向母親索要口琴。

這一天，他學會了吹口琴，更重要的是他從這件事上獲得了一個對他一生影響深遠的啟示，那就是：當人生需要做出選擇時，該放棄的就必須勇敢地放棄。

這之後，他考上了音樂學院，雖然這對他無異於如魚得水，但是當他

發現自己對音樂並不是那麼鍾愛時，他毅然選擇了放棄，轉而進入紐約大學商學院學習，學習自己更感興趣的經濟。

1950 年，他獲得經濟學碩士學位，並得到去哥倫比亞大學深造的機會。在這所大學裡，他遇到了他一生中最偉大的良師益友，後來曾在理查‧尼克森總統（Richard Nixon）麾下效力的美國聯邦儲備委員會主席亞瑟‧伯恩斯教授（Arthur Burns）。

從此，他放棄了一切該放棄的東西，一心一意關注經濟學，將全部的精力都放在了對經濟學的研究上，並很快成為這個領域的行家高手。

1987 年，當隆納‧雷根總統（Ronald Reagan）任命他為美國聯邦儲備委員會主席時，他一下子便成了一個重量級的人物，他就是艾倫‧葛林斯潘（Alan Greenspan）。

我們每個人的一生中，都會像小葛林斯潘那樣，手中抓滿各式各樣的氣球，比如金錢、權力以及已有的成績與地位。

這些既得的利益與成果，雖然能給我們一種保障與安全感，但同時也很容易消磨我們的鬥志與勇氣，阻礙我們去追求更遠大的人生目標。

因為當更好的發展機會來到我們面前時，面對已經取得的利益，並不是每個人都有勇氣放棄的。

心靈感悟

在每個人的人生旅程裡，充滿了誘惑與機遇，只有不斷地選擇與放棄，才能正確地掌握人生方向。

放棄所有我們並不真正需要的東西，選擇對自己最為重要的方面，抓住不放，並為之奮鬥不懈。生命才能展現出它真正的價值。

第二　抵抗不可抗拒的誘惑

第三　在平靜中尋找悠然

　　成功之路，艱辛漫長而又曲折，只有穩步前進才能堅持到終點，贏得成功。

　　面對我們不喜歡的工作時，如果我們不能更換工作，那我們就試著愛它。因為有了愛，我們也許會發現其實原本不好的工作也有好的一面。

當成功偏離目標

有一個大學生，一直熱愛畫畫，大學畢業後，他出國留學繼續深造。可是，在國外的生活太拮据了，讀書之餘，他還要靠打工賺取生活費。

後來，有人介紹了一份工作給他，就是幫旅館修剪草坪。這個工作和畫畫可是大相逕庭，不僅需要一身好體力，而且剪草坪的剪刀還會把手磨得粗糙不堪。

起初他很不情願，因為他的夢想是當一名油畫家而不是草坪工人。但現實是不能由自己的意願決定的，他只好一次次地去到旅館外面，對著草坪和灌木，不斷地重複單調的工作。

在國外的三年，他就這樣一直靠幫各種旅館修剪草坪謀生。漸漸地他發現，修剪草坪也並非總是那麼枯燥。

比如說，有一天，他不小心鏟壞一塊草皮，想了想，他就把這塊草坪修成一幅畫的樣子，竟得到了人們的極力讚賞。他的薪酬也因此增加了一倍。

他開始慢慢地喜歡修剪草坪這個工作了。後來，因為請他修剪草坪的旅館太多，他不得不僱用了另外一些人，再後來，他有了自己的小店。三年以後，他成立了自己的公司，這是一家專門幫人設計修剪草坪畫的公司。

如果當年他一味地熱愛美術，專心於油畫，而不去做其他工作，也許過不了多久就會坐吃山空，所學的功課也會半途而廢。可是，成功之箭偏了那麼一點點，它沒有射中美術這個靶心，卻射中了草坪公司的靶心。

其實，很多時候，成功之箭射中的都是另外的靶心。

心靈感悟

有時候我們的理想太遙遠了，實現起來非常困難，此時我們就應該換一個思路。成功無定式，術業有專攻。

當成功之箭偏離靶心，不要氣餒，塞翁失馬，焉知非福。只要堅守你的信念，靜下心來，把握機遇迎難而進，幸運之神一定會降臨。

成功的核心要素

1989 年，享譽世界的音樂指揮家海伯特‧馮‧卡拉揚（Herbert von Karajan）突然病逝，柏林愛樂樂團 —— 世界上最著名的交響樂團，一夜之間失去了自己的當家人。

該樂團匆匆物色了 34 歲的英國人賽門‧拉圖（Simon Rattle）接替卡拉揚。然而，就在整個英國都在為拉圖感到驕傲的時候，他卻作出了一個令人費解的決定：斷然拒絕了柏林愛樂樂團的盛情邀請。

在爭強好勝的英國人眼中，拉圖顯然是一個懦夫。他們甚至還認為，拉圖的行為給英國人丟了臉。然而拉圖卻另有所見：柏林愛樂樂團以出色地演奏古典音樂而聞名於世，而自己太年輕，對古典音樂的理解還不夠透澈。

1999 年 6 月，愛樂樂團再次向拉圖發出邀請。這一次他沒有拒絕，很自信地坐上了世界音樂指揮家的第一把交椅。

幾年來，他以自己對古典音樂卓越的理解，再加上爐火純青的技藝，大膽而又遊刃有餘地詮釋著古典音樂中美妙的作品，並創造了音樂史上一

個又一個的輝煌。驕傲的英國人此時不得不承認，拉圖當初的決定是聰明的。

生活中，最好的帽子不是最漂亮的那頂，而是最適合自己的那頂。成功之道也是如此：成功的第一要素，是先知道什麼是適合自己做的，以及到底該何時做。

讓我們細細體會成功的含義吧，找到自己，找到適合自己的事情，然後創造自己，走向成功！

心靈感悟

人貴有自知之明。做自己勝任的工作，輕鬆愉快，遊刃有餘。另有一俗語道，隔行如隔山。自己不會的東西，縱然巧記強學，仍難取得好的效果。

所以，正確評價自己的能力，對於取得成功起著至關重要的作用。

克服浮躁，安然前行

11 歲那年，李嘉誠來到香港。到了 14 歲，由於父親去世，他輟學打工。再後來，他舅舅讓他到他的鐘錶公司上班，但是他沒有答應，因為他要自己找工作。

從他年紀輕輕就不肯接受幫助而要自己闖這點上，就表現出獨立和自信的個性。這種個性，將培養出他以後的穩健前進的工作作風、不浮躁的工作態度。

他先是想到銀行尋找機會，因為他覺得銀行一定有錢，因為銀行是和錢打交道，它也不可能倒閉。但是銀行的夢想沒有成功，他當了一名茶館裡的服務人員。

在當服務人員的時候，他就胸懷大志，從小事做起，一步步地邁向目標。這些小事是這樣的：他安排課程給自己，以自覺養成察顏觀色、見機行事的習慣。

這些課程包括：時時處處揣測茶客的年齡、職業、財富、個性，然後找機會驗證；揣摩顧客的消費心理，既真誠待人又投其所好，讓顧客既高興又付錢。

後來他又以收書的方式讀了很多書，並把看過的書再賣掉。就是這樣，李嘉誠既掌握了知識，又沒有浪費錢。

一段時間後，他覺得在茶館裡沒有前途，就進了舅舅的鐘錶公司當學徒。他偷師學藝，很快學到了鐘錶的裝配及修理的有關技術。

其後，他建議開鐘錶公司的舅舅迅速占領中低階鐘錶市場。結果大獲成功，因為香港對低等級手錶的需求確實很大。

1946 年，他 17 歲，辭別舅舅，開始自己的創業道路。結果他屢遭失敗，幾次陷入困境。但這個時候，他仍然不浮躁，而是踏踏實實地一步一步往前走。

1950 年夏，才 22 歲的李嘉誠創立了長江塑膠廠。他之所以要創立這個廠，也是他的穩健的思考觀察的結果。他透過分析，預計全世界將會掀起一場塑膠花革命，而當時的香港，塑膠花是一片空白。

這是一個機遇。可以說，他有審時度勢的判斷力。而這審時度勢的判斷力，也來自於他的穩健。作為一個不浮躁、穩健的人，李嘉誠是很會判

斷機遇、抓住機遇的。

在工廠經營到第 7 年的時候，李嘉誠開始放眼全球。他大量尋求塑膠世界的動態訊息。

一天，他翻閱英文版《橡塑科技》（*Plastics Technology*），讀到一則簡短的資訊：義大利一家公司已開發出利用塑膠原料製成的塑膠花，並即將投入生產，向歐美市場發動進攻。他立即想到另一個消息，那個消息說歐美人生活節奏加快，許多家庭主婦正逐漸成為職業婦女，家務社會化的要求越來越強烈。

他於是推想，歐美的家庭都喜好在室內外裝飾花卉，但是緊湊的生活使人們無暇種植嬌貴的植物花卉。塑膠插花可以彌補這一不足。他由此判斷，塑膠花的市場將是很大的。因此，必須搶先占領這個市場，不然就會失去這個機遇。於是，李嘉誠以最快速度辦妥赴義大利的旅遊簽證，前去考察塑膠花的生產技術和銷售前景。

正是由於他的這種穩健的工作作風，一條輝煌的道路，由此展開。正當李嘉誠全力拓展歐美市場的時候，一個重大的機會出現了。一位歐洲的大批發商在看到了李嘉誠公司的產品樣品後，前來與李嘉誠聯繫。

這位批發商是因為李嘉誠公司的產品價格低於歐洲產品的價格而來找他的。

為保險起見，他表示願意同李嘉誠合作，但合作條件是他必須有實力雄厚的公司或個人擔保。李嘉誠知道這位批發商的銷售網遍及歐洲主要的市場 —— 西歐和北歐，如果能與他取得聯繫，是十分有利的。

可惜，他竭盡全力都沒有找到擔保人。但只要有一線希望，就要全力爭取，這是他成功的一個法寶。他與設計師一道通宵連夜趕出 9 款樣品。

批發商只準備訂一種，李嘉誠則每種設計了 3 款。第二天他來到批發商的酒店。批發商望著他因通宵未眠而紅的眼睛，欣賞地笑了，答應了談生意。在李嘉誠沒有擔保的情況下，簽了第一份合約。

長江公司很快占領大量的歐美市場。僅 1958 年一年，長江公司的營業額就達 1,000 多萬港元。純利 100 多萬港元。塑膠花使長江實業迅速崛起。李嘉誠也成為世界「塑膠大王」。

心靈感悟

成功之路，艱辛漫長而又曲折，只有穩步前進才能堅持到終點，贏得成功；如果一開始就浮躁，那麼，你最多只只能走到一半的路程，然後就會累倒在地。

對於渴望成功的人，應該記住：你可以著急，不可以浮躁。

平淡是真實的美

我畢業後分配在一所鄉下小學任教。學校像撒嬌的稚子偎依在母親大山的懷抱裡，出門是田地，舉目見山坡，極利於綠色生命的繁衍，常年四季，鮮花恣意開放。

生活在天然的百花園中，夏花秋葉，比比皆是，其樂無窮，算是得天獨厚吧！

遺憾的是，我們偌大的一個校園，竟難找到五穀和花草賴以生長的泥土，有的盡是些豆大的沙子。看上去只是由校舍圍成的一個黃色方塊，像是綠色海洋中的沙地。

春天，四周的草青了，樹綠了，花開了，這裡，映進眼簾的卻是一片單調的磚瓦色；夏天，烈日當空，滿地的黃沙像火爐那樣散發著熱，叫人焦躁難忍，此情此景，促使人強烈地生出對於色彩的渴望。

渴望那鬱鬱蔥蔥的樹，斑斕多姿的花。然而，年復一年，周而復始，這黃沙在校園依然如故。

春節過後，新學期伊始，我校調來了一位依稀白髮的女校長，個子小小的，紅潤的臉頰上總是掛著笑。

據說她是一位很有能力的校長，所到之處，學校面貌一定會大改。一個多月過去了，並未曾見她「露一手」，我急著看女校長新來乍到的「三把火」呢。

一天，我還在睡夢中，寢室後邊劈里啪啦地響，緊接著就是扁擔的「咯吱」聲和腳踩沙地的「沙沙」聲。誰呀？打破這黎明前的靜謐。我翻了個身，就又睡著了。

天大亮了，我推門一看，哇！校園裡擺滿了一堆堆青色的磚塊、紅色的碎瓦條，像一簇簇花兒，卻不顯得美，因為它缺少綠色的映襯。

我正揉著惺忪的睡眼，牆角處走出來一個人，誰？老校長！她挑著兩筐磚瓦塊，腿腳還挺俐落，眉毛上的汗珠子在陽光下一閃一閃的。

我知道，三年前建校舍時，廢磚塊瓦片都堆在校舍後的屋腳下。前天，我就看見校長在那兒又是摳又是挖，她為什麼又把它們撿回來？我不解。

「校長，撿這些破東西能派上什麼用場？」

校長放下擔子，一邊從筐裡往外拾磚頭瓦片，一邊說：「學校生活五彩繽紛，教師就該喜歡多種顏色。」她仰起臉，笑容可掬，「你常寫詩做文章，什麼『綠色的希望』呀，『花兒一般的美』啦，校園裡沒有樹，沒有花

草你就不覺得單調？」

　　山區的孩子放學回家要打豬食、割羊草，工作非常多。校長不準學生幫忙，老校長一拉衣袖，老師們便不令而從，一齊動手，讓這些半頭磚破瓦片派了用場，圍成一圈，磚擺菱形，瓦圍紅圈，挑來沃土，於是，一個個小花壇呈現在校園的四周，中間是個較大的花圃。繞校園一圈還新栽了白楊樹。

　　種什麼呢？教師們面對花壇，手握著泥土，七嘴八舌地議論起來，認定不能太嬌，也不能太雅，太嬌太雅都不是我們服侍得了的。

　　末了，校長提議種粉豆花，說它蓬蓬叢叢，旺旺勢勢，野而不俗，雅而不嬌，老師們欣然同意了。

　　豆粒大的種子撒下去以後，天天有人俯著身看它、盼它。可是大半月過去了，竟絲毫沒有動靜。有人說種早了，有人說埋深了。

　　校長卻是笑笑：「你們有點急於求成呀！這和教育孩子是一個道理，欲速則不達！」可不是，正在各種判斷莫衷一是時，粉豆花破土而出了。

　　新出的芽，米黃色的兩片葉子合在一起，厚厚的，像知羞的女孩咕嘟著的嘴巴，幾天之內，就抽出很圓的莖，扁圓的葉。葉和莖稈都飽和著乳白色的汁液，嫩得不敢碰。很快地葉葉稈稈，密密麻麻連成一片，白楊樹也長出了嫩綠的葉子，像一直拍手的活潑孩童。

　　校園立刻變成黃綠錯綜的樣子。當伏案久讀看得雙眼昏花或批改學生作業倦乏時，走到圃裡來，看一看這綠茵可愛的粉豆花，對於睏倦的眼睛，卻是一種極好的休息。

　　又是一個晴朗的早晨，我正吟誦自己剛寫的一首小詩〈粉豆花〉，猛抬頭看見，校長手提噴壺幫粉豆花澆水，頭腦又浮現出她趁午休時間陽光

下蹲在花叢中拔草、鬆土、抓蟲的情景。老校長真是一名辛勤的園丁！她勤奮敬業的精神，令人敬慕！

倏忽間，粉豆花開了，在一層滾圓的綠葉上邊，閃出三朵小花。兩朵紅，一朵黃。乍開的花兒，像彩霞那麼豔麗，像寶石那麼晶瑩。在我們恬靜的校園裡，激起一陣驚喜，一片讚嘆，招引著全校的師生。

三花朵是訊號，訊號一亮，隨後的綻放便一發而不可擋。紅的嫣紅，黃的金黃，也有的花瓣紅黃相間，更有情趣。黃綠錯綜的毯子，轉眼間，變成繽紛五彩的錦緞，連那些最不愛花的人，也經受不住這美的吸引，一得空暇，就圍在粉豆花前欣賞起來，由衷地讚嘆：「這給我們學校帶來了生機、帶來了美！」

每每這個時候，女校長卻閃在一旁若有所思，又好像在品嚐粉豆花散發出來的陣陣清香。

是啊，粉豆花，少人問津，平平常常，它沒有桃花那般鮮豔，梨花那樣素潔，更沒有牡丹的花魁桂冠，桂花的盛名。它是細小的花，平凡的花；然而是樸實的花，高尚可敬的花。它不止一次地給了我奮發向上的力量。

一個晚風蕭蕭、月明星稀的傍晚，空氣中瀰漫著粉豆花沁人心脾的清香，我陶醉地在花叢中遐思，不知不覺中女校長走到我的身旁，仰望星光璀璨的夜空，滿懷激情地說：「在這靜靜的夜裡，有多少人在披星戴月地工作著，為美好的明天而奮鬥著，而這些人中間就有我們平凡的鄉下教師！」

我已經愛戀著這山，這水，以及這裡的孩子們！我鼓足了勇氣，拉著老校長的手，懇求她明天去開會的時候，一定要幫我拿回調職的申請書。

老校長握緊我的手，投來讚許的目光，我心頭一熱，彷彿渾身憋足了勁兒，但又有些不好意思。我激動地說：「來年春暖時分，我們還要種些平平常常的粉豆花！」

心靈感悟

平平淡淡才是真，人生也如此，轟轟烈烈、大智大勇、大紅大紫的人生固然壯美，但擁有的人畢竟是少數，大部分人的一生還是波瀾不驚，平平淡淡的。

在平淡中創造，在平淡中追尋快樂，在平淡中感受幸福，豈不快哉？

真正的幸福是自我接受

小迪是一個十分內向的人，她在辦公室裡存在與否都絲毫引不起任何人的注意。

有一次，她幽幽地對我說：我就像這地上的泥土，天天存在，人人都踩著它，卻永遠默默無聞。我一點兒也不喜歡自己，可我又無法改變自己。

許多人不幸福的原因就是他們不喜歡自己，如長相、個性、習慣、出身、智力等。總之他們對自己很有成見。看來小迪對自己的成見也不小。

這些話說了沒有多少日子，辦公室就進了一批新人，他們是剛從學校出來的大學生，奔放熱情，活力四射。辦公室的前輩們都對他們充滿羨慕之情，畢竟我們是新聞臺，是一份充滿熱情的工作，推陳出新是它的生命力所在。

其中有一個女孩尤其吸引別人的眼球，一身男裝把她漂亮的臉龐襯托得特別俊朗，再者，她個性非常好，和誰都見面熟。不到半天她就和辦公室裡的所有人都混熟了。她的人氣指數沒幾天就在辦公室裡急遽升溫。

也許這個女孩運氣好，在一次重大報導的採訪中，她採訪到國家重要領導人，還和這位領導人合了影，這件事本身就成了我們報社的重大新聞，主管無論大會小會都要提及這件事，那口氣不外乎她剛到報社沒多少日子，就為公司爭了臉。

我知道現在一面光彩奪目的鏡子放在小迪面前了，促使她的自卑正在以幾何級數放大，我想散會後對小迪說，人各有所長不要太看輕了自己，世界上本沒有兩片相同的葉子，但每一片都是非常重要的。

晚上約好和一位外國朋友吃飯，這位外國朋友是一個和藹快樂的小老頭，他每天都有 10 件讓自己快樂的理由，他的 10 件理由中足足有 7 件是自我欣賞的快樂，例如：今天在老人會裡我又學會了摺紙鶴，想不到自己還有這麼一雙靈巧的手，不，我本來就是一個心靈手巧的人，想當年自己還發明了一輛摺疊式的腳踏車。於是在學第二個折紙工藝時，他就會大聲對自己鼓勵：我做得到，我做得到，我一定做得到。很快他又學會第二個折紙工藝。

年紀大了都很害怕別人看不起自己，所以就像有鬼似的越是怕越是不行，最後連自己也看不起自己，這樣就產生了兩個看不起。首先不要小看自己，因為在這個世界上我是獨一無二的，這個我是沒有辦法複製的。

有了這樣的底氣，你就會活出你自己來，別人也會對你刮目相看，這樣你就擁有了兩個看得起。

老人的話讓我猛地想起了小迪，心想如果小迪在這裡聽這位外國老人說「兩個看得起的理論」該有多好。

送走老人後，我馬上打電話和小迪聯繫，想把外國老人對生活對人生的感悟告訴小迪，誰知她的家人說她去看醫生了。從她家人吞吞吐吐不肯說看什麼病的狀況，我猜測這個病和白天她在公司裡的狀況有關。

第二天，突然，有人送來一面錦旗說是給小迪的，錦旗上面寫著六個大字：人民的好記者。

據來人說，小迪透過深入採訪，寫了一篇很有深度的報導，使一個受到不公正待遇的人冤情大白。說到這裡，大家才發現小迪今天沒有來上班，便委託我打電話告訴小迪，讓她趕快到公司。

我只在電話中對小迪說了這樣一句話：小迪你真的很棒，很善於挖掘新聞，你的特點就是默默無聞地做出成績，和大地一樣奉獻自己，千萬不要小看自己哦。

大約過了一小時，小迪就出現在辦公室裡，她依然是過去的那個小迪，她對我淺淺地一笑，低聲說了一句：謝謝。

後來，我抽空對小迪說了外國小老頭的至理名言：自己看得起自己就擁有了兩個看得起。

小迪笑得直不起腰，說歸說笑歸笑，但我知道豎在小迪面前的那面光彩奪目的鏡子不見了。因為她用一面真實的鏡子，照出了一個真正的自己，不再扭曲變形。

像小迪那樣，許多人不喜歡自己，主要是不喜歡自己身體、個性中的某一部分，那麼如何來擺脫對自己的成見呢？正如那個外國老頭所說的，我是誰？我是這個世界上獨一無二的。

科學證明要生出和你完全相同的一個人，這機會是 30 兆分之一，這樣的機會幾乎可以忽略不計。難道擁有這樣的我不值得驕傲？

心靈感悟

生活中的很多人其實都是平淡的，寂寞的。我們日日工作，卻無人認跟我們，無人讚揚，甚至無人關注，因為我們只是平常的人。在無人識的寂寞中，我們應該學會自己欣賞自己、讚美自己，切不可自己看低自己。

忍受生命隧道中的黑暗

我第一次坐火車穿過隧道時，已是一名大學生了。知識和經驗都告訴我，這不過是在穿越一個山洞；黑暗和氣悶，都是短暫的，前邊就是光明。

果然，火車大吼一聲便又風馳電掣般重新奔馳在陽光下，風景依舊緊張地從前面向我們湧來，又排山倒海似地向後面退去。

比較起來，我的孩子就很幸運了。第一次坐上明亮乾淨的火車時，差不多剛學會說話，走起路來也跟跟蹌蹌的。坐火車的新鮮感，使他無法安靜地坐在位子上，總在過道上來來往往，去看那些陌生的面孔。

突然車進隧道，陽光、風景頓時從車窗消失，而車掌又未及時地開啟車燈。頓時，一片黑暗！

孩子嚇壞了，哭叫著：「燈！燈！」

我想，那時他一定是處在一片恐怖之中，大約他以為一種可怕的、無法抗拒的災難已經降臨到頭上。他大聲呼叫：「燈！燈！」完全是一種本能的求生願望。在他短短的生活經驗裡，也許他知道燈可以給他光明，使他

找到擺脫災難的方法。

當然，這一切對於一個無知的孩子來說，完全是一種幼稚的想法。只一瞬間，火車就以它強大的力量穿越了隧道，光明於是重歸於眼前，幾分鐘前的風景、人物依舊。

我們望著孩子眼中尚未退盡的驚恐，跟他說：這叫隧道！接下來，我講有關隧道的知識以及隧道是安全的，不必害怕。

接著，又是幾個隧道。這次，孩子不哭了，自言自語地喃喃道：隧道！隧道！

他的穿越短暫黑暗的第一次經驗，是在這恐慌中獲得的。

這已是許多年以前的故事了，可是它給我的啟示，卻總難忘記。

兒子慢慢長大了，上學、入伍、工作。不久之前，又開始交女朋友了。可是，常常在一段時間裡會看到他皺著眉頭，一個人發呆，過一段時間，便又見他笑逐顏開，好像什麼事也沒發生過似的。

我不會去問他那些具體的事情，猜想著大概是與同事間發生了不愉快的事情，或者戀愛進展得不順利。

不過，從他情緒變化中，我可以十分有把握地判斷他一定是行進在「隧道」裡，或者已經穿越了「隧道」。我在心裡默默為他加油打氣，相信他正一步一步走向成熟。

我想，把過隧道的故事用來比喻人生；比喻人生所經受和遭遇到的困難、不幸或挫折。沒有誰的一生可以一帆風順。「人有悲歡離合，月有陰晴圓缺，此事古難全。」

但是，人又沒有克服不了的困難，沒有戰勝不了的挫折。既沒有一路陽光，又沒有永遠黑暗，一段又一段的陰影，曲曲折折，起起伏伏，「雨

後復斜陽，關山陣陣蒼」，構成了一個完整的人生。把這一段可以穿越的陰影，稱作「人生隧道」，我看是恰當的。

心靈感悟

人生會遇到鮮花與掌聲，也會遭遇挫折與不幸。無論是遇到什麼，我們都應該以一顆平常的心面對它們。

因為，在人生的道路上，你得忍耐人生隧道中短暫的黑暗，如果你有足夠的智慧和信心，那就意味著隧道裡燈火通明！

修鞋匠的高尚追求

他是個上了年紀的修鞋匠，店面開在巴黎古老的瑪黑區。我請他修補鞋子，他先是對我說：「我沒空。拿去給大街上的人修吧，他會立刻替你修好。」

可是，我早就看中他的店面了。只要看到工作臺上放滿了的皮塊和工具，我就知道他是個巧手的工藝匠。「不要，」我回答說，「一定會把我的鞋子弄壞。」

「他們」其實是幫人即時釘鞋跟和配鑰匙的人，他們根本不大懂得修鞋子或配鑰匙。他們工作馬虎，收到他們做工的成品，你倒不如把鞋子乾脆丟掉。

那鞋匠見我堅持不讓，於是笑了起來，他把雙手放在藍布圍裙上擦了一擦，看了看我的鞋子，然後叫我用粉筆在一隻鞋底上寫下自己的名字，說道：「一個星期後來拿。」

我將要轉身離去時，他從架子上拿下一隻極好的軟皮靴子。

他很得意地說：「看到我的本領了嗎？連我在內，整個巴黎只有三個人能有這種手藝。」

我出了店門，走上大街，覺得好像走進了一個簇新的世界。那個老工藝匠彷彿是中古傳說中的人物——他說話不拘禮節，戴著一頂形狀古怪、滿是灰塵的氈帽，奇特的口音不知來自何處，而最特別的，是他對自己的技藝深感自豪。

在現代社會裡，人們只講求實利，只要「有利可圖」，隨便怎樣做都可以。人們視工作為應付不斷增加消費的手段，而非發揮本身能力之道。

在這樣的時代裡，看到一個修鞋匠對自己一件做得很好的工作感到自豪，並從中得到極大的滿足，實在是難得遇到的快事。

出色的工作就是高貴的榮銜。一個認真而又誠實的工匠無論做哪一門手藝，只要他盡心盡力，忠於職守，除了保持自尊之外別無他求，那麼，他的高貴品格實不下於一個著名的藝術家。

世上沒有世襲相傳的貴族。做人堂堂正正才是唯一真正的高貴的人。

心靈感悟

也只有真正熱愛自己的工作，摩揭陀國為之感到自豪的人，才能在生活中找到真正的樂趣。雖然修鞋不是一個讓人尊敬的行業，但是隻要我們能夠熱愛自己的技藝，達到相當高的水準，同樣會贏得別人的尊敬。

在現實生活中，如果人人都能像老鞋匠那樣愛業敬業，那麼快樂將無處不在。

避免內心的空虛

亞歷山大率領著他那一小支部隊侵占了亞洲西部的全部領土。「這世界是我的王國。」他說。

他征服了波斯，當時波斯是眾所周知最大、最富饒的國家。他燒燬了蒂爾這座強大的城市。他自封是埃及的主人。他在尼羅河口附近建造了一座輝煌壯麗的新城，並用他自己的名字命名它為亞歷山大里亞。

「在埃及西部有什麼？」他問。

「只有一望無際的沙漠。」有人回答說，「直到這陸地的盡頭，除了沙子，沙子，灼熱的沙子什麼都沒有。」

於是，亞歷山大率領著他的部隊回到了亞洲。他侵占了幼發拉底河那邊的國家。他沿著裡海海岸穿過草原，之後爬上了似乎可以俯視世界的雪山。

他注視著北邊的一片荒涼的土地。

「那邊有什麼？」他問。

「只有冰封的沼澤地，」有人回答說，「直到這塊陸地的盡頭，除了雪地和冰海，什麼都沒有。」

於是，亞歷山大率領他的部下向南推進。他侵占了印度的大片國土，征服了一個又一個富饒的城市。最後他來到一條叫作恆河的大河岸邊，本想橫渡此河，但是他的士兵不願跟隨他過河。

「我們不再往前走了。」他們說。

「這條美麗河流以東有什麼？」亞歷山大問。

「只有縱橫交錯的叢林，」有人答道，「到這陸地的盡頭，別的什麼東西都沒有。」

於是，亞歷山大叫人造船。他的船在另一條叫印度河的河裡下了水，然後同他的部隊順流而下，駛向大海。

「遠處是什麼地方？」他問。

「只是無人到過的水域，」有人回答說，「直到這個地域的盡頭，除了深海什麼都沒有。」

「真是的，」亞歷山大說，「凡是有人居住的地方都是我的。東、南、西、北再沒有我可征服的地方了。但是，這畢竟是一個多麼小的王國呀！」

於是，他坐下哭了起來，因為再沒有他可征服的世界了。

心靈感悟

名人塞巴斯蒂安·庫爾茨（Sebastian Kurz）說過：「誰能以深刻的內容充實每一瞬間，誰就是在無限地延長自己的生命。」亞歷山大取得了如此多的軍事勝利，建立了如此巨大的功勳，但戰爭結束的時候，他依然會感到空虛。

那平平淡淡的我們呢，寂寞和空虛自然也會常常光顧我們。所以要想讓我們的人生更快樂，就應該學會忍耐寂寞。

即使沒有臺詞，也能成為主角

瑪麗是一個 10 歲的小女孩，她從小就希望自己能成為一名出色的演員。這不，機會來了，學校準備排練一部叫《聖誕前夜》的短話劇。瑪麗

熱情地去報了名，對此，她的家人都表示了支持。

選角色那天，瑪麗回到家後，直接去了自己的臥室，她的臉上沒有了以前的笑容，眉頭緊鎖，嘴唇緊閉。家裡人見狀很是擔心，便都跟了進去。

「你被選上了嗎？」哥哥小心翼翼地問。

「是的。」瑪麗的聲音極細，那兩個字簡直是從牙縫裡擠出來的。

「那你為什麼不高興呢？」父親問。

「因為我的角色！這部短劇只有 4 個人物：父親、母親、女兒、兒子。」瑪麗說。

「你的角色是什麼？」父親接著問。

「他們讓我演……演一隻狗！」瑪麗說完，用被子矇住了頭。家裡人只好默默地退出了她的房間。

晚餐後，父親和瑪麗談了很久，但他們沒有透露談話的內容。

除父親外，全家人都很奇怪瑪麗為什麼沒有退出排練，因為她們認為演一隻狗沒什麼好排練的。

但是，瑪麗卻練得很認真，很投入，她還用自己的零花錢買了一對護膝，據說這樣她在舞臺上爬時，膝蓋就不會痛了。瑪麗還告訴家裡人，她的動物角色名叫「拉拉」。

演出那天，瑪麗的家人早早地到了劇場。當燈光轉暗時，演出正式開始了。

最先出場的是「父親」，他在舞臺正中的搖椅上坐下後，就大聲召集家人出來討論聖誕節的意義。

接著「母親」出場，她優雅地面對觀眾坐下。

然後是一臉幸福的「女兒」和「兒子」，他們分別跪坐在「父親」兩側的地板上，然後把頭倚在「父親」的大腿上，眼睛卻看著慈祥的「母親」……

「這是多麼和睦、快樂的一家人啊！」觀眾們想。

在這一家人熱烈的討論聲中，瑪麗穿著一套黃色的、毛茸茸的狗道具，手腳並用地爬進場。

然而，這不是簡單地爬，「拉拉」蹦蹦跳跳、搖頭擺尾地跑進客廳，她先在小地毯上伸個懶腰，然後用可愛的小鼻子嗅嗅男主人的腳尖，又抬起前腳朝兩位小主人做了一個滑稽的動作，才在壁爐前安頓下來，並開始呼呼大睡，一連串動作，唯妙唯肖。很多觀眾都注意到了，四周傳來輕輕的笑聲。

接下來，劇中的「父親」開始講聖誕節的故事給全家人聽。他剛說到「聖誕前夜，萬籟俱寂，就連老鼠……」

「拉拉」突然從睡夢中驚醒，機警地四下張望，彷彿在說：「老鼠？哪有老鼠？」神情和真的小狗一模一樣。舞臺下瑪麗的哥哥用手掩著嘴，強忍住笑。

男主角繼續講：「突然，輕微的響聲從屋頂傳來……」昏昏欲睡的「拉拉」又一次驚醒，好像察覺到異樣，它仰視屋頂，喉嚨裡發出「嗚嗚」的低吼。

太逼真了！可愛極了！瑪麗一定費盡了心思。很明顯，這時候的觀眾已不再注意主角們的對白，幾百雙眼睛全盯著「拉拉」。

因為「拉拉」的位置靠後，其他演員又都是面向觀眾坐著，所以觀眾

可以看見瑪麗，其他演員卻無法看到她的一舉一動。他們的對話還在繼續，瑪麗幽默精湛的表演也沒有間斷，臺下的笑聲更是此起彼伏。

那晚，瑪麗的角色沒有一句臺詞，卻搶了整場戲。

後來，瑪麗告訴哥哥說，讓她改變態度的是爸爸的一句話：「如果你用演主角的態度去演一隻狗，狗也會成為主角。」

心靈感悟

很多年輕人總愛抱怨自己的待遇、地位，這也不好，那也不好，並常常把自己的失敗歸之於沒有機會。

當然每一個的命運可能會有所不同，但命運賜予我們不同的角色，與其怨天尤人，自暴自棄，還不如承認現狀，耐住寂寞，全力以赴，在不好的處境下展現不同凡響的自己。

發現路邊的另一條路

1956 年，松下電器與日本生產電器精品的大阪製造廠合資，成立了大阪電器精品公司，製造電風扇。當時，松下幸之助委任松下電器公司的西田千秋為總經理，自己擔任顧問。

這家公司的前身，是專做電風扇的，後來開發了民用排風扇。但即使如此，產品還顯得很單一。西田千秋準備開發新的產品，試著探詢松下的意見。松下對他說：「只做風的生意就可以了。」

當時松下的想法，是想讓松下電器的附屬公司盡可能專業化，以圖有所突破。可是松下精工的電風扇製造已經做得相當卓越，頗有餘力開發新

的領域。儘管如此，西田得到的仍是松下否定的回答。

然而，西田並未因松下這樣的回答而灰心喪氣。他的思維極其靈活與機敏，他緊盯住松下問道：「只要是與風有關的，任何事情都可以做嗎？」

松下並未細想此話的真正意思，且西田所問的與自己的指示很吻合，所以回答說：「當然可以了。」

四五年之後，松下又到這家工廠視察，看到廠裡正在生產暖風機，便問西田：「這是電風扇嗎？」

西田說：「不是。但它和風有關。電風扇是冷風，這個是暖風，你說過要我們做風的生意。這難道不是嗎？」

後來，西田千秋一手操辦的松下精工的風家族，已經是非常豐富了。除了電風扇、排風扇、暖風機、鼓風機之外，還有果園和茶園的防霜用換氣扇，培養香菇用的調溫換氣扇，家禽養殖業的棚舍換氣調溫系統……

西田千秋只做風的生意，就為松下公司創造了一個又一個的輝煌。

生活中，我們在一條路上不斷地走，總覺得自己已經把路走到底了，再也不能走出一片嶄新的天地，再也不會有更大的成就。

實際上，路的旁邊也是路。可能我們一生注定只能奔赴一個方向，如果總是沿著那條老路前進，當然有把路走煩、走絕的時候。

西田千秋試著往旁邊跨了幾步，就發現了無數的路，而且條條都是全新的路，並最終引領他走向了成功。

事實上，更多的時候，我們在生活的路上走得不好，不是路太狹窄了，而是我們的眼光太狹窄了，所以最後堵死我們的不是路，而是我們自己。

心靈感悟

俗話說「三百六十行，行行出狀元」，不管從事什麼行業，只要下足功夫，做精做好，就能從熟悉的領域開闢嶄新的天空。

作者透過鬆下電器製造風扇的經歷，得出這一寶貴經驗，進而聯想到生活中的相關事情，給我們以人生啟迪。

不願放手的孩子

這是一個早上，媽媽正在廚房清洗早餐的碗碟。她有一個 4 歲的小孩子，自得其樂地在沙發上玩耍。

不久之後，媽媽聽到孩子的哭啼聲。究竟發生了什麼事呢？媽媽還沒有將手抹乾，就衝到客廳看孩子。

原來，孩子的手插進了放在茶几上的花瓶裡。花瓶是上窄下寬的設計，所以，他的手伸了進去，但抽不出來。母親用了不同的辦法，想把卡著了的手拿出來，但都沒有用。

媽媽開始焦急，她稍為用力一點，小孩子就痛得叫苦連天。在無計可施的情況下，媽媽想了一個下策，就是把花瓶打碎。可是她稍有猶豫，因為這個花瓶不是普通的花瓶，而是一件價值連城的古董。

不過，為了兒子的手能夠拔出夾，這是唯一的辦法。結果，她忍痛將花瓶打破了。

雖然損失不菲，但兒子平平安安，媽媽也就不太計較了。她叫兒子將手伸給她看看有沒有受傷。雖然孩子完全沒有任何皮外傷，但他的拳頭仍

是緊握住似的無法張開。是不是抽筋呢？媽媽再次驚惶失措。

原來，小孩子的手不是抽筋。他的拳頭張不開，是因為他緊握著一個硬幣。他是為了拾這一個硬幣，讓手卡在花瓶的口內。小孩子的手抽不出來，其實，不是因為花瓶口太窄，而是因為他不肯放手。

感情的事，很多時候也是盲目的。

你曾為他（她）做的事，當日，你是多麼地覺得天經地義；今天，你卻感到荒謬至極。盲目是幸福的，只要盲目能維持一生一世。問題是有一天，我和你都會像小孩子一樣，發現自己被感情問題卡住了，動彈不得。

問題出現了，你希望尋求方法解決，但全都徒勞無益。有人說：「問題不是你所想的複雜，只是你肯放手就解決了。」你卻偏偏不肯放手。

這時，你往往不會想：「這樣值不值得？」你只會自問：「我還愛不愛？」只要是愛，你覺得再沒有什麼要猶豫。你會想方設法解決彼此之間的問題。你一直守下去，你不會放手。

其實，放手就立刻解決問題，只是大家都逃避這個事實。你寧願受著牢籠之苦，都不願解脫。「這段感情值得這樣磨下去嗎？」你的朋友會勸你放棄。

你不相信，這份愛，只是一枚硬幣。你忍痛執著於這份感情，不惜代價，消耗了許多眼淚，虛度了不少的歲月，錯過很多機會。

為了區區一枚硬幣，打碎了一個古董花瓶，小孩子當時不會了解，也不會後悔，因為那時他不了解他執著的那個硬幣的機會成本是那麼大。他長大了之後，才了解了花瓶的價值，才會明白自己昔日的愚昧。

感情是人生重要的一部分。處理感情問題是否得當，可能會影響一個人一生的苦樂或成敗。

感情與生俱來，也是人生樂趣的來源。但是，它需要控制與昇華。有人能理智地把多餘的感情化開；有人還能用藝術把原始的激情美好、純化和淨化。

有些人的感情淡如水，有些人的感情輕靈優美如詩歌，另有一些人的感情卻充滿了陰暗卑下的慾念。這就是一個人的格調。

當戀愛順利時，要讓感情優美而崇高；當戀愛受挫時，要很自然地給自己的感情找到出路。一個人太少用理智，固然不能應付問題，但太少用感情，也會使生活枯燥冷硬而缺乏色彩。

人們常不了解，感情上的昇華境界如何可以達到。其實，它最簡單的解釋，無非是在必要的時候，讓自己站在外圍，保持一份旁觀者的釋然之情。

心靈感悟

生活中，我們總是不惜一切的求取成功。可是，有時失敗是不可避免的。如果我們做得優雅，該放手時就放手，我們就可以得到平安，從經驗中成長。就像鬆開一個握緊的拳頭，我們會感到自在而有活力。

自由職業是我的「正途」

總是有人問我，「為什麼畢業不工作。」這問題後面，接著下來一般是：「你讀電腦，研究所畢業，大好前途呀……」

善意之下，隱含這樣一層意思，彷彿我現在沒有前途。他們認為我現

在的身分是自由股民，走的不是「正途」。

這種說法根據在於我學而不用，是一種浪費，而浪費是一種罪惡。彷彿我應該去工作，是因為我學了電腦，這不是我的邏輯。

我的邏輯是這樣的：我之所以學電腦，是因為我喜歡，我還有其他愛好，還有其他能力，為此我還想做做其他事情。

至於為什麼要做股民，那是我其中的一個興趣，對我而言，炒股是個相對公平的數字遊戲，在該遊戲中，金錢是獎品，比的是心智，不需涉及我不擅長的人際關係。這雖是我本身的意願，但讓我作出決定，還有別的原因。

對於「正途」，我還有這樣的看法：它是條陽關大道。但和整個世界相比，一條路總是太窄，而且太多人爭著往裡擠，對此我並不喜歡，除非接受擁擠是我的一種樂趣。

陽關大道還有一個特點，那就在於：在路上所有人都在往一個方向走，彷彿被什麼所驅趕著。

後來，別人不再問我原因，轉而問將來的打算，這個問題一時難以說清，還好我聽過一個故事，可以用來回答：在路上，有一隻第一次出洞的老鼠，牠覺得世界好大。牠想吃，牠想玩，牠想嘗試這世界所有有趣的事物。可是，牠遇到一隻貓。

於是老鼠拚命跑，貓在後面追。跑呀跑，追呀追，終於有一天，老鼠再也不想跑了，牠停下來，想閉上眼睛，等待貓爪的來臨。

這時，牠卻聽到貓說：「你走吧，我只是想告訴你，以後的路再沒有貓追你。」貓說完走了。老鼠站在那裡，好像明白了什麼。

我講這個故事，目的並非為了讚揚那隻可愛的貓，我只是覺得，自己

像那隻明白了什麼似的老鼠。對於將來，這隻老鼠雖然有點迷茫，可牠還年輕，在沒有貓的日子裡，牠跨出了第一步。

心靈感悟

「正途」工作穩定，因此擠到此途的人熙熙攘攘，現在的「正途」有點不堪重負，路越來越窄。我們為何不稍微偏一點，走一條另外的路呢。

其實「正途」之外的路，雖然多一點風險，卻寬闊、自由，風光無限。

減少空想的計畫

人們在指責一件事物根本無法實現時，總喜歡說「你這是白日做夢」。在實際生活中。熱衷於做白日夢的人還真不少。

曾看過一篇文章。有位農婦不小心打破了一個雞蛋，她想像著：一個雞蛋經孵化後可變成一隻小雞，小雞長成母雞，母雞又下很多蛋，蛋又孵化成很多小雞。

最後農婦深深嘆息：「天哪！我失去了一個養雞場！」她越想越痛苦，越想越悔恨。

有位買樂透的民眾，買了幾年樂透也未中大獎。有一次。只差一個號碼竟使他與百萬大獎擦肩而過。他陷入了痛失良機的悔恨之中。並由此想入非非，開始做「白日夢」。

如果中了大獎，首先要保證安全。只有連夜攜帶全家老小，遠走高

飛，到一個不為人知的地方，買一棟新房子重新安家。才能保證全家人的安全。

但這不成了「越獄逃犯」？再說一家人一夜之間突然消失，那才是「此地無銀三百兩」哩！現在的罪犯都具備高科技本領，即使孫悟空也難逃如來佛的手掌心。要是被罪犯盯上了，全家恐怕要遭滅頂之災。哎呀，太可怕了！不行！不行！

如果中了大獎，採取財產分散的辦法也許最可靠。應該召集兄弟姐妹及所有的七大姑、八大姨，根據血緣關係的遠近，評估各人家底的厚薄，再參考平日對我們家的貢獻，論資排輩，合理分配，這活生生像一個大富翁在救災扶貧。

但還有一群狐朋狗友怎麼辦？左鄰右舍向你借錢怎麼辦？如此算來，只怕還要倒貼老本。不行！不行！此方案也絕對不行。

捐贈慈善事業吧？自己不是白做了？不划算。投資吧！但又沒這個能力……

為了這張沒有中獎的樂透，這位民眾費心傷神，自尋煩惱。

人生總會遇到各式各樣的機遇，一旦抓住了，小則能獲得快樂，大則能改變命運。但這機遇是可遇而不可求的。我們也可能會失去各式各樣的機遇，還會犯各種型別的錯誤。對自己的過失，切勿無限悔恨，緊咬不放。要知道，人非聖賢，孰能無過？重要的是總結經驗，少犯錯。

就像那位農婦，如果她這樣想：幸虧只打破了一個雞蛋，只失去了一個養雞場。以後要做事小心點，若不打破雞蛋，那不就擁有無數個養雞場了嗎？她自然越想越快樂，也就不會因為這區區小事而自責自怨了。

心靈感悟

　　魯迅說過：「幻想飛得太高，落在現實上的時候，傷害也就特別沉重。」很多人做的「白日夢」，其實就是一種幻想，就是盲目追求那些根本無法實現的目標。其結果除了痛苦還會有什麼呢？

　　因此，充實的人生還有面對現實，忍耐住寂寞，過自己平淡且又實際的日子。

第二名也有其價值

　　美國有一家租車公司，長期以來卻以第二自居，贏得好評。

　　這家租車公司原本經營不善，由於冗員太多，員工工作態度又散漫，車子交到租車者的手中，單就表面骯髒的程度，就會被譏諷是「逃犯開的車子」，名聲到此地步，怎會不能面臨倒閉的邊緣。

　　儘管如此，這家租車公司的市場占有率仍有一席之地，屈居第二，只是離市場占有率第一名的租車公司，有好大一段距離，而第三名的公司正在奮起直追，已是相差不遠。

　　其後來了一位經營之神「奚得」先生，在內部採取重罰重賞的方式，要求員工服務品質加以改善。另外一方面，找尋廣告公司做形象廣告。

　　負責廣告的創意大師「彭巴克」先生，在兩個星期後告訴奚得先生：廣告就坦白直率地告訴大家，我在租車業中，排名第二。

　　奚得先生深感懷疑：「我們第二，為什麼人家還是租我們的車子？」

　　答案是：「我們更努力。」

奚得先生接受了這則廣告，之後公佈於眾，坦坦白白毫不諱言「自己差，但我們更努力。」這樣不只對內部員工有所警惕，對顧客而言，他們看到了一個努力向上的團體，也看到了它的改變。

不久之後，業績急速上升，市場占有率愈來愈接近第一名，但是第一名的業績也無衰退，受害者是第三名。

延續這則經典廣告的金句有：「其實當第二名也不錯，我們有更努力的空間。」

在所有的車子上，都貼了奚得先生的電話，如果租車者發現車不乾淨，有菸蒂等情況，可以直接打電話給他。因為：「我們第二，所以要更努力。」

有一段時間，他們自認逼近了第一，便放棄了第二的主張，結果業績下滑，因為大家認為他們不想再努力了，這是始料未及的事。

至今美國租車市場的占有率排行榜，第一仍是第一，第二仍是第二，可見對手絕非弱者，也在加倍努力。誰是贏家？顧客。

心靈感悟

在強者越強，弱者越弱的商場競爭中，人人要爭第一，可是有時如果某一個人能把心態調整好，勇於並樂於屈居人第二，就不必參與這些競爭。

這樣既可以換了心靈的寧靜，也可以靜下來認真提高自己的能力。

熱愛自己的工作

在我遇見班奇太太之前，護理工作的真正意義並非我原來想像的那麼一回事。「護理師」兩字雖然是我的崇高稱號，誰知得來的卻是三種吃力不討好的工作：替病人洗澡，整理床鋪，照顧大小便。

我的第一個病人是班奇太太。

班奇太太是個瘦小的老太太，有著一頭白髮，全身皮膚像熟透的南瓜。「你來做什麼？」她問。

「我是來幫你洗澡的。」我生硬地回答。

「那麼，請你馬上走，我今天不想洗澡。」

令我吃驚的是，她眼裡湧出大顆淚珠，沿著面頰滾滾流下。我不會理會這些，強行幫她洗了澡。

第二天，班奇太太預料我會再來，準備好了對策。「在你做任何事之前，」她說，「請先解釋『護理師』的定義。」

我滿腹疑問地看著她。「嗯，很難下定義，」我支吾道，「做的是照顧病人的事。」

說到這裡，班奇太太迅速掀起床單，拿出一本字典。「正如我所料，」她說，「連該做些什麼也不清楚。」

她翻開字典上她做過記號的那一頁慢慢地念：「看護；護理病人或老人；照顧、滋養、撫育、培養或珍愛。」她「啪」地一聲合上書，「坐下，小姐，我今天來教你什麼叫珍愛。」

我聽了。那天和後來許多天，她向我講了她一生的故事，不厭其煩地

細說人生中的教訓。

最後她告訴我有關她丈夫的事：「他是高大粗壯的男人，穿的褲子總是太短，頭髮總是太長。他來追求我時，把鞋上的泥帶進客廳。當然，我原以為自己會配個比較斯文的男人，但結果還是嫁了他。」

「結婚週年，我要一件愛的信物。這種信物是用金幣或銀幣蝕刻用心和花圖案交纏的兩個名字簡寫，用精緻銀鏈串起，在特別的日子交贈。週年紀念日到了。貝恩起來套好馬車進城去，我在山坡上等候，目不轉睛地向前看，希望看到他回來時遠方揚起的塵土。」

她的眼睛模糊了：「他始終沒回來，第二天有人發現那輛馬車，他們帶來了噩耗，還有這個。」

她畢恭畢敬地把它拿出來，由於長期佩戴，它已經很舊了，但一邊有細小的心形花型圖案環繞，另一面簡單地刻著：「貝恩與愛瑪，永恆的愛。」

「但這只是個銅幣啊，」我說，「你不是說是金的或銀的嗎？」

她把那件信物放好，點點頭，淚盈於睫：「說來慚愧。如果當晚他回來，我見到的可能只是銅幣。這樣一來，我見到的卻是愛。」

她目光炯炯地面對著我：「我希望你聽清楚了。小姐，你身為護理師，目前的問題就在這裡。你只見到銅幣，見不到愛。記著，不要上銅幣的當，要尋找珍愛。」

我沒有再見到班奇太太。

她當晚死了。不過她給我留下了最好的遺贈：幫助我珍愛我的工作，做一個好護理師。

心靈感悟

生活中的很多人都不喜歡自己的工作，並常常抱怨工作是禍殃，勞動是不幸。這種抱怨不僅不利於我們工作的進步，同時還會影響我們的心情。

面對我們不喜歡的工作時，如果我們不能去更換工作，那我們就去試著愛它。因為有了愛，我們也許會發現其實原本不好的工作也有好的一面。

每個行業的卓越之道

在宋朝的時候，有個叫葉元清的人被點為狀元，葉元清騎著高頭大馬，得意洋洋地在街上走著。

來到一個路口時，只見一個樵夫不避不讓，照舊往前走，衙役們高喊讓道，樵夫才停在路口說：「新科狀元有什麼了不起！如果我小時候能夠上學，現在也是一個狀元！」

葉元清聞言大怒，喝道：「山村匹夫，如此不自量力！還是老老實實砍你的柴去吧！」

樵夫不以為然地說：「天下學問多的是，就說砍柴吧，我想怎麼砍就怎麼砍，你能嗎？」

狀元不信。樵夫拿過一塊方木，在上面畫了一條線，舉起斧頭往下一劈，正巧沿線劈開了木頭。

這時，又走過來一個賣油翁，嚷著說：「這有什麼了不起，如果我是

樵夫，我也能這樣！」

葉元清一聽，就說：「好！我買你一斤九兩油，但得用手倒。」賣油翁哈哈大笑，合出一個小瓶，又在瓶口放了一個銅板，拿起油桶便倒。只見油如同一根線一樣落入錢眼中，稱一稱，一點不差。

狀元看了兩人的表演，嘆了口氣說：「真是三十六行，行行出狀元啊！」

後來，人們又把三十六行改為三百六十行，就成了我們現在說的「三百六十行，行行出狀元」了。

心靈感悟

總有一些人抱怨自己的工作不好，沒地位，沒前途，其實這種想法是錯誤的。工作只有社會分工不同，沒有高低貴賤之分。

因此，無論我們做何種工作，我們都應該安下心來，認真地去做，就一定能做好。

孤獨的人生之旅

有一個人總是落魄不得志，便有人向他推薦智者。

智者沉思良久，默然舀起一瓢水，問：「這水是什麼形狀？」

這人搖頭：「水哪有什麼形狀？」

智者不答，只是把水倒入杯子，這人恍然：「我知道了，水的形狀像杯子。」

智者搖頭，輕輕端起杯子，把水倒入一個盛滿沙土的盆。清清的水便一下融入沙土，不見了。

這個人陷入了沉默與思索。過了很久，他說：「我知道了，社會處處像一個規則的容器，人應該像水一樣，盛進什麼容器就是什麼形狀。而且，人還極可能在一個規則的容器中消逝，就像這水一樣，消逝得迅速、突然，而且一切無法改變！」

「是這樣，」智者拈鬚，轉而又說，「又不是這樣！」說畢，智者出門，這人隨後。

在屋簷下，智者用手指著青石板上的「小窩」說：「一到雨天，雨水就會從屋簷落下，看這個凹處就是水落下的結果。」

此人大悟：「我明白了，人可能被裝入規則的容器，但又應該像這小小的水滴，改變著這堅硬的青石板，直至破壞容器。」

智者說：「對，這個窩會變成一個洞！」

人生如水，我們既要盡力適應環境，也要努力改變環境，實現自我。

我們應該多一點韌性，能夠在必要的時候彎一彎，轉一轉，因為太堅硬容易折斷。

唯有那些不只是堅硬，而更多一些柔韌彈性的人，才可以克服更多的困難，戰勝更多的挫折。

心靈感悟

如水人生其實是一種寂寞的人生。當我們在盡力適應環境的時候，我們要克制自己的各種衝動，默默在自己可能並不喜歡的環境地堅持。

當我們要改變環境的時候，我們也要默默地，一點一滴地去積聚能量，去贏得生活。

幸福的甜酸滋味

　　基德曼是一名出色的大金融家，在他 70 歲生日的時候，親戚朋友們從四面八方趕過來為他祝賀，就連報刊和電臺的記者也對他這次生日聞風而動。因為，基德曼平時即使一個小小的舉動，都有可能給金融市場帶來一次震動。

　　生日宴會上，當基德曼吹滅生日蠟燭，在金碧輝煌的大廳裡與眾多親友舉杯共慶的時候，一名記者微笑著想向基德曼提問。他說：「基德曼先生，你覺得一生最幸福的時刻是什麼時候，是不是現在這一刻？」

　　基德曼送到嘴邊的酒杯停住了，他立刻說：「不，不是這樣的時刻。這樣的幸福我覺得很平常。我最幸福的時刻是在我 13 歲過聖誕節的那一刻，我這一輩子都不會忘記。」

　　所有的人都愣住了，基德曼說：我小的時候，對汽水非常嚮往，覺得那是一種很神奇的東西，因為，我看到有錢人家的小孩喝了那東西以後，會站到大街上一個接一個地嘔氣，那長長的嘔氣，讓我羨慕得要死，我經常想，什麼時候，我也能喝上那種神奇的飲料，能站在大街上對著來來往往的行人嘔氣，那該是多麼幸福的事情呀。

　　可是，我家裡太窮了，窮得常常連飯都吃不上，哪還有錢買汽水呢？母親知道我對汽水的渴望，對我許諾說，到聖誕節的時候，就給我買一瓶那種神奇的會嘔氣的飲料。於是，我天天盼望著聖誕節的到來。母親每天都忙忙碌碌的，公司一有加班的機會，她就抓住不放。

　　終於，聖誕的鐘聲敲響了。那天，在我家的飯桌上，飯菜並不比往常豐富，但是，我看到，餐桌上多了一瓶汽水。我知道，那是母親給我的聖誕禮物。

　　母親微笑地看著我，她小心地擰開瓶蓋，遞給了我，我幸福地喝了一口，仔細地品味著捨不得嚥下。原來，這種東西是一種酸酸甜甜的感覺呀。我伸脖子，等待著嘔出一口長長的氣來，可等了好久，根本就嘔不出氣來。

　　母親在一旁緊張地看著我，說：「你喝得太少了，多喝一點再試試。」可是，那一瓶東西就那麼多，我喝完了，母親不是連嘗嘗的機會都沒有了嗎？

　　我對母親說：「你也喝一口吧。」母親說：「我喝過了，真的。」我不相信地看著母親，然而，她一口也不肯喝。

　　為了能幸福地嘔出那長長的氣來，我每喝幾口，都要等待一會兒，可是，直至我把那瓶酸酸甜甜的東西喝了個底朝天，我也沒能嘔出那幸福的氣來。

　　我疑惑地看著母親，母親也慌了，她說：「怎麼會這樣呢，經理說那東西就是這個味道的。」

　　我看看那瓶子上的字，不錯，就是我見過的那種能嘔氣的飲料瓶子呀。就在這個時候，母親突然抱著我哭了起來，她說：「兒子，媽媽騙了你，那裡面的東西是媽媽自己做的。」

　　原來，老闆承諾聖誕節會發給媽媽加班的薪水。可聖誕節到來的時候，老闆對母親說，公司虧本，他根本沒有錢再給媽媽發薪水了，也許，過了聖誕節，他的公司就倒閉了。

　　聽了老闆的話，無可奈何的母親充滿了惆悵。她突然問老闆，汽水是什麼味道。

　　老闆奇怪地看著母親，聳聳肩說：「你問這個做什麼？那是一種酸酸

甜甜的東西，就像是糖和醋同時放到水裡混合在一起的味道。」

母親指著老闆桌子上的空汽水瓶說：「這個，可以給我嗎？」

那天晚上，母親用這個空汽水瓶子裝上糖、醋和水。她嘗了一小口，那種酸酸甜甜的味道很好喝。她想，也許，那種會冒氣的飲料，就是用這些東西做成的吧。

聽完母親的話，我的眼裡閃出淚花。我努力地伸長脖子，嚥下一口氣又一口氣，然後，真的嘔出了一口長長的起來。我裝著驚喜地對母親說：「媽媽，那些東西在我胃裡面沉澱後，終於嘔出氣來了。你給我製作的這種酸酸甜甜的飲料，也會嘔氣呀。」

母親的臉上掛著淚水，她說：「是真的嗎？基德曼。」

我說：「是的，媽媽。」

母親說：「兒子，我知道，你想嘔氣就能嘔出來的呀。」母親緊緊地把我摟在了懷裡。

所以，我現在最喜歡喝的飲料，就是自己調配的糖醋水，裡面充滿著濃濃的親情。

基德曼的故事講完了，金碧輝煌的大廳裡靜得能聽見一根針掉下地的聲音，許多人的眼裡也和基德曼一樣噙著淚花。

基德曼端著酒杯對那名記者說：「年輕人，我以我 70 年的人生經驗告訴你，生命的幸福不在於環境、地位、財富和他所能享受到的物質。貧困的歲月裡，人也能感受到幸福，也許，那種幸福還會讓你的記憶更深刻。就像我喝的那瓶糖醋水，那裡面的幸福和親情，雖然普通，卻是人世間最真實的味道呀。」

心靈感悟

正如基德曼所說，生命的幸福不在於環境、地位、財富和他所能享受到的物質，貧困的歲月裡，人也能感受到幸福。

因此，當我們面臨貧窮、失敗等不幸時，我們不要失望，不要抱怨，應該靜下心來，體會一下我們身邊處處存在的親情，因為它們才是人生中最重要的東西。

和權力告別的華盛頓

美國獨立戰爭結束後，喬治・華盛頓（George Washington）解散了部隊，把自己的行裝也託運回了故鄉。

他知道，在回到他的故鄉之前，他還有一件重要的事必須完成，那就是，他要把人民授予他的軍權，交還給當時象徵著人民權力的國會。

這個交出軍權的儀式，是和華盛頓同為維吉尼亞人的湯瑪斯・傑佛遜（Thomas Jefferson），專程從巴黎趕回來設計的。華盛頓和傑弗遜，是美國建國時期最重要的兩個人。美國人總說，華盛頓是打下了一場美國革命，而傑弗遜是思考了一場美國革命。

在兩百多年前，人人都清楚地看到，沒有華盛頓的浴血奮戰就沒有美國的誕生。兩百多年以後的今天，美國人越來越深切地認識到，沒有傑弗遜的思考，也同樣不會有美國的存在。

傑弗遜設計了這樣一個儀式：華盛頓將軍走進「國會大廈」，在國會議員們的對面他可以有一個座位。

當議長向大家作出介紹時，華盛頓將站起來，「以鞠躬禮表示國家的武裝力量對文官政府的服從」。而國會議員們「只需要手觸帽簷還禮，而不必鞠躬」。

然後，華盛頓將軍將以簡短講話交出軍權，議長也以簡短講話接受軍權。

結果，整個儀式完全按照這個設計進行。

華盛頓將軍在交出軍權的時候，他只說了幾句話：「現在，我已經完成了賦予我的使命，我將退出這個偉大的舞臺，並且向尊嚴的國會告別。在它的命令之下，我奮戰已久。我謹在此交出委任並辭去我所有的公職。」

議長答道：「你在這塊新的土地上捍衛了自由的理念，為受傷害和被壓迫的人們樹立了典範。你將帶著同胞們的祝福退出這個偉大的舞臺。但是，你的道德力量並沒有隨著你的軍職一起消失，它將激勵子孫後代。」

心靈感悟

對於掌權的人來說，告別權力會帶來失落。華盛頓在功成名就之後，毅然交出軍權，這不僅給他自己贏來了美名，也使整個國家為此收益。

正如議長所說，他的「道德力量並沒有隨著他的軍職一起消失，它將激勵子孫後代。」

真正滿足的含義

2002 年 1 月 13 日，厄尼斯特・海明威（Ernest Hemingway）短篇小說《老人與海》（*The Old Man and the Sea*）中的主角原型格雷戈里奧・富恩特斯（G.L Fuentes）去世，享年 104 歲。第二天，世界上有 27 家網站出現了這麼一張問卷：

「有一個人，他幾乎什麼都有。論地位，他是享譽世界的大師級人物；論榮譽，他是諾貝爾獎得主；論金錢，他的版稅在他成名之前就已使他成了富翁；論愛情，幾乎每一個女人都喜歡他，都願為他奉獻一切。

在他的國家他享有充分的自由。他想到哪旅遊就到哪旅遊，哪怕是敵對的國家。總之，他是一個令世人非常羨慕的人。

可是，在他獲獎後不久，卻用獵槍結束了自己 62 歲的生命，而他的一位朋友──一個靠出海打魚為生的漁夫，卻悠然地頤養天年。請問，為什麼一個擁有一切的人選擇了死亡，而一個一無所有的人卻選擇了活著？

假如你已經知道了答案，請傳給我們，我們願把它刻在這位諾貝爾獎得主的墓碑上，因為他的墓碑至今還空著。」

問卷貼出後，每家網站得到的回答日平均 400 多則。前不久，幾家網站根據投票率，公佈了自己所選定的墓碑內容。

網站 1 墓碑的正面：人生最大的滿足來自於對目標的追求。

墓碑的背面：一個人一旦在自己所從事的領域達到了頂峰，就會有一種空前的寂寞感，這種寂寞感所帶來的迷茫和絕望會把你送進天堂。

網站 2 墓碑的正面：成功也是一件非常可怕的事。

墓碑的背面：人人都追求成功，其實成功的背後往往隱藏著魔鬼，而失敗的背後才有一個救命的天使。

網站 3 墓碑的正面：無話可說。

墓碑的背面：生命是一種太好的東西，好到你無論選擇什麼方式度過，都像是一種浪費。

其餘的幾家網站還在陸續公佈，不過人們對此已經失去興趣，因為那位漁夫的獨生子在此期間公佈了一封信，據說是海明威去世前一天寫給他父親的，並交代讓他幫著刻在墓碑上。信中是這麼寫的：人生最大的滿足不是對自己地位、收入、愛情、婚姻、家庭生活的滿足，而是對自己的滿足。

心靈感悟

海明威在獲諾貝爾獎後，倒在了自己的獵槍下；弗德里希‧威廉‧尼采（Friedrich Whilhelm Nietzsche）在超人哲學的太陽裡曝曬為一個瘋子；海子把「面朝大海，春暖花開」的願望碾碎在車輪下，他們戰勝了生命的極限，卻淹沒在成功的背叛中。人生最大的滿足是對自己的滿足。

在心中種下快樂的蘭花

唐代著名的慧宗禪師常為弘法講經而雲遊各地。有一回，他臨行前吩咐弟子看護好寺院的數十盆蘭花。

弟子們深知禪師酷愛蘭花，因此蒔弄蘭花非常殷勤。但一天深夜，狂

風大作，暴雨如注。偏偏當晚弟子們一時疏忽將蘭花遺忘在了戶外。

第二天清晨，弟子們後悔不迭：眼前是傾倒的花架、破碎的花盆，棵棵蘭花。憔悴不堪，狼藉遍地。

幾天后，慧宗禪師返回寺院。眾弟子忐忑不安地上前迎候，準備領受責罰。得知原委後，慧宗禪師泰然自若，神態依然是那樣平靜安詳。

他寬慰弟子們說：當初，我不是為了生氣而種蘭花的。

就是這麼一句平淡無奇的話，在場的弟子們聽後，肅然起敬之餘，更是如醍醐灌頂，頓時大徹大悟……

記得初次讀到這句話時，我也曾怦然心動。在現實生活裡，現代人時常心為物役，有太多的患得患失。因此，我們錯過了許多的快樂和幸福。

「我不是為了生氣而種蘭花的。」看似平淡的偈語裡，暗示了多少佛門玄機，又蘊涵了多少人生智慧：

我不是為了生氣而工作的，

我不是為了生氣而交往的，

我又何嘗是為了生氣而生兒育女的，

我又何嘗是為了生氣而生活的……

常言道：人生在世，不如意十常八九。況且事已如此，生氣又何益？從此將那棵快樂的蘭花栽種於心田，擁有了蘭心蕙質，我們的心境一定會盈滿幸福。

心靈感悟

「不生氣」是一種修養，一種境界，更是一種練達。李白懷才不遇不生氣，所以有「安能摧眉折腰事權貴」的傲岸不屈；蘇軾遠貶黃州，

不生氣，所以有「也無風雨也無晴」的樂觀豁達。

　　因此，在無論我們遭遇何種磨難，我們都要保持不生氣，種一株快樂的蘭花於心田，讓人人擁有蘭心蕙質。

學會等待的藝術

　　一對情侶在咖啡店裡發生了口角，互不相讓。然後，男孩憤然離去，只留下他的女友獨自垂淚。

　　心煩意亂的女孩攪動著面前的那杯清涼的檸檬茶，洩憤似的用匙子搗著杯中未去皮的新鮮檸檬片，檸檬片已被她搗得不成樣子，杯中的茶也泛起了一股檸檬皮的苦味。

　　女孩叫來服務生，要求換一杯剝掉皮的檸檬泡成的茶。服務生看了一眼女孩，沒有說話，拿走那杯已被她攪得很混濁的茶，又端來一杯冰凍檸檬茶，只是，茶裡的檸檬還是帶皮的。

　　原本就心情不好的女孩更加惱火了，她又叫來服務生。「我說過，茶裡的檸檬要剝皮，你沒聽清楚嗎？」她斥責著服務生。

　　服務生看著她，他的眼睛清澈明亮，「小姐，請不要著急」，他說道，「你知道嗎，檸檬皮經過充分浸泡之後，它的苦味溶解於茶水之中，將是一種清爽甘甜的味道，正是現在的你所需要的。所以請不要急躁，不要想在 3 分鐘之內把檸檬的香味全部擠壓出來，那樣只會把茶攪得很混，把事情弄得一團糟。」

　　女孩愣了一下，心裡有一種被觸動的感覺，她望著服務生的眼睛，問道：「那麼，要少長時間才能把檸檬的香味發揮到極致呢？」

服務生笑了：「12 個小時。12 個小時之後檸檬就會把生命的精華全部釋放出來，你就可以得到一杯美味到極致的檸檬茶，但你要付出 12 個小時的忍耐和等待。」

服務生頓了頓，又說道：「其實不只是泡茶，生命中的任何煩惱，只要你肯付出 12 個小時忍耐和等待，就會發現，事情並不像你想像的那麼糟糕。」

女孩看著他：「你是在暗示我什麼嗎？」

服務生微笑：「我只是在教你怎樣泡製檸檬茶，隨便和你討論一下用泡茶的方法是不是也可以泡製出美味的人生。」服務生鞠躬，離去。

女孩面對一杯檸檬茶靜靜沉思。女孩回到家後自己動手泡製了一杯檸檬茶，她把檸檬切成又圓又薄的小片，放進茶裡。

女孩靜靜地看著杯中的檸檬片，她看到它們在呼吸，它們的每一個細胞都張開來，有晶瑩細密的水珠凝結著。她被感動了，她感到了檸檬的生命和靈魂慢慢昇華，緩緩釋放。

12 個小時以後，她品嚐到了她有生以來從未喝過的最絕妙、最美味的檸檬茶。女孩明白了，這是因為檸檬的靈魂完全深入其中，才會有如此完美的滋味。

門鈴響起，女孩開門，看見男孩站在門外，懷裡的一大捧玫瑰嬌豔欲滴。「可以原諒我嗎？」他訥訥地問。

女孩笑了，她拉他進來，在他面前放了一杯檸檬茶。「讓我們有一個約定，」女孩說道，「以後，不管遇到多少煩惱，我們都不能發脾氣，定下心來想想這杯檸檬茶。」

「為什麼要想檸檬茶。」男孩困惑不解。

「因為，我們需要耐心等待 12 個小時。」後來，女孩將檸檬茶的祕訣運用到她生活中的各個層面，她的生命因此而快樂、生動和美麗。

女孩恬靜地品嚐著檸檬茶的美妙滋味，品嚐著生命的美妙滋味。

心靈感悟

正如那位服務生所說：「如果你想在 3 分鐘內把檸檬的滋味全部擠壓出來，就會把茶弄得很苦，攪得很混。」

生命中的有些事是需要耐心等待的，遇到這樣的事情時，我們要把憤怒、自卑、嫉妒等情緒除去，把心靜下來，認真等待事情發生好的變化。

看透煩惱的本質

一次，幾位分別多年的同學相約去拜訪大學的老師。在老師家裡，大家忍不住開始抱怨，紛紛訴說著生活的不如意：工作壓力大呀，生活煩惱多呀，做生意的商戰失利呀，當官的仕途受阻呀……

老師笑而不語，從廚房拿出一大堆杯子，擺在茶几上，讓大家自己倒水喝。這些杯子各式各樣，有瓷的，有玻璃的，有塑膠的，有的看起來豪華而高貴，有的則顯得普通而簡陋。

大家正說得口乾舌燥，紛紛拿了自己看中的杯子倒水喝。

等每個人手裡都端了一杯水時，老師指著茶几上剩下的杯子，說：「你們有沒有發現，你們手裡的杯子都是最好看最別緻的，而這些樣子普通的塑膠杯就沒有人選中。」

大家一看，果然是這樣。

老師接著說：「這就是你們煩惱的根源。大家需要的是水，而非杯子，但我們有意無意地會去選擇漂亮的杯子。如果生活是水的話，那麼，工作、金錢、地位這些東西就是杯子，它們只是我們盛起生活之水的工具。杯子的好壞，並不影響水的品質。如果將心思花在杯子上，大家哪有心情去品嚐水的苦甜，這不就是自尋煩惱嗎？」

心靈感悟

生活中處處都包含哲理，有時候我們常常過於關注事情的表面，而忽視了事物的本質，並陷入了煩惱。

這看似不合理，但在生活中卻常常出現。此時，如果我們能夠把心靜下來，換一種心態，我們將會有不同的發現。

即使迷路，也是路

三兄弟從鄉下到城市謀生，一個叫怨天，一個叫怨地，另一個叫無悔。

三兄弟結伴而行，一路上餐風露宿，翻過 7 座高山，涉過 21 條大河，兄弟們齊心協力，幾個月後，終於來到了一座繁華熱鬧的集鎮。

這裡有三條大路，其中只有一條能夠通往城市，但是誰也說不清究竟是哪條。

怨天說：「老爸一生教我的只有一句『聽天由命』，我就閉上眼睛選一條，碰碰運氣好了。」他隨便選了一條，走了。

怨地說：「誰叫我們在窮地方生長呢，我沒讀過書，計算不出哪條最有

可能通往城市，我就走怨天旁邊的那條大路吧。」怨地拍拍屁股也走了。

剩下的是一條小路，無悔沒辦法決定。他想了又想，決定還是先去鎮子裡問問長者。

長者接見了他，但仍然是搖頭：「沒人到過城市，因為它太遠了。不過，孩子，我可以把我祖父的話告訴你，『走錯的也是路』。」

無悔記住了長者的教誨，踏上那條小路，追尋他的城市之夢去了。他經歷的痛苦、艱難無與倫比，每一次挫折，每一回失敗都沒有擊倒他。

當他面臨絕境時，總是對自己說「走錯的也是路」，於是他挺過來了。

在 10 年後的一天，他終於見到了朝思暮想的城市。憑著自己的韌性與毅力、他從最底層做起，從擦皮鞋、撿垃圾、端盤子到公司普通職員、藍領、白領，直至獨立註冊一家公司。

30 年後，無悔老了，他把公司交給兒子打理，一個人回鄉下尋找當年同行的兄弟。

依然是那個貧窮的西部小村，依然是茅屋泥牆，怨天和怨地住在那裡，依然過著日出而作、日落而息的日子。

三兄弟各自敘述了自己的故事。怨天說他沿著大路走了 5 個月，路越來越窄，還伴有野獸出沒，一天黃昏他差點被一隻餓狼吃掉，只好狼狽地回來。

怨地說他選的那條路情況與怨天並無區別，最後也挨不過艱辛回來了。

怨天和怨地後悔地說：「當初，我們要是選你走的那條小路該多好啊。」

無悔聽了嘆口氣說：「我走的那條路和你們走的路一模一樣，唯一的不同是我沒有回頭。其實，每條路都能通向城市，走錯了的也照樣是路啊。」

心靈感悟

　　向目標前進之路，常常充滿曲折坎坷，伴隨而來的是我們的內心也充滿寂寞與迷茫。此時，我們應該忍受住寂寞，並堅持走下去，因為，走錯了也是路。就怕你不敢走下去，回頭路就前功盡棄。

　　走錯了只要善於總結經驗，不怕艱辛，不怕困難，終究能到達理想的目的地。

天堂只是更大的囚籠

　　上帝問一隻被囚在籠中的畫眉：「你願意到天堂嗎？」

　　「為什麼呢？」

　　「天堂寬敞明亮，不愁吃喝。」

　　「可我現在也很好啊。我吃喝拉撒全由主人包辦，風不吹頭雨不打臉，還天天都能聽主人說話唱歌。」

　　「可是你自由嗎？」畫眉沉默了。

　　於是，上帝以勝利者的姿態把畫眉帶到了天堂。他把畫眉安置在翡翠宮裡住下，便忙著處理各種事務去了。

　　一年後，上帝突然想起了畫眉，便去翡翠宮看它，他問畫眉：「啊，我的孩子，你過得還好嗎？」

　　畫眉答道：「感謝上帝，我活得還好。」

　　「那麼，你能談談在天堂裡生活的感受嗎？」上帝真誠地說。

　　畫眉長嘆一聲，說：「唉，這裡什麼都好，只是這籠子太大了，怎麼

飛也飛不到邊。」

看來，人生若是沒有相互交流和相互欣賞，即使給你天堂，也注定找不到快樂、自由的感覺，更不要說幸福了。

心靈感悟

人是會思考，會說話的高級動物。在日常的生活和工作中，每個人都渴望被理解、被欣賞，每個人都渴望敞開心靈和別人交往。

懂得欣賞他人也被別人欣賞，那麼你就會懂得快樂和幸福的真諦，就不會有關在籠子裡的畫眉的感覺了。

欲望，煩惱的根源

人類的煩惱根源，不是做人，而是「我想變成什麼」。

自會說話開始，便有大人問：「你長大後希望做什麼啊？」

從那一刻起，小小孩子便以為人必須要成為另一種東西。

再加上自小學起，作文題目必定有：「我的志願」——

我要當醫生，我要當律師，我要當護理師，我要當總統……

一出生的訓練，並非自自然然地做個人，而是做另一種有目標的生物。

踏進社會後，人與人之間的比較更多了，成為醫生的，想做最好的醫生；成為商人的，要賺比別人更多的錢；連本來養性怡情搖搖筆桿的，都心裡緊張焦躁。為什麼某某比我出名？為什麼某某的書銷量比我好？

不禁嘆句：人啊人，你到底還想變成什麼呢？

老虎只做老虎，豬只做豬，鳥兒只做鳥兒，所有的生物都在做自己，只有人類不做自己。

想成為什麼而成為不了，便煩惱失望。

原始人大概不會失眠，原始嘛！

狼也不會憂心，更不會想及好壞，天天問自己：「我是隻好狼還是壞狼？」

人類怎麼看狼，老虎怎麼看狼，它才不理呢！動物吃飽了肚子便悠然自得，想睡便睡去。

人幾時才會做人？

心靈感悟

人類總容易迷失自我，不知自己該放棄什麼，該追求什麼，同時人的欲望又是無限大的，而能力又是有限的，這就引來了煩惱。

人生當然應該有所追求，但千萬不要讓欲望成為追求的動力，慾壑難填，不但迷失自我，更有可能葬送自我。

螞蟻和蟬的生活方式

一陣秋風過後，天上下起了嘩嘩的秋雨。隨著秋雨的飄灑，綠色的樹葉、青青的小草，都被洗成了黃色。

太陽出來了，螞蟻兄弟們便忙了起來。他們先來到樹下，將樹上落下的果子用刀切成小塊，然後整整齊齊地擺在樹下，曬成乾，最後一點點地運回到自己的家中。

此時，草籽都已成熟，在草下鋪了一層，這是多麼好的食物啊，只要收起來，運回家裡，隨時都可以吃。

啊，螞蟻家的糧倉真大啊！那裡存了許許多多好吃的東西。

但螞蟻兄弟仍然四處去尋找食物，讓自己的糧倉滿一點，再滿一點。

汗水沿著螞蟻兄弟們的臉往下淌，他們的衣服都被汗水浸透了，但它們還不休息。

這時，悠哉一夏天的蟬飛了過來。他看到螞蟻累得那副模樣，便對它們說：「螞蟻兄弟，又在忙碌啊！看看我，你們什麼時候才能與我一樣瀟灑呢！夏天我唱歌、秋天我還唱歌。」

說著，蟬飛到螞蟻的身邊，抬起腳展開翅膀，多美的一個舞姿，它自己欣賞著。但忙碌的螞蟻兄弟卻沒有聽到蟬的講話。

在整個夏天，蟬悅耳的聲音如陽光一般灑在林地的每個角落。

秋天一過去，冬天就來了。

漫天的大雪將一切都掩蓋了。好冷的天啊！樹枝被凍得發出響聲，大地被凍得裂出縫隙。

天凍了，地凍了，一切都凍了。

這一天，冬天的太陽昇上了天空。太陽將無限的金光灑在雪地上，遠遠看去宛如一片金色的海。

冬天裡也會有歡樂的日子。螞蟻兄弟抓住這大好時機，連忙運出糧倉裡有些受潮的糧食，仔細地晾曬著。

這時，秋天曾見到螞蟻兄弟運糧的那隻蟬飛了過來。

再看這隻蟬，它不是秋天時那麼有精神了，翅膀軟了，腳沒有力氣

了。原來它已經好多天沒有東西吃了。但它仍快樂地對螞蟻兄弟說：「好兄弟們，馬上我就要和你們告別了，我活不過冬天，也就不會看到春光的來臨！啊！春天是多麼美好啊！」

螞蟻兄弟們對它說：

「你為什麼不在夏天存點糧食呢？」

蟬回答說：

「我的職責是唱歌，我們蟬是為唱歌而生的。」

「那你為什麼不在秋天存糧呢？」

「即使到死，我也不能放棄我神聖的職責，我也不能讓其他事來占用我唱歌的時間。」

螞蟻兄弟們若有所思地說：

「我們生來就有不同的追求啊！」

蟬不久就死了，螞蟻們為它修了一個墓。

心靈感悟

怎樣的生命才有價值，這是一個很難回答的話題，是蟬那樣為唱歌而生，還是像螞蟻那樣為生活而生活，這個問題的答案不是唯一的。

因為，每個人都有自己的追求與理想，我們為自己的目標努力，走自己的路，才可尋找生活的內涵。

悠然自得的瀟灑

有一位無氧登山運動員，在一次攀登聖母峰的活動中，在 6,400 公尺的高度，他漸感體力不支，停了下來，與隊友打個招呼，就悠然下山去了。

事後有人為他惋惜：為什麼不再堅持一下，再攀點高度，就可以跨過 6,500 公尺的死亡線啦！

他回答得很乾脆：「不，我最清楚，6,400 公尺的海拔，是我登山生涯的最高點，我一點都不感到遺憾。」

我不禁對他肅然起敬。現實中，我們往往不怕拔高自己，就怕自己的高度超越不過別人。

其實，任何事情都存在突破口，但不是任何人都能找到並穿越突破口，抵達更高的層次。因此，學會停止，悠然下山去，至關重要。

有人不遺餘力地朝上爬，踩著坎想坡，爬著坡想山，登上山尖想月亮，全然不顧腳下的基石有多厚，是否承受得起欲望的高度。甚至把一雙原本應該有所支撐的腳架空，只把朝花夕拾的幻想擰成一條向上攀援的繩索，渾然不顧處境險象環生。

有人處心積慮地朝外擴展，越過籬笆想溝，跨過溝想岸，跳上岸想天邊的大海。也不管口袋裡的葦條是否足夠編織鋪天蓋地的蓆子。甚至無視人們的憤怒和鄙夷。

每個人的生命都有自己的極限，超過這個極限可能就會遭到報復。那種只貪求高度和長度，而不注重厚度和深度的人生，不是我們所期待的。

至於直上雲霄，長風漫卷，以及無所顧忌的貪婪，則是對生命的虐待

和褻瀆。惜乎並非所有的人都知道生命的度和事物的臨界點。

學會停止，是對生命的尊重，尊重不就是一塊令人肅然起敬的碑嗎？

心靈感悟

登上山頂，實現目標無疑是每個人都追求的。但做什麼事都有一個「度」，這個「度」就是人的能力和極限。

只搬得動 50 公斤重的東西，你硬要搬 100 公斤，即使你硬搬了起來，身體也會受到損傷。為此，了解自己的「度」，做事情適可而止，當放棄時就放棄才是大智之人。

平和之心的價值

金字塔的建造者，不會是奴隸，應該是一批歡快的自由人！第一個作出這種預言的，是瑞士鐘錶匠塔·布克。1560 年，他在埃及的金字塔遊歷時，便作出了這種預言。

2003 年，埃及最高文物委員會宣布，透過對吉薩附近 600 處墓葬的發掘考證，金字塔是由當地具有自由身分的農民和手工業者建造的，而非希羅多德（Herodotus）在《歷史》（*The Histories*）中所記載的，由 30 萬奴隸所建造。

在 400 多年前，一個鐘錶匠為什麼一眼就看出，金字塔是自由人建造的呢？

自埃及考古工作者證實了布克的判斷，埃及國家博物館館長多瑪斯便對這位鐘錶匠產生了興趣。他想知道這個人到底是憑什麼作出那種預言的。

為了搞清這個問題，他開始蒐集布克的有關數據。最後，他發現布克

是從鐘錶的製造上，預知那個結果的。

布克原是法國的一名天主教信徒。1536 年，因反對羅馬教廷的刻板教規被捕入獄。由於他是一位鐘錶大師，入獄後，被安排製作鐘錶。

在那個失去自由的地方，他發現無論獄方採取什麼高壓手段，都不能使他們製作出日誤差低於 1/10 秒的鐘錶。

可是，入獄前的情形卻不是這樣。那時，他們在自己的工作坊裡，都能使鐘錶的日誤差低於 1/100 秒。

為什麼會出現這種情況？起初，布克把它歸結為製造的環境，後來，他們越獄逃往日內瓦，才發現真正影響鐘錶準確度的不是環境，而是製作鐘錶時的心情。

對金字塔的打造者，他之所以能得出自由人的結論，就是基於他對鐘錶製作的那種認識。埃及國家博物館館長多瑪斯在塔‧布克的文字中發現了這兩段話：

一個鐘錶匠在不滿和憤慨中，要想圓滿地完成製作鐘錶的 1,200 道工序，是不可能的；在對抗和憎恨中，要精確地磨挫出一塊鐘錶所需要的 254 個零件，更是比登天還難。

金字塔這麼大的工程，被建造得那麼精細，各個環節被銜接得那麼天衣無縫，建造者必定是一批懷有虔誠之心的自由人。真難想像，一群有懈怠行為和對抗意念的人，能讓金字塔的巨石之間連一張刀片都插不過去。

塔‧布克是第一批因反宗教統治流亡瑞士的鐘錶匠，他是瑞士鐘錶業的先鋒和開創者。

在過分指導和嚴格控管的地方，別指望有奇蹟發生，因為人的能力，唯有在身心和諧的情況下，才能發揮到最佳水準。

心靈感悟

　　布克之所以能作出金字塔為自由人所建的結論，是因為他曾遭遇過牢獄之災，而且在高壓及管制狀態下製作過鐘錶。

　　一般說來，身體的管制會造成人心理不自由，而那些名利誘惑也會妨礙我們的心理自由。自由之意延伸下去，自由應該包括身體的被管制，他的結論對後人的意義在於，人們應該保持心理的自由。

　　所以在人生中，我們不管處在何種環境，都應該讓自己的心態保持平和和自由。

第四　堅守是力量的源泉

　　堅持無疑是寂寞的，那些能夠達到，並且樂於達到這種境界的人，在常人無法忍受的寂寞中，收穫了冷靜和智慧，保持了清醒頭腦，終於成就了一番常人無法企及的成就。

　　只要心頭時時燃燒著堅定的信念，一往無前地行進下去，就會驚訝地發現 —— 很多所謂的遠方，其實真的並不遙遠。

人生如同天際的恆星

教我們數學的老師其實是個哲學家。十多年前，我們面臨著畢業，所有的老師都祝福我們事業有成，他卻在最後一堂課上說：「我們隨便聊聊吧！」

那是一個陽光很好的下午，教室外的梧桐樹華陰如蓋，陽光從葉間拋灑下來。他指著一束陽光問：「你們見到的陽光是現在的嗎？」

我們說：「當然是現在的。」

老師說：「錯，太陽是距離地球最近的恆星，它發出的光線需要走 8 分鐘才能到達地球。我們現在所見到的陽光，是太陽 8 分鐘之前發出的，不是現在。」

我們茫然，不知老師為什麼聊天文方面的話題。

他卻繼續說道：「在所有的恆星中，有一顆星叫天狼星，它距離我們地球 10 光年；牛郎星和織女星，離我們長達 27 光年；而現在距離我們最遠的恆星在 8 萬光年之外。」

「我們所看到的天穹，都不是現在的模樣。而現在的天狼星，我們在 10 年後才能看見，現在的牛郎織女星要在 27 年後才看見。」

「同學們，人生就像天際的一顆恆星，我希望你們從現在開始，努力地發光，10 年後，20 年後，我就能見到你們最亮麗的人生。」

從來沒有一種經歷能像這堂課讓人刻骨銘心。

心靈感悟

時間是漫長的，也是公平的。沒有今日的努力，就沒有後來的成功。

> 為了取得將來的輝煌，我們需要從現在起，耐得住寂寞，認認真真地為將來而努力。臘梅越是天寒地凍，越會鮮豔奪目；人生，越是打拚，越能贏得日後的輝煌。

默默堅守希望

如果別人告訴你，只有百分之一的希望，那麼你會認為它是有希望，還是沒希望？

戰爭時期的桂林，等車非常困難。有一天在馬路上看到一張小海報，說有一部車子開往昆明，還有三個空位。海報上的日子已經過了好幾天了，怎還有希望？

誰知正是人人看了都以為沒有希望的這三個位子，居然還有兩個空著，正等著我和一個女同學 —— 兩個抱著何妨一試的心理去碰碰運氣的人。

而且，由於這次長途旅行，那位女同學變成了我的妻子。

又有一次，我的一個朋友急於要去某個城市，而交通卻極其不便，等好幾個月也難得有一次機會。

終於我聽到一個消息，我服務的那家公司買了兩部新車，正好要開到那個地方去。我趕快去找管理通勤的主任。但他對我說：「遲了，太遲了，老早就滿了，都是我們自己公司的眷屬。」

我沒有立即離開，我嘗試著去捕捉那個看不見的希望。

在我臨走以前，他才說：「這樣吧，你讓你那個朋友明天一早帶著行李來，如果臨時有人沒來，他就可以上車。不過，這只是百分之一的希望。」

回去之後，我問朋友們：「你們說，這件事到底是有沒有希望？」

「百分之一的希望就等於沒有希望。」

「希望就是希望，無所謂百分之一，千分之一。」

我呢，我一整晚沒有說話，這兩種觀念不斷地在我心中鬥爭。而一個人對於明知沒有希望的事，是很難提起勁去做的。

第二天，我起得很早，天還沒亮。我們決定去試試，只當作一次演練好了。我們要走很遠一段路，還要扛著行李。

一路上我們都不想講話，一個不知成敗的等待，盤據在我們心中。我們緊張而又沉靜地等著，等著。

兩臺車停在街邊，要走的人一批跟著一批來了，大家都充滿了興奮。只有我跟我的朋友不斷地看著手錶。

已經到開車的時間了，我們只等車子開動，證明我們的希望是完全破滅了。

正在這時，那個主任過來了，大聲向我說：「你的朋友呢？叫他趕快繳費吧，有一個人沒有來，我們再等 15 分鐘，如果他還不來，那位子就是你朋友的了！」

我們繳了錢，卻還不能高興，反而更加緊張。要是那個人終於趕到了呢？

漫長的 15 分鐘過後，終於，我的朋友上了車。

回去之後，朋友們都驚異、懷疑，說我在說謊。這時我才知道他們全體都不相信這是可能的，包括那個說「希望就是希望」的人在內。雖然如此，我還是非常感激他那句話：希望就是希望，無所謂百分之一，千分之一。

心靈感悟

希望就是希望，無論它的可能有多少，只要有可能，它就有希望，而所有的希望都是為那些時刻為希望準備著的人準備的。

堅守希望常常是讓人焦慮的，越是如此，我們越要耐得住寂寞，堅持下去。也許堅持下去還是失敗，但也有可能會成功。

對於一個常常選擇放棄希望的人來說，他又怎麼會有機會呢？

磨難，果實的綠葉

在 100 多年前，比利時有個小木匠，名字叫阿道夫·薩克斯（Adolphe Sax）。他能活下來簡直是個奇蹟。

小時候，他吞過縫衣針，誤食過硫酸，被磚塊砸破過頭，不幸從樓上跌落過，還曾摔倒在點燃的爐火上，但這些都沒能阻止他在 21 歲時發明一件奇特的樂器。

這樂器有與單簧管類似的吹嘴，還有拋物線形圓錐管體，而金屬圓筒竟帶有像風琴的按鍵。

一開始，阿道夫想把這件新樂器介紹給世界音樂權威集中的地方 —— 巴黎音樂界，但阿道夫煞費苦心，也沒有一個法國樂器商把這個比利時來的無名小輩放在眼裡。法國音樂界的名流們更喜歡用自己熟悉的樂器。

一晃 9 年過去了，阿道夫的願望始終沒有實現，他還是一個默默無聞的小木匠。

機會終於來了，一位作曲家為阿道夫爭取到了一個在巴黎音樂會上演出的機會，還特意為他譜寫了一個曲子。

就在去演出的路上，意外又一次降臨，阿道夫的樂器從馬車上掉下來，摔成了兩半。

我們可以想像，當時的阿道夫心情是如何懊惱。不過阿道夫沒有打道回府，而是抱著破損的樂器登上了舞臺，吹奏時他的雙手一刻也不能離開樂器，否則銅管就會掉下來。

正因為如此，阿道夫沒辦法翻樂譜，只能憑記憶演奏。有幾次，他由於太緊張忘記而忘譜，就乾脆持續吹一個長音，直至想起譜來再繼續演奏。

法國觀眾從來沒聽過這樣柔和優美、蕩氣迴腸的音樂，頓時喜歡上了這種樂器。演出結束後，阿道夫一連謝了五次幕，臺下仍然掌聲不絕。

這種能奏出特殊效果的樂器一下子成了巴黎音樂界的寵兒。一支樂隊用這種樂器參加音樂大賽，輕而易舉地奪取桂冠。法國政府也將這種樂器列為軍樂隊必備樂器。

這種樂器是什麼？就是世人皆知的薩克斯風，是用發明者的名字來命名的。

薩克斯風管魅力無窮，有著與任何樂器相匹敵的巨大力量。美國前總統威廉‧柯林頓（William Clinton）就曾擔任阿肯色州管樂隊薩克斯風首席，前幾年還被媒體稱為「不老的薩克斯風手」。

如果把阿道夫的成功比如一件果實，那麼此前的磨難和變故就是陪襯這果實的小花絮、小綠葉、小枝葉了。或許正因為有了這些磨難和變故，成功才顯得如此耀眼奪目。

一步一腳印達成目標

　　麥當勞的董事長雷‧克洛克（Ray Kroc）沒讀完國中就出來做工，以維持生存。

　　後來，他在一家工廠當業務員，生活有了明顯的改善：另外，他在推銷產品過程中也交了許多朋友，累積了大量有關經營管理方面的寶貴經驗。

　　後來，他決定創辦自己的公司。

　　透過市場調查，克洛克發現當時美國的餐飲業已遠遠不能滿足已變化了的時代要求，急需改革，以適應億萬美國人的速食需求。但是，克洛克面臨的首要問題就是資金問題，對於一貧如洗的克洛克來說，自己創辦餐廳根本就不可能。

　　最後，他終於想出了一個好辦法，他做為業務員工作時，曾認識了開餐廳的麥當勞兄弟，理察‧麥當勞（Richard McDonald）和莫里斯‧麥當勞（Maurice McDonald），自己可以到他們的餐廳中學習，最後實現自己的理想。

於是，克洛克找到麥氏兄弟，講述自己目前的窘境，最後博得了對方的同情，懇請麥氏兄弟幫忙，答應他留在餐廳做工。

克洛克深知這兩位老闆的心理特點，為了儘早實現自己的目標，他又主動提出在當店員期間兼做原來的推銷工作，並把推銷收入的 5% 讓利給老闆。

為取得老闆的信任，克洛克工作異常勤奮，起早貪黑，任勞任怨，他曾多次建議麥氏兄弟改善營業環境，以吸引更多的顧客。

並提出輕便包裝、送餐上門等一系列經營方法，擴大了業務範圍，增加服務種類，獲得更多的營業收入。

還建議在店裡安裝音響設備，使顧客能更舒適地用餐，他還大力改善食品衛生，保障飲食品質，以維護服務信譽；認真挑選服務生，盡量僱傭動作敏捷、服務周到的年輕女孩當前臺；那些牙齒不整潔、相貌平常的人則安排到內場工作，做到人盡其才，確保服務品質，更好地招待顧客。

克洛克為店裡招來了不少顧客，老闆對他更是言聽計從了。餐廳名義上仍是麥氏兄弟的，但實際上餐廳的經營管理、決策權完全掌握在克洛克的手中。

不知不覺，克洛克已在店裡做了 6 年。時機終於成熟了，他透過各種途徑籌集到了一大筆貸款，然後跟麥氏兄弟攤牌。起初，克洛克提出較為苛刻的條件，堅決不答應，克洛克稍作讓步後，雙方經過激烈的討價還價，最終克洛克以 270 萬美元的現金，買下麥氏餐廳，由他獨自經營。

第二天，該餐廳裡發生了引人注目的主僕易位事件，店員居然炒老闆魷魚，這在當時可以說是震撼人心的新聞，引起了巨大的轟動，而速食館也借眾人之口，深入人心，大大提高了其在美國的知名度。

克洛克入主餐廳後，經營、管理更加出色，很快就以嶄新的面貌享譽全美，經過去 20 年多年的苦心經營，總資產已達 42 億美元，成為國際十大知名餐廳之一。

心靈感悟

成功是一個漫長的過程，特別是當各方面條件都不具備時，就應該把心沉寂下來，從基層做起。有很多成功人士都是從最底層做起的。

他開始時都會低調故事，他們會把自己的目標隱藏起來當時機成熟時，他們則會做出令別人不敢相信的決定或行動，然後一步步地達到目標。

人與人的差異在於堅持

一個城郊的住宅區住著三戶人家，他們的房子緊緊相鄰著，三個男人都進同一家鍊鐵廠工作。

廠裡工作辛苦，薪資又不高。下班了，三個人還另有打工。一個到都市裡騎三輪車載人，一個在街邊擺了一個修車攤，還有一個在家裡看書，寫點文章。

騎三輪車的人錢賺得最多，高過薪資。修車的也不錯，能對付柴米油鹽的開支。看書寫字的那位雖沒有收入，但也活得從容。

有一天，三個人說起自己的願望。騎三輪車的人說，我以後天天有人能載很滿足了。修車的說，我希望有一天能在都市開一間修車店。喜歡看

書寫東西的那個人想了很久才說，我以後要離開鍊鐵廠，我想靠我的文字吃飯。

其他兩位當然都不信。

5 年過去了，他們還是過著同樣的生活。

10 年後，修車的那位真的在城裡開了一家修車店，自己當起了老闆。騎三輪的那位還是下班後去都市載人。

15 年後，看書寫字的那位發表的一些作品，引起了不少關注。20 年後，他的作品被一家出版社看中，調到大城市當了編輯。

心靈感悟
科學家阿爾伯特・愛因斯坦（Albert Einstein）說過：「人的差異在於業餘時間。」 　　一個人從 20 歲至 60 歲，以每週 5 天每天 8 小時來算，工作時間不過 10 年，除了睡覺休息外，業餘時間卻有 17 年，這 17 年的業餘時間往往可以造就一個人，也可以毀掉一個人。

忠於自己的人生信念

在這個不大不小的城市，小玉也可以說是閱人無數。尤其是女人，黑的白的胖的瘦的高的矮的，當她們躺在搓澡臺上都是一個樣，任小玉從頭到腳地揉搓拿捏。

剛來到都市時，小玉想找個體面的工作，可找來找去沒適合的，正好一家澡堂招搓澡工，她便應徵了，剛開始心理不平衡，有時想想自己一個

鄉下的女孩，夏天裡到河裡洗澡，冬天燒點熱水在自家擦擦身體。

什麼沐浴露、牛奶露，那些東西從不捨得往身上擦，而都市裡的女人懂得保養，她們除了搓澡，有時還要按摩，做全身護理。

這樣也好，小玉想，她們的需求越多，小玉便越有錢賺，有時哪個顧客搓完澡後，小玉也會多問一句 —— 不按個摩嗎？隨著時間的推移，小玉對自己的工作變得樂此不疲。

可是小玉的工作也有不順的時候，有些女人仗著付出幾個臭錢，便對小玉百般挑剔，這些讓小玉很為難。

可小玉是個好脾氣的女孩，她知道要混下去必須忍氣吞聲，爭辯的結果只能使自己更加難堪。

在小玉平淡的日子裡，也時常有些小的插曲。一天，小玉在打掃公共更衣室的時候，在櫃門底下發現了一個銀光閃閃的鉑金項鍊，毫無疑問，是哪個顧客丟失的。

小玉想，人家一定很著急吧，可自己暫時不能張揚，以防心懷叵測的人冒領。沒過幾小時，一對母女風風火火地來到澡堂，媽媽大概四十幾歲，一股腦地埋怨二十幾歲的女孩說：「你呆還是傻呀，怎麼把身上值錢的東西給弄丟了？」

小玉急忙從搓澡室出來，說：「別著急，你們丟的是什麼樣的項鍊？」

那女孩帶著哭腔說：「是鉑金的，有波浪花紋。」

小玉急忙開啟她的工具箱，拿出她撿到的東西，說：「是這個嗎？」

母女倆欣喜若狂，說：「就是它，就是它，怎麼在你手裡？」小玉便把事情的來龍去脈講了一遍。那母親說，這女孩真是好心人啊！如果有合適的對象，阿姨一定幫你介紹。

小玉笑了，感到很溫暖。

在澡堂裡工作，什麼事都會發生。有一天，一個女人在被小玉按摩護理後，神神祕祕地對小玉說：「妹妹，我看你模樣俊俏，手法也不錯，我介紹你到一家洗浴中心服務男人，那錢隨你心情賺呢！」

小玉想都沒想說：「謝謝你的好意，我是一個上不了大場面的人，就在這裡做吧。」那女人對小玉扔下一個不屑的冷臉，用鼻子哼了一聲，揚長而去。

小玉想，出門在外雖然為了賺錢，可比錢更金貴的是自尊。有了自尊，小玉活得踏實。

在日復一日的白天和黑夜，小玉總是穿著簡單的上衣長褲，在水霧繚繞的澡堂裡忙碌著。她感到過苦和累，但她認為一切都會好起來的。

她想存錢買一件好看的衣服給自己，還想有機會要報名電腦培訓班，學一門技術。每當想起這些，她的心裡就很甜蜜。

有一天，丟失項鍊的母女倆又找小玉搓澡，那阿姨一臉喜氣地告訴小玉說終於為她物色了一個好對象。年輕人是阿姨的內姪，在邊疆當兵。雖然他是生長於都市的孩子，但喜歡純樸的鄉下女孩。他已同意這次探親回來跟小玉見面。

而那和小玉年齡相仿的女孩對著小玉的耳朵竊竊私語：「姐姐，哥哥跟你很配啊，他個子高高、濃眉大眼的。」

小玉的心再一次被幸福充滿，她怎能不高興呢？

心靈感悟

由於出身、學歷、知識等原因，有很多人被迫選擇了一些地位顯得有些卑微的行業。雖然職業他們沒有更多的選擇，但自尊、誠信這

些人生信條他們是可以選擇的。

選擇和堅持這些信條，自然要失去一些金錢、物質等方面的好處，但卻贏得了尊嚴，贏得別人的尊敬。

永遠不要放棄

華語歌王周杰倫在 3 歲的時候，就表現出了出眾的音樂天賦，媽媽拿出積蓄買鋼琴給他，然後用「棍棒教育」的方式，教育周杰倫彈得一手好鋼琴。這使他在臺北讀高中的時候，就成為學校的「知名人物」。

但是「知名」沒有給他帶來幸運，1996 年 6 月他高中畢業以後就到一家餐廳當了服務生。

服務生很不好當，稍微不留神就會挨罵。有一次，他托著東西邊走邊聽歌，一不小心與一位女服務生撞個滿懷。

女服務生的手被燙出水泡，大哭不止。餐廳經理狠狠地教訓了他一頓，又罰了他半個月的薪水。令他最難受的是買音樂教材的錢不夠了。

周杰倫並沒有因為「音樂無用」和他地位卑微就停止對音樂的追求，他差不多把所有的薪資都用來買教材，幾乎把所有的業餘時間都用在音樂上，每天都孜孜不倦的學習。

不久，餐廳配了一臺鋼琴，但是換了幾位鋼琴師都不滿意。周杰倫看準一個沒人的機會忍不住上去彈了一曲。

不想馬上被老闆知道，他彈奏非常合老闆的口味。於是，這個 18 歲的男孩子在人們驚訝的目光中當上鋼琴師。

機會終於給了他。這只是邁上了他的第一個臺階。

1997 年 9 月，表妹為他介紹了一個伴奏的機會，但他的音樂讓歌手唱起來非常難聽，臺下噓聲四起。

周杰倫難受極了，可他並不灰心。

不久，正是這家他伴奏的阿爾發音樂公司請他專職去寫歌。他很高興辭了職就去上班。

沒有想到，安排他的職務卻是「音樂製作的助理」。這是一個除了寫歌什麼雜事都要做的工作，包括幫同事買便當。他想這裡至少有音樂的環境，怎麼也比在餐廳彈鋼琴好。

於是他勤快地做好所有的事。有一次因為人數不斷增加，他買便當從中 12 時一直買到下午 15 時。水都沒喝上一口，他卻毫無怨言。

終於有一天，老闆給配了一間辦公室給他，讓他專職寫歌，他終於有可以放飛夢想的平臺，於是創作了大量的歌曲，然而，當他把這些歌曲拿給老闆的時候，每一次老闆都失望地搖搖頭。

老闆感到他的音樂天賦很好，可音樂總是怪怪的，不討人喜歡。自己創作這麼多的歌，老闆一首也沒有看中。他感到屈辱，也想放棄，他不願意忍受這種屈辱，但他也明白，如果放棄，就等於自己炒了自己的魷魚。

他終於選擇不放棄，屈辱刺激了他，於是，他連續 7 天每天都創作一首歌。老闆每天早上 8 時上班時，必能見到他的作品。老闆雖然覺得作品還不成熟，但是老闆被感動了。

1998 年，公司把他的歌曲《眼淚知道》推薦給劉德華。但是遇到拒絕。又專門把為張惠妹精心創作的《雙截棍》推薦給張惠妹，又是遭到拒絕。

　　一次次的失敗，周杰倫迷茫了。他開始懷疑自己。就在這關鍵的時候，老闆對他說：「別忘你對音樂有獨特的理解能力」。

　　在迷茫的時候，這一句肯定的話語彙，勝過過多的獎賞。在他到這家公司兩年多而毫無成績的時候，1999 年 12 月，老闆叫他到辦公室，對他說「我給你 10 天的時間，如果你能寫出 50 首歌，我就從中選出 10 首幫你出專輯」。

　　周杰倫簡直不敢相信自己的耳朵。一個毫無成績的人怎麼能享受如此待遇？當他證實這是「真的」時，熱血上湧，激動的說不出話來。

　　他湧出一股拚命的熱情，買來一大箱泡麵，鑽進創作室，任由激情噴發，一首接一首的創作直到疲憊不堪時，睡了一下，醒來繼續創作，不停地工作了 10 天，50 首歌曲創作出來了。

　　老闆佩服他的速度，也佩服他的毅力，兌現了諾言，經過大半年的製作，他的第一張專輯作出來，剛一上市就一鳴驚人，被歌迷搶購一空，並得了三項大獎。

　　從此，他的每張專輯都風靡歌壇一發而不可收。2002 年初，在第八屆全球華語音樂榜中榜評選中，他被評為「最愛歡迎的男歌手」。

　　回首自己走過的路，周杰倫說：「當幸運之神還沒降臨的時候，請不要著急，並耐心等待，並非你不是天才，而是時間還沒到。我為這一天努力了 20 年，而且這中間我從不曾放棄。」

　　周杰倫還說：「明星夢並非遙不可及，任何人都可以做，我這所以能有今天，是我永不服輸的結果」。

心靈感悟

　　取得成功的人，大都是那些讀懂寂寞的人。因為耐的住寂寞具有十分重要的意義，它能夠安靜躁動的心靈，熨帖狂亂的靈魂，把無休無止無盡頭的欲望歸於最有價值最有意義的地方。這些耐得寂寞考驗的人，再加以永不言棄的精神，自然會取得巨大的成功。

學習永無止境

　　這是美國東部一所大學期末考試的最後一天。

　　在教學樓的臺階上，一群工程學高年級的學生擠成一團，正在討論幾分鐘後就要開始的考試，他們的臉上充滿了自信。這是他們參加畢業典禮和工作之前的最後一次考試了。

　　一些人在談論他們現在已經找到的工作；另一些人則談論他們將會得到的工作。

　　帶著經過四年的大學學習所獲得的自信，他們感覺自己已經準備好了，並且能夠征服整個世界。

　　他們知道，這場即將到來的測驗將會很快結束，因為教授說過，他們可以帶他們想帶的任何書或筆記。要求只有一個，就是他們不能在考試中交頭接耳。

　　他們興高采烈地衝進教室。教授把考卷分發下去。當學生們注意到只有五題申論題時，臉上的笑容更加擴大了。

　　三個小時過去了，教授開始收考卷。學生們看起來不再自信了，他們

的臉上是一種恐懼的表情。沒有一個人說話，教授手裡拿著考卷，面對著整個班級。

他俯視著眼前那一張張焦急的面孔，然後問道：「完成五個題目的有多少人？」

沒有一隻手舉起來。

「完成四個題目的有多少？」

仍然沒有人舉手。

「三個題目？兩個題目？」

學生們開始有些不安，在座位上扭來扭去。

「那一個題目呢？當然有人完成一個題目的。」

但是整個教室仍然很沉默。教授放下考卷，「這正是我期望得到的結果。」他說。

「我只想要給你們留下一個深刻的印象，即使你們已經完成了四年的工程學習，關於這項科目仍然有很多的東西你們還不知道。這些你們不能回答的問題是與每天的普通生活實踐有關聯的。」

然後他微笑著補充道：「你們都會透過這個課程，但是記住 —— 即使你們現在已是大學畢業生了，你們的教育仍然還只是剛剛開始。」

隨著時間的流逝，教授的名字已經被遺忘了，但是他教的這堂課卻沒有被遺忘。

心靈感悟

　　人生是一個漫長的過程，要想在這個漫長的道路上取得最終的勝利，就要不斷地累積能量。在生活中，也許我們已經離開了學校，也

許我們工作很順利，也許我們家務事很多，沒有時間學習。

　　但不管怎麼，我們都應該抽出一些時間來看書，學習，只有這樣，我們才能不斷進步。

失敗中學習成功

　　在外人看來，一個綽號叫史帕基的小男孩在學校裡的日子應該是難以忍受的。他讀小學時各科成績常常亮紅燈。

　　到了國中，他的物理成績通常都是零分，他成了所在學校有史以來物理成績最糟糕的學生。

　　史帕基在拉丁語、數學以及英語等科目上的表現同樣慘不忍睹，體育也不見得好多少。雖然他參加了學校的高爾夫球隊，但在賽季唯一一次重要比賽中，他輸得乾淨俐落。即使是在隨後為失敗者舉行的安慰賽中，他的表現也一塌糊塗。

　　在自己的整個成長時期，史帕基口才不好，社交場合從來就不見他的人影。這並不是說，其他人都不喜歡他或討厭他。事實是，在人家眼裡，他這個人根本就不存在。如果有哪位同學在學校外主動跟他打招呼，他會受寵若驚並感動不已。

　　他跟女孩子約會時會是怎樣的情形，大概只有天曉得。因為史帕基從來沒有邀請過哪個女孩子一起出去玩過，他太害羞了，生怕被人拒絕。

　　史帕基真是個無可救藥的失敗者。每個認識他的人都知道這一點，他本人也清清楚楚，然而他對自己的表現似乎不會太在乎。從小到大，他只在乎一件事 —— 畫畫。

他深信自己擁有不凡的畫畫才能，摩揭陀國為自己的作品深感自豪。但是，除了他本人以外，他的那些塗鴉之作從來沒有其他人看得上眼。

上國中時，他提交了幾篇漫畫給畢業紀念冊的編輯，但最終一篇也沒被採納。儘管有多次被退稿的痛苦經歷，史帕基從未對自己的畫畫才能失去信心，他決心今後成為一名職業的漫畫家。

到了國中畢業那年，史帕基向當時的華特·迪士尼公司寫了一封自薦信。該公司讓他把自己的漫畫作品寄來看看，同時規定了漫畫的主題。

於是，史帕基開始為自己的前途奮鬥。他投入了巨大的精力與非常多的時間，以一絲不苟的態度完成了許多幅漫畫。然而，漫畫作品寄出後卻如石沉大海，最終迪士尼公司沒有錄用他，失敗者再一次遭遇了失敗。

生活對史帕基來說只有黑夜。走投無路之際，他嘗試著用畫筆來描繪自己平淡無奇的人生經歷。他以漫畫語言講述了自己灰暗的童年、不爭氣的青少年時光：一個學業糟糕的不及格生、一個屢遭退稿的所謂藝術家、一個沒人注意的失敗者。他的畫也融入了自己多年來對畫畫的執著追求和對生活的真實體驗。

連他自己都沒想到，他所塑造的漫畫角色一炮走紅，連載漫畫《花生》（*Peanuts*）很快就風靡全世界。

從他的畫筆下走出了一個名叫查理·布朗的小男孩，這也是一名失敗者：他的風箏從來就沒有飛起來過，他也從來沒踢好過一場足球，他的朋友一向叫他「木頭腦袋」。

熟悉小男孩史帕基的人都知道，這正是漫畫作者本人，日後成為大名鼎鼎漫畫家的查爾斯·舒茲（Charles Schulz）的早年平庸生活的真實寫照。

心靈感悟

失敗者與成功者的區別是，失敗者很少去集中精力去做一件事，他們總是這也做，那也做，結果一事無成。而成功者骨子裡就對某一種東西感興趣，他有強烈的專注意識，並長久的堅持做他感興趣的事，直至成功。

堅守品格的重要性

梁國志是清朝乾隆年間人，他從小就聰明好學。可是他家裡很窮，父親想讓他放棄學業，做些小生意來養家餬口。梁國志為此苦苦哀求父親，讓他再讀幾年書。

街坊鄰居見了，也覺得梁國志不讀書太可惜了，就幫著說情，有的還願意幫他出學費。

父親也盼著將來兒子能有些出息，家裡日子就好過了。於是就答應讓他繼續學習。

村子裡的鄉親們都是忠厚老實的人，心腸很好，雖然都不富裕，還是經常幫助貧困的梁家。全村的人都盼望著梁國志將來能出息，好給他們村子爭光。

小國志知道，自己一定不能辜負鄉親們的期望，學習也就更加努力了。

由於梁國志從小就在這樣一個和諧友好的環境下成長，他從小就形成了善良、誠實、正直的品格。

1741 年，年僅 17 歲的梁國志就中了舉人；24 歲那年，他又中了頭名的狀元。梁國志在朝廷當了官以後，不忘家鄉父老，經常用自己的俸祿為鄉親們辦事。無論在哪裡當官司，他都替老百姓著想，受到老百姓的好評。

梁國志不但學問高，人品好，而且還擅長書畫，誰要是得到的書畫作品，都當作寶貝收藏起來。他的兒子受他的感染，很小的時候就對書畫產生了興趣，吵著讓梁國志教他畫畫。

一天，兒子又拿著畫筆來找父親，還弄得滿臉都是墨汁。梁國志見了就想笑，幫兒子擦了擦臉，然後語重心長地對兒子說：「學作畫之前，要先學會做人，沒有人格的永遠也不會成為優秀的書畫家。」

兒子抬起幼稚的小臉，很疑惑地問爸爸：「畫畫就畫畫，和做人有什麼關係？」

梁國志說：「一個真正的畫家，是用心在畫，而不是用筆在畫。如果你是一個誠實、正直的君子，你的畫也就會充滿正氣，讓人一看就覺得充滿靈氣。」

兒子眨眨眼睛，好像還不是很懂，於是梁國志就講了宋朝有大奸臣秦檜的例子。他說：「秦檜其實是一個很有才華的人，他的書法相當好，可他是歷史上有名的奸臣，品行十分惡劣。他死了以後，人們一聽到他的名字就咬牙切齒地罵他，沒有人願意收藏他當時留下的書法作品，都認為留著他的字會帶來災難，他的作品不是被撕毀後仍到糞坑裡就是讓人用火燒掉。他的字現在留下的已經很少了，人們討厭他的字其實是討厭他這個人。」

兒子點點頭，好像聽明白。

梁國志又說：「誠信是做人的第一步，不說謊話、講信用的人，才會挺起胸脯光明磊落地作人。」

兒子聽了，牢記父親的教導，一生堅守誠信的品格，後來他真的成為了當時很受人尊敬的畫家。

心靈感悟

和人生的一些謀生技能如畫畫等相比，人的品德無疑是最重要的，也是根本性的。所以我們為人處世，要堅守自己的品格，要警惕物質、金錢、權利、名譽等因素的誘惑，否則，無論人生在事業上取得多大的成就，也無法挽回道德上的缺陷。

有願望的石頭

一位名叫薛瓦勒的鄉村郵差每天徒步奔走在鄉村之間。有一天，他在崎嶇的山路上被一塊石頭絆倒了。

他起身，拍拍身上的塵土，準備再走。可是他突然發現絆倒他的那塊石頭的樣子十分奇異。他拾起那塊石頭，左看右看，便有些愛不釋手了。

於是，他把那塊石頭放在了自己的郵包裡。村子裡的人看到他的郵包裡除了信之外，還有一塊沉重的石頭，感到很奇怪，人們好意地勸他：「把它扔了，你每天要走那麼多路，這可是個不小的負擔。」

他卻取出那塊石頭，炫耀著說：「你們誰見過這樣美麗的石頭？」

人們都笑了，說：「這樣的石頭山上到處都是，夠你撿一輩子的。」

他回家後疲憊地睡在床上，突然產生了一個念頭，如果用這樣美麗的石頭建造一座城堡那將會多麼迷人。於是，他每天在送信的途中尋找石頭，每天總是帶回一塊，不久，他便收集了一大堆奇形怪狀的石頭，但建

築城堡還遠遠不夠。

於是，他開始推著獨輪車送信，只要發現他中意的石頭都會往獨輪車上裝。

從此以後，他再也沒有過上一天安樂的日子，白天他是一個郵差和一個運送石頭的苦力，晚上他又是一個建築師，他按照自己天馬行空的思維來建造自己的城堡。

對於他的行為，所有人都感到不可思議，認為他的精神出了問題。

二十多年的時間裡，他不停地尋找石頭，運輸石頭，堆積石頭，在他的偏僻住處，出現許多錯落有致的城堡，有清真寺式的，有印度神教式的，有基督教式的……當地人都知道有這樣一個個性偏執沉默不語的郵差，在做一些如同小孩子築沙堡一樣的遊戲。

1905 年，法國一家報社的記者偶然發現了這群低矮的城堡，這裡的風景和城堡的建築格局令他嘆為觀止。他為此寫了一篇介紹薛瓦勒的文章，文章刊出後，薛瓦勒迅速成為新聞人物。許多人都慕名前來參觀城堡，連當時最有聲望的巴勃羅·畢卡索（Pablo Picasso）也專程參觀了薛瓦勒的建築。

現在，這個城堡成為法國最著名的風景旅遊點，它的名字就叫作「郵差薛瓦勒之理想宮」。

在城堡的石塊上，薛瓦勒當年的許多刻痕還清晰可見，有一句就刻在入口處的一塊石頭上：「我想知道一塊有了願望的石頭能走多遠。」據說，這就是那塊當年絆倒過費迪南·薛瓦勒（Ferdinand Cheval）的石頭。

心靈感悟

　　當一朵花有了願望它會表達感情，當一隻蚌有了願望它會長出一顆珍珠，當一塊石頭有了願望它會成為一座城堡。當然僅有夢想還不行，還必須要勇於堅持，這樣夢想才能讓我們自己的人生更精彩、更耐回味，那就必須擁有願望或夢想。

征服道路的決心

　　古老的阿拉比國坐落在大漠深處，多年的風沙肆虐，使城堡變得滿目瘡痍，國王對 4 個王子說，他打算將國都遷往據說美麗而富饒的卡倫。

　　卡倫距這裡很遠很遠，要翻過許多崇山峻嶺，要穿過草地、沼澤，還要涉過很多的江河，但究竟有多遠，沒有人知道。

　　於是，國王決定讓 4 個兒子分頭前往探路。

　　大王子乘車走了 7 天，翻過 3 座大山，來到一望無際的草地邊。一問當地人，得知過了草地，還要過沼澤、還要過大河、雪山……便調轉馬頭往回走。

　　二王子策馬穿過了一片沼澤後，被那條寬闊的大河擋了回來。

　　三王子漂過了兩條大河，卻被又一片遼遠的大漠嚇退返回。

　　一個月後，3 個王子陸陸續續回到了國王那裡，將各自沿途所見報告給國王，並都再三特別強調，他們在路上問過很多人，都告訴他們去卡倫的路很遠很遠。

　　又過了 5 天，小王子風塵僕僕地回來了，興奮地報告父親 —— 到卡

倫只需 18 天的路程。

國王滿意地笑了：「孩子，你說得很對，其實我早就去過卡倫。」

幾個王子不解地望著國王。「那為什麼還要派我們去探路！」

國王一臉鄭重道：「那是因為我只想告訴你們 4 個字：腳比路長。」

是的，腳比路長，遠方無論多遠，只怕沒有追尋的雙足抵達。人生也是如此，我們不怕目標的高遠，只怕沒有追尋的勇氣、熱情、執著……

只要心頭時時燃燒著堅定的信念，一往無前地行進下去，就會驚訝地發現 —— 很多所謂的遠方，其實真的並不遙遠。

心靈感悟
眾所周知，在茫茫大漠中就算有片綠洲那也是極小極小的，然而在非洲，尼羅河竟能穿行在幾千米的沙漠地區並形成了一條長長的綠走廊，創造了世界河流的一大奇蹟。究其原因是尼羅河從未停止過跋涉。因為，腳比路長。

時間是海綿裡的水

其時我大約只有 14 歲，年幼疏忽，對於卡爾·華爾德先生那天告訴我的一個真理，未加注意，但後來回想起來真是至理名言，對往後的我受益良多。

卡爾·華爾德是我的鋼琴教師。有一天，他在上課的時候，忽然問我：每天要練習鋼琴多久？

我說每天大約三四小時。

「你每次練習，時間都很長嗎？是不是整個小時都在練習？」

「我想說這樣比較好。」

「不，不要這樣！」他說，「你將來長大以後，每天不會有長時間是空閒的。你可以養成習慣，一有空閒就幾分鐘幾分鐘地練習。比如在你上學以前，或在午餐以後，或在工作的休息空閒，5 分鐘、10 分鐘地去練習。把小的練習時間分散在一天裡面，如此則彈鋼琴就成了你日常生活中的一部分了。」

當我在哥倫比亞大學教書的時候，我想兼職從事創作。可是上課、看考卷、開會等事情把我白天晚上的時間完全占滿了。

差不多有兩年我一直不曾動筆，我的藉口是沒有時間。後來才想起了卡爾‧華爾德先生告訴我的話。

到了下一個星期，我開始實驗那句話。只要有 5 分鐘左右的空閒時間我就坐下來寫作 100 字或短短的幾行。

出乎我意料之外，在那個星期結束前，我竟積累積一份字數不少的原稿。

後來我用同樣積少成多的方法，創作長篇小說。我的教授工作雖然每天都很繁重，但是每天仍有許多可利用的短短餘閒。我同時還練習鋼琴，發現每天小小的休息時間，足夠我從事創作與彈琴兩項工作。

利用零碎的時間，其中有一個訣竅：你要把工作做得迅速，如果只有 5 分鐘的時間給你寫作，你絕不可把 4 分鐘消磨在咬你的鉛筆尾巴。

事前要有所準備，鄰近工作時間時，立刻把心神集中在工作上。迅速集中腦力，並不像一般人所想像的那樣困難。

5 分鐘、10 分鍾雖然隨隨便便就過去了，但是人類的生命卻可以從這

些短短的時間裡獲得一些小成就。

卡爾‧華爾德對於我的一生有極重大的影響。由於他，我發現了極短的時間，如果能毫不拖延地充分加以利用，就能積少成多地供給你所需要的長時間。

心靈感悟

時間是海綿裡的水，只要肯去擠，總能夠擠出時間的。忙裡偷閒，日積月累，把有限的時間收集起來，積沙成塔，聚木成蔭。

人的生命是有限的，把有限的生命的點滴時間充分利用起來，完成你想完成的夙願，才不枉活一生。

不滅的信念之火

一個名叫賽勒斯‧菲爾德（Cyrus Field）的美國企業家曾有一個執著的信念，就是鋪設一條橫越大西洋，聯接歐美兩洲的海底電纜，而改變了世界歷史的程序。

1837年人類發明了電報，十幾年後有人提出一項跨越大西洋的電纜計劃。絕大多數人都認為這項計畫純屬天方夜譚，可望不可及。

只有年輕的菲爾德對此計劃充滿著強烈的信念，他堅信這絕不是夢想！

為此，他把自己的全部精力和所有財產都貢獻出來，他在那幾年裡橫渡大西洋，往返於兩大洲之間達31次。

經過兩次失敗，1858年7月28日，海底電纜發報成功。次日，歐美

兩洲沉浸在一片狂歡之中。

　　但就在此時，不幸的事情發生了。電纜雖然接通，電傳訊號不久卻又歸於沉寂。於是群情由狂歡而轉為對菲爾德的憤怒責難。

　　菲爾德沉默了 6 年，1865 年，不屈不撓的他又重新繼續這項事業，並於 1866 年取得了最後的勝利。

心靈感悟

　　世界歷史因菲爾德執著的信念而改變，不斷改變的歷史同樣昭示著一個互古不變的真理：一個人能否取得成功，取決於他具有什麼樣的信念。堅信你的理想，執著地追求；用自己的行動去證明你的實力，證明你的信念；證明你的理想不是空想，堅持不懈；你就會取得最後的勝利！

明確的奮鬥目標

　　《塔木德》說道：「一位百發百中的神箭手，如果他漫無目標地亂射，也不能射中一隻野兔。」成功的猶太人非常重視明確的奮鬥目標的重要性。

　　愛因斯坦的一生所取得的成功，是世界公認的，他被譽為 20 世紀最偉大的科學家。他之所以能夠取得如此令人矚目的成績，和他一生具有明確的奮鬥目標是分不開的。

　　他出生在德國一個貧苦的猶太家庭，家庭經濟不好，加上自己小學、國中的學習成績平平，雖然有志往科學領域進軍，但他有自知之明，知道

必須量力而行。

他自我分析：自己雖然整體成績平平，但對物理和數學有興趣，成績較好。自己只有在物理和數學方面確立目標才能有出路，其他方面是不及別人的。因而他讀大學時選讀瑞士蘇黎世聯邦理工學院物理系。

由於奮鬥目標選得準確，愛因斯坦的個人潛能就得以充分發揮，他在26歲時就發表了科學研究論文《分子大小的新測定法》（*Eine neue Bestimmung der Moleküldimensionen*），以後幾年他又相繼發表了4篇重要科學論文，發展了馬克斯·普朗克（Max Planck）的量子概念，提出了光量子除了有波的性狀外，還具有粒子的特性，圓滿地解釋了光電效應，宣告狹義相對論的建立和人類對宇宙認識的重大變革。取得了前人未有的顯著成就。

可見，愛因斯坦確立目標的重要性。假如他當年把自己的目標確立在文學上或音樂上，恐怕就難於取得像在物理學上那麼輝煌的成就。

為了避免耗費人生有限的時光。愛因斯坦善於根據目標的需要學習，使有限的精力得到了充分的利用。他創造了高效率的學習方法，即在學習中找出能把自己的知識引導到深處的東西，拋棄使自己頭腦負擔過重和會把自己誘離重點的一切東西，從而使他集中力量和智慧攻克選定的目標。

他曾說過：「我看到數學分成許多專門領域，每個領域都能費去我們短暫的一生。誠然，物理學也分成了各個領域，其中每次個領域都能吞噬一個人短暫的一生。在這個領域裡，我不久學會了識別出那種能導致深化知識的東西，而把其他許多東西撇開不管，把許多充塞腦袋、並使其偏離主要目標的東西撇開不管。」他就是這樣指導自己學習的。

為了闡明相對論，他專門選學了幾何知識，使他的理論工作得以順利進行和正確完成。

如果他沒有意創立相對論，是不會在那個時候學習幾何的。如果那時候他無目的地涉獵各門數學知識，相對論也未必能這麼快就產生。

愛因斯坦正是在十多年時間內，專心致志地攻讀與自己的目標相關的書和研究相關的目標，終於在光電效應論（Photoelectric Effect）、布朗運動（Brownian Motion）和狹義相對論（Special Relativity）三個不同領域取得了重大突破。

特別值得一提的是，愛國斯坦不但有可貴的自知之明精神，而且對已確立的目標矢志不移。

1952 年以色列國鑒於愛因斯坦科學成就卓越，聲望頗高，加上他又是猶太人，當該國第一任總統哈姆・魏茲曼（Chaim Weizmann）逝世後，邀請他接受總統職務，他卻婉言謝絕了，並坦然承認自己不適合擔任這一職務。確實，愛因斯坦是一位偉大的科學家，這是他終生努力奮鬥才實現了這個目標的。

如果他當上總統，那未必會有多大建樹，因為他未顯示過這方面的才華，又未曾為此目標作過努力學習和奮鬥。

在人生的競賽場上，沒有確立明確目標的人，是不容易得到成功的。許多人並不乏信心、能力、智力，只是沒有確立目標或沒有選準目標，所以沒有走上成功的途徑。

心靈感悟

成功的人生離不開目標，有了明確的目標才不會迷失方向。但堅持向自己的目標前進則比目標還要重要。因為在漫長的人生道路上，阻礙達到目標的誘惑實在太多了，比如愛因斯坦對音樂的喜愛，別人

邀請他去做總統等。

如果我們不能抵制住這些誘惑，不能忍耐住寂寞的生活，那麼我們就不可能取得巨大的成功。

成功是無法回頭的道路

我採訪過一位芭蕾舞演員。

10個腳趾，找不到一個完整的腳趾甲，在拇指的前端，是一團模糊的肉球，那是十幾年舞蹈磨成的繭。

誰能想到，這樣一雙可怕的腳，竟是踩著足尖鞋，在舞臺上旋轉如蝶的芭蕾舞演員的玉足。

芭蕾舞演員一邊活動腳尖，一邊跟我說話：「現在腳的樣子儘管很醜陋，可是不痛，剛開始跳舞的時候，一場舞跳完，足尖鞋前端都是紅的，沒有親身經受過的人，絕對體驗不出椎心疼痛的滋味。」壓腿、彈跳、下腰，短暫的喝采和瞬間的輝煌的後面，竟然藏著數十年的艱辛和磨難。

後悔嗎？

她眼中閃過一片淚光。還有用嗎？在我試圖跳芭蕾舞之前，我已經把全部身心交給了芭蕾舞。除此之外，我還能做些什麼，會做些什麼，來得及學會做什麼呢？

當我後悔的時候，已經無處言悔了。就像乘坐一條船，起錨後才被告知，前方沒有碼頭。不可能回頭，不可能停息，甚至連嘆息的縫隙都沒有，你能怎麼樣？

這是一條別無選擇的不歸路，就像舞出仙姿的芭蕾舞演員，除了迎向前方，沒有第二種活法。

其實，我們的生活都是這樣的。

心靈感悟

個人選擇人生的事業，是一條沒有返程的不歸路。

不同的是，有人在這條路上留下了閃光的轍跡，有人則雁過無痕，同沒來世上走一回一樣。造成這種區別的原因是，前者選擇了一條路，能夠耐住寂寞，無怨無悔地堅持。

別忘記準備

我剛畢業時，正趕上就業困難，像我這樣的普通的大學畢業生隨處可見，找一個像樣的工作都很費力，更不要說找一份讓人羨慕的好工作了。

一天，忙得焦頭爛額的幾個年輕人聚在一起，一起感慨起生活中的種種艱難，紛紛抱怨自己沒趕上好時機，我們的機遇太少了。

這時，一位已屆中年的校友跟我們講起了自己釣魚的故事。

那會兒，他正對自己的工作感到乏味，落寞中時常拎著魚桿去垂釣，連著去了十多次，換了好多地方，他都是收穫寥寥，裝魚的簍子越換越小，最後乾脆只拎一把釣竿和少許魚餌。

那天，釣技還不如他的同事老王約他一同去釣魚，老王拿了一個不小的魚簍，見他兩手空空，硬塞給他一個小魚簍。

他笑著把它扔了，感嘆道：「根本用不到，每次都釣不到幾條魚，用

手就能拎回來。」

出乎意料的是，那天他們竟鬼使神差似的撞上了魚群，一條條的大魚小魚被甩上了岸。他的魚餌很快用光了，幸虧老王帶的多。

要滿載而歸時，他又懊悔不已，後悔沒有拿魚簍來，老王的魚簍裝得滿滿的，他用柳條穿了幾圈，但仍拿不了地上那一大堆歡蹦亂跳的魚。

校友的故事有著一定的寓意，可我們當時誰也沒太在意，甚至背後有些不理解校友都 35 歲了才開始考研究所，都感覺他用功為時已晚。

幾年後的某日，當年的幾位朋友再次聚會，其中兩位已經失業在做一點半死半活的小生意，另幾位也整日為保住自己說不上喜歡的工作而絞盡腦汁。

說話間大家又提到了那位年長的校友，聽說他碩士、博士連續讀下來，現在很多公司出高薪爭著聘請他。

於是，大家羨慕他在激烈的社會競爭中竟有那麼多的機會可自由選擇時，又想起當年那個裝魚的簍子。這一次，我們才真正理解了那個故事。

心靈感悟

許多人都渴望機遇的垂青，可機遇一旦真正來臨時，卻很少有人能抓住它，因為不少人在長久的失敗之後，可能懈怠了。就如同文中的很多人不在帶魚簍。

從這個故事可以看出，我們心懷理想的確值得被讚許，但不屈不撓地做一件事確實很難。

持續希望的重要性

那一年，我 18 歲，正面臨要考大學，家中卻接連發生幾件事：父親去世，母親病倒。小我 4 歲的妹妹和只有 8 歲的弟弟瞪著驚恐的眼睛望著我，我知道我前面的橋梁已經坍塌，但我還是參加了模擬考，在班裡考了第二名。我只想證明一下自己。

當我把放棄考大學的決定告訴老師時，老師只拍了一下我的肩膀，深深地嘆了一口氣。我嘴裡湧出一股濃濃的苦味，為了表示我的輕鬆和不在意，我牽強地對老師笑了笑，就蹣跚地走回家去。

隨後，我進了郊區的一家小鋼鐵廠，在電爐工廠當了一名電工。電工這名字聽起來很不錯，可是上班第一天，我就差點被嚇死。

正錬著鋼時，電纜壞了。師傅讓我跟他一起上去橫橋看看，他先教我像他那樣把衣服浸在水裡。我心裡莫名其妙，只依樣畫葫蘆地學著師傅，在這大冬天裡穿著溼冷的衣服上了橫橋。

橫橋離紅紅的鋼水只有 3 公尺左右的距離，一站上去，我的衣服就開始冒蒸汽，臉上火辣辣地疼，腦袋彷彿給烤熟了。

沒過多久，我和師傅就被蒸汽罩住了，我甚至能聽到衣服上的水蒸發時的「吱吱」聲。

不多久，我就受不了了，師傅又下去浸了一次衣服才把電纜修完。

我堅決要求調離這個工廠。

終於，我被調到了軋鋼工廠。與我共事的工友有些是剛從監獄裡放出來的人，他們冷了喝酒熱了也喝酒。

他們都叫我博士，因為我有四個借書證，一天到晚捧著書看。我不知道該怎樣改變我的生活，那時候一有空閒我就想這事。

不過別人都以為我一點希望也沒有，既沒有文憑，又沒有門路，還受家庭的拖累。我也僅是想想而已。但促使我真正下決心離開這裡的是一個工友的死。

那天，那位工友到開著的軋機上修一根電線，被輪子掛住了棉衣，他淒厲地叫著我的名字，我衝過去的時候，他的一條手臂飛出來，差點打中我的頭；接著是另一條手臂，然後是腦袋和一條腿。我嚇呆了，眼睜睜地看著軋機怎樣把一個人軋死。

這時候工廠裡靜得可怕，所有人都呆呆地站著，我聽到自己的肚子在「咕咕」地響，我噁心得要命，卻什麼也吐不出來。好多天裡，我老是在夢中被嚇醒。我下決心要離開這個地方。

一天，我從一本舊雜誌上看到一篇文章，介紹一個青年農民經過奮鬥，終於圓了當主播的夢想。

這也是我的一個目標啊。我買了一個最便宜的小收音機給自己，開始跟著中央臺的主播練習播報，令人沮喪的是，當時我連自己家鄉的方言說得都不清楚。我找了一口大水缸，把頭紮進去練習發音，常常搞得頭昏眼花。

幾個月後，我參加了電視臺辦理的一次普通話比賽，當時緊張得要命。因為在上學的時候，我甚至很少被老師叫起來讀課文。好在一位女評審讓我站起來走了一圈，這對我是一個鼓勵，以後我就更起勁地練起來。

第二年，電臺又招主播，我再次報名，臨考時還是緊張得要命，搞得我本來不錯的嗓音聽起來卻像雞叫。

此後，我不斷地參加考試，我太想成功了，無論哪裡的電視臺我都去考。

到後來，那幾位評審大多都認識我了，一見我就笑。我看不出自己有什麼好笑的，一個人懷著一份純真的夢想，堅持不懈地拿頭撞擊命運的大門有什麼可笑嗎？再說，我的聲音這時候已經穩定下來，他們為什麼聽不出我的音質很出色？在我練習播報的第四年，命運終於對我笑了一下。

一個電臺要招一名男主播。這次我的表現還不錯，500多人當中考了第五名。接下來先要試播。我前面有兩名考生試播效果不理想，另外兩名考生因為是已是其他電臺的主播，公司不放人，結果，一位評審堅持說我的音質不錯，應該讓我試一下。

在試用的那段時間裡，我做得真是賣力。大冬天早上5時爬起來，騎腳踏車騎10公里，就為了錄兩分鐘的天氣預報；中午的新聞也只有15分鐘，可是我要背一個小時的稿，再錄一個小時，精益求精。

試播結束的時候，我一心以為自己會讓主管滿意。老闆卻對我說，高層對試播人員都不滿意，一個也不留了，下次再找機會吧！

這下所有人都站出來嘲笑我，他們告訴我主播不是一般人能做的，你不是那塊料；媽媽也忍不住勸我，老大不小了，別整天做夢了。他們都以為我在異想天開，我只好把腦袋扎進書裡去。唯有知識從不怠慢勤於用功的人，你付出有多少，他給你的就有多少。

一年以後，都市成立經濟臺，我到那裡自薦。他說，你先做業餘的吧！那時電臺的直播節目剛開始啟動，我一下也成了一名主持人。節目很熱門，不到半年，我就正式調進了電臺。

轉眼5年過去了，我看著那一大堆獲獎證書和聽眾讚譽的來信，想想

過去那段焦灼報考的日子，無論是多麼痛苦無助，我都慶幸自己始終保持了那份倔強的自信。

其實大多數人的一生只有一個最大的阻力，而且它來自於自身，只要你咬住牙衝破這個阻力，任何困難都打不垮你。為此我更加堅信：做任何事情只要選準了目標，內心懷著一份強烈的渴望，就沒有做不成的事。

心靈感悟

人生需要有希望，更需要持之以恆地去追求自己的希望。

這種追求也許是寂寞的，孤獨的，有時還遭到別人的嘲笑。但越是困難，我們越不要失去信心，只要堅持不懈，就終會有成果的。

生活中的堅持

「好好撐著」第一次聽到這句話時，我正在一家銀行貸款。那年，我才18歲，剛接到一所師範大學的錄取通知書。

那時，父親正病重，已在床上躺了一年。弟妹還小，都在讀國中。於是，我這個長子便在萬般無奈之下拿著鄉公所開的證明到銀行借錢。

接待我的是位50多歲、頭髮花白的老伯。他接過我的證明，略微一看，便抬起頭細細地打量我。過了好久，他才淡淡地說：「你就是那個才考上大學的孩子？」

我輕輕地「嗯」了一聲，便低頭看向自己的腳。那老伯放下手中的證明，摸著花白的頭髮在窄窄的室內踱起步來。

我慌了，心想這回準借不到錢，先前我曾聽人說過，現在向銀行借錢

要先給紅包，還要找保證人。

　　可是，我哪來的錢包紅包跟找人擔保？我想伸手去拿回證明，因為我事先已想好：萬一借不到錢，我便不去讀書而去打工，我不信我不能靠自己的雙手來養家。

　　「別急！」老伯慢慢踱過來，輕按我的手：「借多少？」

　　「起碼要 3,000 元。」我知道自己的學費要 2,000 元，弟弟和妹妹至少要 600 元。

　　「3,000 元？要這麼多？」老伯驚疑地看著我。

　　「是的，我三兄妹都讀書。」老伯不再說什麼，坐在桌邊去簽寫一張票據。

　　當我捏著一疊錢正準備離開時，那位老伯突然走出來，立在我的面前，目光定定地望著我。然後，他把手搭在我的肩上，用力搖了搖：「年輕人，千萬要好好挺著，以後的日子還很長。」

　　我聽了，淚水滾了下來。

　　進了學校，辦好一切手續後，我便騎著一輛租來的單車在都市轉了幾天，終於找到了兩份打工：書店店員和家教。每週三下午從 13 時至 17 時在書店打工；每週三、五、日晚上幫一個國二學生上家教課。

　　書店老闆是個很和善的叔叔。他說他已開店 10 年，準備歇業了，可是他聽說了我的境遇後便僱了我，說還想再開幾年。

　　時間久了，叔叔便誇我這樣的人難得，一定會有出息。可是，令我傷心的是，那個家教學生的母親卻很刁蠻。

　　委屈的我在一個雨後的中午與書店老闆說起這事，老闆聽了，良久才

抬起頭，目光望向前方，說：「再忍一忍，撐一撐吧，以後的日子還很長呢！」

沒想到，在這異地他鄉，又一個萍水相逢的人對我意味深長地說出這個「撐」字。我不禁悽然淚下，也暗下決心一定要好好挺著。

大四時，父親的病慢慢好了起來。弟弟和妹妹也相繼接到大學的入學通知書。

那天，又是盛夏，我再次赤著腳，冒著火辣辣的太陽去那家銀行借錢。其時，我的貸款已高達萬元，銀行的主管不想借了，要我去別的地方想辦法。

我沒說什麼，我知道我無法可想。我找到了那位曾給我簽過借據的老伯。

他沒說什麼，將我帶到銀行主任那兒說：「借給他吧，我來擔保。」我的鼻子一酸，淚再一次流了出來。

我知道，這萬元鉅款若用自己畢業後那三四百元的薪資，就是待到猴年馬月也還不清，我更知道，那時候銀行將會對提供擔保的人採取一定的措施。但沒容我想下去，老伯便牽著我走了。他又一次搖搖我的肩：「年輕人，好好撐著，以後的日子還長呢。」

是的，以後的日子還長，我該好好撐著。幾年前的某天，當我和弟弟妹妹一起還清最後一筆貸款時，這個信念又一次堅定起來。是的，不管日後的路途如何艱險，不管生活的風雨如何鞭打我稚嫩的雙肩，我都不會退卻。就為那些鼓勵我「好好撐著」的人們，我也要選擇堅強，好好挺著。

心靈感悟

好好撐著說起來容易，但做起來並不容易，那需要忍受常人難忍的孤獨與煎熬。

但是，如果忍受了苦難，一直堅持自己的理想，好好撐著，就能戰勝人生路上的風風雨雨，也能夠見到雨後的燦爛的彩虹。

堅守希望

有個富翁，他想拿出 100 萬元送給窮人，條件是他們必須都是能夠堅持到底的人。

他的分配方法是，選 100 個人，給他們每人送 10,000 元。

廣告一登出來，很快就門庭若市，他從成千上萬的應徵者中選了 100 名，給他們每人 5,000 元，並讓他們第二年再來領剩下的 5,000 元。

第二年只有 90 個人來取錢，因為他們中的 10 個人興奮過度，心臟病發作住進了醫院，那 5,000 元成了他們的醫藥費。

他取消了那 10 個人剩下的那筆錢，表示要把那 50,000 元平均送給這 90 個人，明年來領。

第三年他宣布，送錢給大家只是開個玩笑，他要收回已經送給他們的錢，一聽這話當場就有 40 個人暈了過去，40 個人拿著到手的 5,000 元跑了。

最後只有 10 個人留了下來，富翁說，現在還有 502 萬，平均分給你們 10 個人，每人可得 50,000 元，明年來領。

第四年只有 5 個人來，沒來的 5 個人裡，有兩個高興得病倒了，有兩個無法忍受等待憂憤而死，有一個認定富翁是個騙子。

富翁宣布取消缺席者剩下的錢，把剩下的 50 萬送給最後 5 個人，每人 10 萬元，明年來領。

第五年只有一個人來，沒來的 4 個人裡，兩個人因極度興奮心臟病急性發作，死在去醫院的路上，另外兩個到處宣傳富翁是個騙子，他們成了哲學家。

最後來的那個人獨得了一筆鉅款，50 萬元加上 4 年的利息 50,000 元，總共 55 萬元，他一個人得到的比那 99 個人加起得到的還多。

富翁的名字叫「希望」。

心靈感悟

希望是生命的瑰麗朝霞，希望黑暗中的指向燈，希望就是黎明前的曙光。

但僅僅有希望還不夠，還需要長久地、默默地為之奮鬥、因為生活就像海洋，只有意志堅強的人，才能到達彼岸。

即使失敗仍要挑戰

1832 年，亞伯拉罕・林肯（Abraham Lincoln）失業了，這顯然讓他很傷心，但他下決心要當政治家，當州議員。糟糕的是，他競選失敗了。在一年裡遭受兩次打擊，這對他來說無疑是痛苦的。

接著，林肯著手創辦公司，可一年不到，這家公司又倒閉了。在以後的

17 年間，他不得不為償還公司倒閉時所欠的債務而到處奔波，歷盡磨難。

隨後，林肯再一次決定參加競選州議員，這次他成功了。他內心萌發了一絲希望，認為自己的生活有了轉機：「可能我可以成功了！」

1835 年，他訂婚了。但離結婚還差幾個月的時候，未婚妻不幸去世。這對他精神上的打擊實在太大了，他心力交瘁，數月臥床不起。

1836 年，他病倒了，原因是精神衰弱。

1838 年，林肯覺得身體狀況良好，於是決定競選州議會議長，可他失敗了。1843 年，他又參加競選美國國會議員，但這次仍然沒有成功。

林肯雖然一次次地嘗試，但卻是一次次地遭受失敗：公司倒閉、情人去世、競選敗北。要是你碰到這一切，你會不會放棄 —— 放棄這些對你來說是重要的事情？

林肯是一個聰明人，他具有執著的個性，他沒有放棄，他也沒有說：「要是失敗會怎樣？」1846 年，他又一次參加競選國會議員，最後終於當選了。

兩年任期很快過去了，他決定要爭取連任。他認為自己作為國會議員表現是出色的，相信選民會繼續選舉他。但結果很遺憾，他落選了。

然而，作為一個聰明人，林肯沒有服輸。1854 年，他競選參議員，但失敗了；兩年後他競選美國副總統提名，結果被對手擊敗；又過了兩年，他再一次競選參議員，還是失敗了。

林肯嘗試了 11 次，可只成功了兩次，他一直沒有放棄自己的追求，他一直在做自己生活的主宰。1860 年，他當選為美國總統。

林肯遇到過的敵人你我都曾遇到。因為他是一個聰明人，他面對困難沒有退卻，沒有逃跑，他堅持著，奮鬥著。他根本就沒想過要放棄努力，他不願放棄，所以他成功了。

心靈感悟

　　一個人想做成任何大事，都要能夠堅持下去，堅持下去才能取得成功。

　　但堅持下去，要忍受多少孤獨與寂寞，有太多太多人在半途就放棄了。能夠一直堅持下去的，大都取得了巨大的成功。

有夢想就有神的助力

　　他是一位匈牙利木材商的兒子，由於從小生得呆笨，人們都喊他「木頭」。他也確實名副其實過，9歲之前，除了因遵守秩序在學校裡獲得過一枚玩具螺絲釘外，再沒有獲得過什麼獎勵。

　　12歲時，他做了一個夢，夢到有位國王頒獎給他，因為他的作品被諾貝爾看上了。當時，他很想把這個夢告訴誰，但又怕被人嘲笑，最後，他只告訴了媽媽。

　　媽媽說，假如這真是你的夢，你就有出息了！我曾聽說，當上帝把一個不可能的夢，放在誰的心中時，就是真心想幫助誰完成的。

　　男孩從來沒有聽說過夢想和上帝還有這層關係，媽媽說完，他就信以為真了。他想，他真是天下最幸福的人！世界那麼大，上帝卻一下子就選中了他。為了不辜負上帝的期望，從此他真的喜歡上了寫作。

　　「倘若我經得起考驗，上帝會來幫助我的！」他懷著這樣的信念開始了他的寫作生涯。

　　三年過去了，上帝沒有來；又三年過去了，上帝還是沒有來。就在他

期盼上帝前來幫助的時候，希特勒的部隊卻先來了。他作為猶太人，被送進了集中營。

在那裡，數百萬人失去了生命，而他卻靠著「生存就是順從」的信念活了下來。

「我又可以從事我夢想的職業了！」他懷著這種心情走出奧斯維辛集中營。1975 年，他終於寫出了他的第一部小說《非關命運》（*Sorstalansag*）；1988 年，他又寫出他的另一部小說《慘敗》（*A kudarc*）。

接著，他又寫出一系列作品。

就在他不再關心上帝是否會幫助他時，瑞典皇家文學院宣布：把 2002 年的諾貝爾文學獎授予匈牙利作家因惹‧卡爾特斯（Kertész Imre）。他聽到後大吃一驚，因為這正是他的名字。

當人們讓這位名不見經傳的作家談一談他獲獎後的感受時，他說：「沒有什麼感受！我只知道，當你說我就喜歡做這件事，多困難我都不在乎時，上帝就會抽出身來幫助你。」

夢想皆有神助！在新世紀裡，卡爾特斯成為第一位證明人。預言家說，還會有第二位，就藏在有夢想的人中間。

心靈感悟

理想是人生奮鬥的目標，沒有理想的人如同行屍走肉。

本文從諾貝爾文學獎得主卡爾特斯的小時候寫起，一直至他獲獎，透過他的人生歷程對夢想的不斷追求，向人們揭示一個道理：夢想皆有神助。

一切始於夢想

他生長在一個普通的農戶家裡，小時候家裡很窮，很小就跟著父親下地種田。

在田間休息的時候，他望著遠處出神。父親問他想什麼？他說他將來長大了，不要種田，也不要上班，他想每天待在家裡，等人匯錢給他。

父親聽了，笑著說：「荒唐，你別做夢了！我保證不會有人匯錢給你。」

後來他開始上學了。有一天，他從課本上知道了埃及金字塔的故事，就對父親說：「長大了我要去埃及看金字塔。」

父親生氣地拍了一下他的頭說：「真荒唐，你別總做夢了！我保證你去不了。」

十幾年後，少年長成了青年，考上了大學，畢業後成為記者，平均每年都出幾本書。

他每天坐在家裡寫作，出版社、報社給他帳戶匯錢，他用得到的錢去埃及旅行。

他站在金字塔下，抬頭仰望，想起小時候爸爸說過的話，心裡默默地對父親說：「爸爸，人生沒有什麼能被保證！」

他，就是臺灣知名的散文家林清玄。那些在他父親看來十分荒唐不可實現的夢想，在十幾年後他都把它們變成了現實。

我們每個人小時候都有美好夢想，正是這些夢想，為我們未來種下了成功的種子。

因為夢想就是希望，是與我們天性中的潛質最密切相關的。但是夢想

又往往和現實有著太遙遠的距離，所以需要經營。經營夢想就是透過自己不懈的努力，把看似遙遠甚至有些荒唐的夢想一步步變成現實。

林清玄是一個農家子弟，他希望有人匯錢給他，想去埃及看金字塔，看起來十分好笑，連父親都嘲笑他，但是他為了實現自己的夢想，十幾年如一日，每天早上 4 點就起來看書寫作，每天堅持寫 3,000 字，一年就是100 多萬字，最終實現了自己的夢想。

心靈感悟

有位哲人說過：「世界上一切的成功、一切的財富都始於一個意念！始於我們心中的夢想！」

也就是說：成功其實很簡單。你先有一個夢想，然後，忍受住寂寞，努力經營自己的夢想，不管別人說什麼，都不放棄，最終會有成功的那一天的。

成功需要多少時間

他從小就喜歡畫畫，當教師後，這個興趣一直伴隨著他的業餘時間。有一年他辭職了，憑著工作數年的積蓄，他背著畫板走南闖北，過著一種近似流浪的生活。

三年後，他結束流浪，專心致力於繪畫。這期間他很貧困，一邊賣畫，一邊靠朋友們的接濟生活。和許多文藝界人士不同的是，他基本上不參加同行的活動。

這麼著又過了三年，他終於引起同行們的注意。他的畫作以清新、流

暢、富有叛逆精神而漸漸聞名。

以下是這位朋友向我簡單介紹的成功經過，他邊喝咖啡邊計算他取得成功實際花費的時間：

小時候大約從國中開始，喜歡畫畫，一直至高中一年級，用於繪畫或閱讀有關書籍平均每天大約一小時，4年用於繪畫的實際時間大約61天。

讀高二、高三時，因為考大學，一度與繪畫絕緣。上大學後，漸漸恢復以前的愛好，4年中用於繪畫或閱讀有關書籍平均每天約一小時，合計約61天。

大學畢業後，為找工作、換工作，用了約一年時間，直至成為教師，才又拿起畫筆。在校園的3年裡，用於繪畫或閱讀有關書籍的時間每天約3小時，大約137天。

辭職後，流浪3年，用於繪畫或閱讀有關書籍平均每天約8小時，正好365天。

閉門創作三年，用於繪畫或閱讀有關書籍平均約10小時，合456天。

以上相加，61+61+137+365+456=1,080（整天），約等於3年。

朋友說，從他小時候對繪畫產生愛好時起，到他獲得第一個大獎，正式成為「繪畫工作者」止，實際花費於此項工作的時間只有3年。

心靈感悟

你既然期望輝煌偉大的一生，那麼就應該從今天起，以毫不動搖的決心和堅定不移的信念，憑自己的智慧和毅力，去創造你和人類的快樂，不要為你眼前的困難嚇倒。

其實只要你動手做了，困難也就解決了。

一生只做一件事

我家門前有兩家賣板豆腐的小店。一家叫「潘記」，另一家叫「張記」。

兩家店是同時開張的。剛開始，潘記生意十分興隆，吃板豆腐的人得排隊等候，來得晚就吃不到了。潘記的特點是：豆腐做得很結實，口感好，給的量也很大。

相比之下，張記板豆腐就不一樣了。首先是豆腐做得軟，不成形狀；其次是給的豆腐少，湯加得多，一碗板豆腐多半碗湯。因此有一段時間，張記的門前冷冷清清。

有一天早上，因為我晚起了，只好來到張記的豆腐店。吃完了一碗板豆腐，老闆走過來，笑著問我豆腐怎麼樣。我實話實說：「味道還行，就是豆腐有點軟。」

老闆笑了笑，竟然有幾分滿意的樣子。

我說：「你怎麼不學學潘記呢？」

老闆看著我說：「學他什麼呀！」

我說：「把豆腐做得結實一點呀。」

老闆反問我：「我為什麼要學他呢？」

沉思了一下，老闆自我解釋說：「我知道了，你是說，來我這邊吃豆腐的人少，是嗎？」

我點點頭。老闆建議我兩個月以後再來，看看是不是會有變化。

大概一個多月以後，張記的門前居然真的也排起了長隊。我很好奇，

也排隊買了一碗，看看碗裡的豆腐，仍然是稀稀的湯汁，跟以前沒什麼兩樣，吃起來，也是以前的口感。

老闆臉上仍然掛著憨厚的笑。

我笑著問他：「能告訴我這其中的祕訣嗎？」

老闆說：「其實，我和潘記的老闆是師兄弟。」

我有些驚訝：「可你們做的豆腐不一樣呀？」

老闆說；「是不一樣。我師兄潘記做的豆腐確實好，我真比不上，但我的豆腐湯是用肉、骨頭配上調料，經過幾個小時熬製而成，師兄在這方面就不如我了。」

見我還有些不解，老闆繼續解釋：「這是我師傅傳授給我們的。師傅說，生意要想長遠，就要有自己的特色。師傅還告訴我們，『吃』的生意最難做，因為眾口難調，人的口味是不斷變化的，即使是山珍海味，經常吃也會煩，因此，師傅傳給我們不同的手藝。這樣，人們吃膩了我師兄的豆腐，就會到我這裡來喝湯。時間長了，人們還會回到我師兄那裡。再過一段時間，人們又會來我這裡。這樣我們師兄弟的生意就能比較長遠地做下去，並且互不影響。」

我試探地問：「你難道就不想跟師兄學做豆腐嗎？」

老闆卻說：「師傅告訴我們，能做精一件事就不容易了。有時候，你想樣樣精，結果樣樣差。」

張記老闆的這番話，我認為除了和板豆腐有關，和一個人的擇業、一個人一輩子的堅守似乎都有些關聯……

心靈感悟

　　認定一個目標做下去，這並不是空泛的成功學說教，它包含了很多道理。認定一個目標，我們可以集中精力把事情做精、做好。

　　如果樣樣想學，樣樣學不好，必將一事無成。這是「一輩子只做一碗湯」的張記豆腐店老闆給我們的啟示。

人類的夢想家

　　瑪里・居禮（Maria Curie）一生擁有過三克鐳，她把第一克捐給她的科學，大眾則把第二克和第三克回贈給了她。這三克鐳展示了一個科學家偉大的人格，和由此喚起的大眾對科學的理解。

　　1920 年 5 月的一個早晨，一位叫麥隆內夫人的美國記者，幾經周折終於在巴黎實驗室見到了鐳的發現者。

　　端莊典雅的主人與異常簡陋的實驗室，給這位美國記者留下了深刻印象。讓她非常驚訝的是，瑪里・居禮居然能夠說出世界上每一零星鐳的所在地。

　　麥隆內夫人問：「法國有多少呢？」

　　「我的實驗室只有一克。」

　　「你只有一克鐳嗎？」

　　「我？啊，我一點也沒有。這一克是屬於我的實驗室。」

　　此時，鐳問世已經 18 年，它當初的身價曾高達過 75 萬法郎。美國女記者由此推斷，提純鐳的專利技術，應該早已使眼前這位夫人富甲天下。

　　但事實上，瑪里‧居禮早在 18 年前就放棄了他們的權利，並毫無保留地公佈了鐳的提煉方法。他們當時經濟拮据，生活貧困，卻不肯用自己歷盡艱辛獲得的科學成果謀取絲毫個人利益。瑪里‧居禮後來的解釋異常平淡：「沒有人應該因鐳致富，它是屬於全人類的。」

　　麥隆內夫人困惑不解地問：「難道這個世界上就沒有你最想要的東西嗎？」

　　「有，一克鐳，以便我的研究。但是我買不起，它的價格太貴了。」

　　這出乎意料的回答，使麥隆內夫人既感驚嘆又非常不平靜。鐳的提純技術已使世界各地的商人腰纏萬貫，而鐳的發現者卻困頓至此，以致無法進行研究。

　　她立即飛回美國，打聽出一克鐳在美國當時的市價是 10 萬美元，便先找了 10 個百萬富翁，以為同是女人又有錢肯定會解囊相助，卻碰了壁。這使麥隆內夫人意識到，這不僅僅是一次金錢的需求，而是一場呼喚大眾理解科學、弘揚科學家品格的社會教育。她在全美婦女中奔走宣傳，獲得成功。

　　1921 年 5 月 20 日，美國總統決定將公眾捐獻的一克鐳贈予瑪里‧居禮。瑪里‧居禮在仔細閱讀完檔案後說：「美國贈給我的這一克鐳，應該永遠屬於科學，希望你們立即請個律師，把它改贈給我的實驗室。」

　　數年之後，當瑪里‧居禮為在家鄉波蘭創設一個鐳研究院治療癌病的時候，美國民眾為她捐贈了第二克鐳。一些人認為，瑪里‧居禮在對待鐳的問題上固執得讓人難以理解。既然是為了科學研究，在專利書上簽個名，不是更省事嗎？

　　瑪里‧居禮在後來的自傳中回答了這個問題：我的許多朋友堅持說，

若是皮耶・居禮（Pierre Curie）和我保留了我的權利，我們就可以得到必需的資金，來建立一個滿意的鐳研究院，而以前阻礙我們兩個人，現在仍在阻礙我的種種困難都可以避免。

他們所說的並非沒有道理，但我仍然相信我們是對的。人類需要善於實踐的人，他們能從工作中取得極大的收穫，既不忘記大眾的福利，又能保障自己的利益。但人類也需要夢想者，這種人醉心於一種事業的大公無私的發展，因而不能注意自身的物質利益……

即使是為了科學，也不能將科學的成果據為己有。這是瑪里・居禮向人類貢獻鐳的同時，貢獻的另一種價值。

心靈感悟

有夢想才有追求，有夢想才不怕眼前的艱難困苦，有夢想才能戰勝貧窮和屈辱，有夢想生活才能有滋味。

科學家瑪里・居禮為科學作出了巨大貢獻的往事，她淡泊名利，淡泊錢財，大公無私。這位女性留給人們的不光是「鐳」，還有一筆寶貴的精神財富。

超越自我，達到成功

曾在一本佛洛伊德（Freud）的書上讀到過這樣一個故事：約翰和湯姆是相鄰兩家的孩子，他倆從小就在一起玩耍。約翰是一個聰明的孩子，學什麼都是一點就通，他知道自己的優勢，自然也頗為驕傲。

湯姆的腦子沒有約翰靈光，儘管他很用功，但成績卻難以進入前 10

名。與約翰相比，他心裡時常流露出一種自卑。

然而，他的母親卻總是鼓勵他：「如果你總是以他人的成績來衡量自己，你終生也不過只是一個『追逐者』。儘管賓士和駿馬在開始的時候總是呼嘯在前，但最終抵達目的地的，卻往往是充滿耐心和毅力的駱駝。」

約翰自詡是個聰明人，但一生業績平平，沒能成就任何一件大事。而自覺很笨的湯姆卻從各個方面充實自己，一點點地超越著自我，最終成就了非凡的業績。

約翰憤憤不平，以致鬱鬱而終。他的靈魂飛到了天堂後，質問上帝：「我的聰明才智遠遠超過湯姆，我應該比他更偉大才是，可為什麼你卻讓他成了人間的卓越者呢？」

上帝笑了笑說：「可憐的約翰啊，你至死都沒能弄明白：我把每個人送到世上，在他生命的『褡褳』裡都放了同樣的東西，只不過我把你的聰明放到了『褡褳』的前面，你因為看到或是觸碰到自己的聰明而沾沾自喜，以致誤了自己的終生！而湯姆的聰明卻放在了『褡褳』的後面，他因為看不到自己的聰明，總是在仰頭看著前方，所以，他一生都在不自覺地邁步向前！」

有些人的沮喪來自於「比較心」。我比別人出身差；我比別人天生長相差；我比別人運氣差；我比……這樣子比下去可能比不完。但是明知「比」的心態不好，但我們仍然要比一比。

如果是這樣，我們不妨先把鏡頭朝向自己，想一想從小到大的自己，以及那些不如你的人，再想想自己此時的心情，你將能夠體會一個失敗者的心情。

不要左顧右盼別人路上的風光，增添自己的煩惱，擾亂自己前進的步

伐，回首之際，你會發現你錯過了途中向你微笑的花朵。

英國作家約翰‧克里斯（John Cleese）可以說是全世界數一數二的多產作家，他一共出過 564 本小說，如果以一年出 10 本來算，他花了將近五六十年時間在寫小說。

出了那麼多書，你可能會以為他是百戰百勝的作家，那你就錯了，他曾經被退稿達 753 次。

心靈感悟

人生就是一個大舞臺，我們就是舞臺上的表演者。

要想使表演成功，就得不斷地超越自己，不管是聰明，還是愚鈍。走上了人生的舞臺，就應全心全力地表演，忘掉曾經的輝煌或功績，更要忘記自己的聰明。

因為「聰明」是無助於表演的，表演需要的是腳踏實地地投入與一次次對自我的超越和突破。忘掉周圍的一切，便是超越的開始、成功的開始。

第五　在黑夜中望見黎明

　　所謂「靜」，是指心界的空靈而不是物界的沉寂，物界是永遠不會沉寂的。

　　這就如同愛情，如同幸福，我們追尋很久，回頭才發現，它原來一直就在這裡，就在那看似乎淡的風景中。

在忙碌中尋找寧靜

有兩位著名的畫家，為了一較長短，一時興起，相約用同一個題目一起作畫，想要看看兩人在認真的腦力激盪之下，各會有什麼樣的傑作產生。

他們抽中的題目只有一個字：「靜」。兩位畫家用心冥想了片刻，便開始提筆在畫紙上著墨。

過了不久，兩人的作品幾乎同時完成。第一位畫家自豪地將他的畫作攤開來，只見長長的畫捲上，一片碧綠動人的湖水無盡地延伸開來，湖面不見一絲波瀾，岸邊的垂柳婆娑搖曳倩影，倒映在清澈見底的湖水當中，又似乎留有無盡的低迴之意，從整幅畫面看來，當真只有一個「靜」字能夠形容。

第二位畫家由衷地誇讚了幾句後，緩緩地將自己的作品展示出來。

那是一道雨後山中的雄偉瀑布，湍急的水流猛烈地衝向陡峭的山石，頗有萬馬奔騰的架勢，令觀看者的耳中，依稀可以聽到瀑布不斷地傳來轟然作響的隆隆聲。

在氣勢壯闊的瀑布半腰處，有著一處突兀橫生的枯枝，正隨著水波的衝擊，不斷地晃動著。

而在搖曳不停的枯枝樹梢，凌空懸著一個簡陋的鳥巢，鳥巢當中正有一雙幼小的雛鳥，安詳地閉著雙眼，沉沉地睡著。對於瀑布當中巨雷般的聲響，雛鳥仿若不覺。

第一位畫家呆呆地看著這幅畫，不知經過了多少時間，方似大夢初醒一般，輕輕地搖著頭，口中訥訥道：「我只能描繪情景，你卻能詮釋出情境，的確是你高明得多了。」

心靈感悟

所謂「靜」，是指心界的空靈而不是物界的沉寂，物界是永遠不會沉寂的。人生也是如此，靜和閒也不同，許多閒人不一定能體會靜中趣味，而能體會靜中趣味的人，也不一定得閒。

在百忙之中，在塵世喧嚷中，你偶然間丟開了一切；悠然遙想，心中驀然似有一道靈光閃爍，這就是忙中靜趣。

熟悉處無風景

多年未曾聯繫的大學同學，一日突然路過我住的城市，跑來見我。

同學來自大都市，那裡有直通雲霄的摩天大樓，有鮮亮明豔的佳人和轎車，有精緻的咖啡廳，時尚的風吹啊吹啊，吹開一城的芳華，更兼有若乾的景點，每一處都是遊人接踵，讓人神往不已。

這裡卻是一片狹小的天空。

所以，得知同學要來，我手忙腳亂好是一頓準備，我甚至換了家裡的窗簾，連杯碗都換了，以便配得上大都市的優雅。

同學是在晚上到的，我精心準備了晚餐，她卻提出要逛街吃小吃。

我百般推託，我說那街實在沒什麼好逛，不及你們大城市的百分之一，那小吃也沒什麼特色，無非是些失業工人，擺個小攤，下下餛飩麵條什麼的。

同學卻興趣盎然。無奈，只得陪她走一趟。

每一處我走熟的地方，在同學眼裡，竟都十分有趣。她掛在胸前的相

機，止不住地咔嚓著。

我在一旁笑她，是不是大魚大肉吃多了，看到鄉村的野菜，也覺得新鮮了？

同學含笑不語，一圈逛下來，竟是非常滿足，然後，在餛飩攤點了一碗餛飩，吸溜吸溜地，她吃得精光。

回家，把她拍的照片傳到我的電腦中，當一幅幅畫面在我面前展開時，我突然驚詫地發現，這個我生活了好多年的城市，我對它，竟是陌生的：靜靜閃爍的霓虹燈下，一對情侶在散步，彷彿聽見他們輕喃著幸福和甜蜜，整個畫面美若輕嵐；露天廣場，裸露的臺階上，泊滿月光，背景，是一幢一幢的住宅樓，每一個視窗，都亮著溫暖的燈光，淡定從容⋯⋯

我嘆，呵，真沒想到。

同學就笑了，說，這就叫熟悉的地方沒有風景。其實不是沒有啊！而是我們的眼睛麻木了。

只一句，就如醍醐灌頂。

我想起一位詩人寫的一首詩來：你站在橋上看風景，看風景的人在樓上看你；明月裝飾了你的窗子，你裝飾了別人的夢。

別處的風景總是對我們造成無限的誘惑，我們像追風的貓似的，追著跑，因得不到而沮喪而感嘆。卻永遠不知道，在別人眼裡，我們也是他們追尋的風景。

這就如同愛情，如同幸福，我們追尋很久，回頭才發現，它原來一直就在這裡，就在那看似乎淡的風景之中。

有時，最好的景色，在身邊或就是我們自己。

心靈感悟

　　一生何求？人們總是看到別人的幸福，生活在小城市的人嚮往大城市的繁華，而生活在大城市的人又羨慕小城市的安逸。

　　其實，為什麼不能靜下心來，認真享受一下身邊的美呢？因為自己擁有的才是最現實的，只有能夠享受自己擁有的，那麼我們就能獲得心理的寧靜。

淡泊的人生享受

　　有一位中國的 MBA 留學生，在紐約華爾街附近的一間餐廳打工。一天，他雄心勃勃地對餐廳大廚說：「你等著看吧，我總有一天會打進華爾街的。」

　　大廚好奇地問道：「年輕人，你畢業後有什麼打算呢？」

　　MBA 很流利地回答：「我希望學業一完成，最好馬上進入一流的跨國企業工作，不但收入豐厚，而且前途無量。」

　　大廚搖搖頭：「我不是問你的前途，我是問你將來的工作興趣和人生興趣。」

　　MBA 一時無語。顯然他不懂大廚的意思。

　　大廚卻長嘆道：「如果經濟繼續低迷下去，餐廳不景氣，那我就只好去做銀行家了。」

　　MBA 驚得目瞪口呆，幾乎疑心自己的耳朵出了毛病，眼前這個一身油煙味的廚師，怎麼會跟銀行家沾得上邊呢？

大廚對 MBA 解釋：「我以前就在華爾街的一家銀行上班，天天披星戴月，早出晚歸，沒有半點自己的業餘生活。我一直都很喜歡烹飪，家人朋友也都很讚賞我的廚藝。每次看到他們津津有味地品嚐我燒的菜，我就高興得心花怒放。有一天，我在辦公室裡忙到凌晨一點鐘，才結束了例行公務。當我啃著令人生厭的漢堡充飢時，我下定決心要辭職，擺脫這種工作機器般的刻板生活，選擇我熱愛的烹飪為職業。現在，我生活得比以前要愉快百倍。」

這樣的事例，對於東方人來說是不可思議的。因為，東方人在選擇職業時，第一看體面，第二看收入，兩者兼得，就足以在人前人後風光炫耀了。成敗榮辱，全都擺在面子上，而面子是要人捧的，無人喝采，就如同錦衣夜行般無趣。

可對於西方人來說，無論從事任何職業，都沒有高低貴賤之分。他們更注重的，是對工作的興趣，而且，自我價值的實現，成功與否的展現，不必透過與別人比較來證實，更不需要別人肯定來滿足。

真實的屬於自己的人生，是一種享受。一個完美的人生，不見得要賺很多的錢，也不見得要有很了不起的成就。在一份簡樸平淡的生活中，活得快樂而自我，也是一種上乘的人生境界。

心靈感悟

榮譽、面子常常是東方人不能靜下來做真實自己的最大障礙。我們為了面子常常去一些看似很體面，其實自己並不喜歡的工作。

這樣不僅讓我們活的很累，也不會有很大成就。與其如此，為什麼不拋棄別人的看法，做真實的自己呢？

尋找生活中的快樂

維多利亞起床後，就陰沉著一張臉，她很是不開心，甚至不停地抱怨上蒼不公平，因為她遇到的煩心事太多了。

先是，狗把貓當作了最有趣的抓咬玩物，貓憤怒的嚎叫顯然使它興致倍增。

這還沒完，馬桶堵塞的水溢到了新鋪的地毯上。那隻貓又跳進了泡菜罈子裡，它一臉苦相地抬起爪子，用力甩掉滿身的湯水，一邊譴責地望著維多利亞，好像是她故意把它的生活弄得如此痛苦。

維多利亞走進廚房想泡一杯咖啡，忽然聽到櫥櫃裡傳來「咔嚓咔嚓」的聲響。她輕手輕腳地開啟櫃門，一隻老鼠竟然正捧著一盒麥片大嚼特嚼！

維多利亞嘆了口氣關上櫃門，讓它盡情享用這頓早餐吧，反正那盒麥片也毀了，它用不著吃得那麼急。

時間一晃就過去了。12 個人要來吃晚餐，可維多利亞還沒出去採買呢。她的神經立刻緊張起來，對自己大叫：「早告訴你別拖拖拉拉！」

維多利亞把貓鎖進臥室，把狗責罵了一通，它可憐兮兮無辜地望著她，好像根本不明白自己錯在哪裡。維多利亞穿上外套，身心疲憊地開車向商店駛去。

維多利亞把車在超市的停車場停好，凜冽的寒風用力扯著她的外衣。維多利亞三步並作兩步走進超市，順手抓起一輛購物車，可是車輪子卻拐來拐去拒絕前進，還吱嘎亂叫地尖聲抗議。她怨氣沖天，這真是倒楣極了！

維多利亞決意至少要贏得這場購物車之戰。她猛地把車推到收銀臺旁邊，換了一輛車子。還不錯，這一輛比較合作，輪子順滑，悄然無聲。終於有一線光明照進了她如此晦暗的一天。

維多利亞站在水果攤前，手捏一隻梨時，一陣熟悉的「吱嘎」聲刺入耳鼓，顯然有人正使用她換掉的那輛推車——不幸的人！

維多利亞轉過身正要脫口而出：「您怎麼選了這輛該死的車！」可是眼前的一幕卻成為她終身難忘的畫面：

兩位頭髮花白的老人，滿臉滄桑的皺紋，男人左手推著一輛醫院運送病人的推車，右手拖著那輛「該死」的購物車。他毫不在意不聽使喚的輪子和它發出的噪音，只顧忙著導引推車，好讓他的妻子離貨架近一些。

她是位鬢角灰白的虛弱的老婦人，有一雙碧藍的大眼睛。她的手腳扭曲畸形，頭只能抬起一點點。他不時拿起一顆水果，溫和地微笑著遞給她看，她則笑著點點頭。他們用微笑和點頭來互相回應，好像根本不在乎自己已經成為別人注視的對象。

有人厭惡地搖著頭，竟然把醫院的推車推到商店裡來；還有人不以為然地竊竊私語。

維多利亞望著他拿起一個麵包，那麼輕柔地碰碰她的手。兩人的默契使空氣裡滿是愛的氣息。維多利亞意識到自己這樣直盯著人家不免冒犯，就強迫自己把目光移開，便往乳製品區走，一邊想再看一眼這對老夫妻。他們竟像磁石一般吸引著她的心。

但他們已經走到別區了。維多利亞一直沒再看到他們，直至她買完東西回到車上。維多利亞發動馬達時，突然發現了那對老夫妻。原來，他的小貨車就停在維多利亞的車旁邊，他正把東西放到車子裡面，他的妻子就

在推車上耐心地等著。

他匆忙走向車後，一陣勁風掀起了妻子身上的毯子。他充滿愛意地把毯子四周重新掖好，那神情像是在床前為一個小孩掖被子，然後他俯下身，在妻子額前吻了一下。她舉起扭曲變形的手，摸了摸他的臉。然後，他們都回過頭來望著維多利亞笑了。

維多利亞也對他們笑了笑，兩行淚水不覺滑過了面頰。

心靈感悟

別一直抱怨自己不快樂，其實只要我們能夠靜下心來，會發現快樂就是這樣，它往往在你為著一個明確的目的忙得無暇顧及其他的時候突然來訪。快樂也不會等我們去感受，不要說你沒有過快樂，因為快樂就在你我身邊。

只要你注意去發現，去尋找，快樂是無處不在的。一件小事，一個微笑，都可以是快樂的理由。

一碗幸福的食物

米是糯米，鍋是沙鍋，火是煤火。每天凌晨 4 時 20 分，男人準時點好火，鍋中放水，米淘好了在水裡浸泡著，待水開，放米，大火煮 10 分鐘後，改溫火慢熬。

米在鍋裡撲突突地跳著，男人在爐火旁彎著腰，用勺子一下一下緩緩攪動……

半小時後，男人一手端一碗熱氣騰騰的白粥，一手端一碟淋了香油的

鹹菜絲，進臥室，叫女人起床。

女人翻個身，嘟囔一句什麼，又睡過去。男人聽著女人香甜的鼾聲，不忍再叫。

坐在床前，看看錶，再看看女人，再看看錶。女人卻突然從床上彈起來，看錶，慌忙穿衣起床，嘴裡不住地埋怨，要遲到了，你怎麼不叫醒我？他把白粥和鹹菜遞過去：不著急，還有時間，先把粥喝了。

粥是白粥，不加蓮子不加紅棗不加桂圓，這樣的粥，女人喝了 5 年。男人和女人結婚的時候，家裡沒錢請喜酒，兩個人只是把鋪蓋放在一起，便成了一個家。

新婚之夜，男人端過來一碗白粥，白瑩瑩的米粥，在燈下泛著亮晶晶的光。

男人說，你胃不好，多喝白粥，養胃。女人便喝了，清香淡雅的粥。溫暖的不僅是胃，還有心。

他們在同一個工廠上班，女人常年的早班，男人常年的夜班。男人凌晨 4 點下班，女人早上 5 點 30 分上班。他們在一起的時間，不過短短一個多小時。

男人下班後的第一件事，就是點火，添鍋。男人只會熬白粥，他們的經濟狀況也只允許他煮一碗白粥。就是這一碗白粥，居然也把女人滋養得面色紅潤。嬌美如花。

後來，工廠效益不好，男人下了崗，可是日子還得過下去。男人拿出微薄的積蓄，女人賣掉了母親留給她的金戒指，湊了錢，開了一家雜貨店。

一只碗，一把拖把，一個水壺，利潤不過幾毛錢，男人卻做得很用心。

女人下班了，也來幫著打理店鋪。沒人的時候，男人和女人坐在一片鍋碗瓢盆中間，幸福地憧憬。

男人說：等有錢了，就到處拓展連鎖店。

女人說：那時候我就不上班了，天天在家變著花樣煮好吃的給你。

男人說：哪還需要你做啊，想吃什麼，我們直接去餐廳吃。

女人撒嬌：不，我就想吃你煮的白粥……

男人便挽了女人的肩，眼睛熱熱的。男人仍然每天早上 4 點 20 分準時起床，點火熬粥。

一邊熬，一邊盤算著店裡缺的貨。有時候會分神，粥便糊了鍋底。有時候太困打個盹，粥便溢了鍋。

有一天早上女人起了床，爐子上的粥正咕嘟嘟翻著浪花，男人的頭伏在膝上，睡得正香。女人輕輕抱住男人的頭，心，牽牽扯扯地疼。

那以後，女人堅決拒絕男人給她熬粥。她的男人，實在是太累了。

男人的生意越來越順，到了第七年，他的連鎖超市果然開得到處都是。

女人辭去工作，當全職家庭主婦。他們買了錯層的大房子，廚房裝修得漂亮別緻。

缺少的，只是煙火的味道，因為男人回家吃飯的時候越來越少。他總是忙，應酬繁多，有時候一個晚上要趕三四個飯局。

開始的時候，女人也埋怨。

可是男人說：還不都是為了這個家？還不是想讓你生活得更好一些？後來女人也累了，漸漸的也就習以為常。

女人很久都沒有再喝過白粥。

一天，男人突然被通知去參加一個朋友的葬禮。他納悶：怎麼前幾天還好好的，今天人就沒了？

在殯儀館裡，他看到朋友的遺孀，那個優雅漂亮的女人，一夜之間憔悴衰老。她哭得死去活來，嘴裡絮絮叨叨地說：「以後誰送我上班接我下班？誰給我繫鞋帶圍圍巾……」

他窒息，不由地就想到了她，想到那些為她熬白粥的早晨，想到每天她接過那一碗白粥時眼裡的幸福和滿足。

男人幾乎是一路飛奔地往家趕，開啟門，卻看見女人蜷縮在沙發上睡著了，電視還開著，茶几上扔滿了各種時尚雜誌……

男人跪在沙發前，手輕輕地拂過女人的頭髮。女人面色黯淡，細細的皺紋裡寫滿了深深的落寞。

他拿了毛毯去給女人蓋。女人卻突然醒了，看見他，女人揉了揉眼睛，確定是他後臉上泛起可愛的紅暈。

女人慌忙起身：你還沒吃飯吧，我去做。

男人從背後擁住她：不，我去做，煮白粥。女人半天沒有說話。有溫熱的淚，一滴一滴，落在男人的手上。

那天，男人一邊煮著粥一邊想：其實千變萬化的粥，都離不了白米粥打底子。而所有的幸福，不過白粥打底、錦上添花。

心靈感悟

什麼是寂寞？寂寞是一大群朋友在一起，吃喝玩樂，一起笑，一起醉，但心裡的話語，卻只能向自己傾吐。

消除寂寞的方式是有知心的朋友，愛人。和知心的人在一起，平平淡淡的生活，其實是最幸福的生活，是沉迷於花天酒地的人無法體會到的生活。

開啟幸福的鑰匙

沙蓮娜是美國加州大學最年輕的講師，比爾是加州一位年輕有為的律師，他們是第一批預定在加州大酒店，舉辦新興集體婚禮的新人。

那天晚上，主持婚禮的司儀給了他們每人一把鑰匙，這讓他們莫名其妙。

當比爾和沙蓮娜趕到屬於他們的新房時，發現那個用兩顆心疊在一起的鎖非常別緻，比爾掏出自己的鑰匙插在左面的鎖孔裡，門鎖不動，換到右面也不行。

比爾讓沙蓮娜試一下也不行，沙蓮娜說兩個人一起來，於是比爾把自己的鑰匙也插了進去，同時轉動鑰匙，門開了。在房間裡等待著的有蠟燭、浪漫的音樂。

婚後的日子一直被這種快樂的浪漫包圍著。然後，時間把一切有香味的東西都逐漸淡忘了，漸漸地他們在瑣碎的日子裡開始了爭吵、冷戰……直至有一天，比爾提出了分居。

沙蓮娜在收拾自己的東西的時候，發現了他們新婚之夜酒店奉送他們的用玉石打製的兩把鑰匙的紀念品，酒店裡幫他取了一個名字 —— 幸福鑰匙，擁有它的人可以憑這一對鑰匙免費消費一個晚上，沙蓮娜忽然想到一個主意。

比爾不知道沙蓮娜為什麼非要去加州大酒店裡住一晚上然後才同意分居。

他們又一次被分配到了新婚之房，不知怎的，當比爾把鑰匙插進鎖孔，看了一眼沙蓮娜的時候，他一下子好像又回到了幾年前，一、二、三門開了，房間裡依然和他們新婚時一樣的設計 —— 蠟燭和音樂。

時常，我們抱怨自己與幸福無緣，其實，幸福從未遠離過我們每一個人，只是我們自己弄丟了那把開啟幸福之門的「鑰匙」 —— 就是一顆細膩溫柔、易感動且善於發現的心。

心靈感悟

究竟什麼是幸福？這是每一個人都試圖來解答的問題。生活中有太多的干擾和誘惑，常常使我們看不到幸福的真諦在哪裡。

其實，幸福從未遠離過我們，只要我們能夠靜下心來，在淡淡的寂寞中去認真體會，我們會發現幸福就在我們身邊。

看似平淡的幸福

我家後面住著兩位退休的教師。每天去廚房做飯的時候，我都不忘朝那個方向多望幾眼，看著他們忙碌的身影，感受著他們平淡的恩愛。

剛剛退休無事，他們開墾了周圍幾塊荒地，種了很多農作物，花生、玉米、芋頭等應有盡有。耕種、守護、收穫，日子似乎簡單而充實。

院子裡除了花草飄香之外，正中間是一個乒乓球檯，老倆口經常切磋球技。

有時候，師娘竟然穿著圍裙打球，那樣子真是有點滑稽。因為離得近，能清楚地看到他們的表情，聽到他們的笑語。他們有時會專心地接發球，有時又樂得前俯後仰。

老先生經常很專業地教授師娘接發球的招式，有時師娘會奮力反駁，但每次在他們臉紅脖子粗的辯論之後，都是師娘乖乖地點頭表示接受。

老先生則總是一副「孺子可教」的架勢，滿足地回到自己的陣地，繼續切磋球藝。

鄰居們看著他們一招一式竟然如此講究，不得不嘆服他們的認真。

這個時候，我和丈夫就是他們最忠實的觀眾，在心裡幫他們加油的同時，也深深地感動於他們夫妻間的這種互敬互愛。

天有不測風雲，師娘突然中風，全身癱瘓，從此，家裡家外都是老先生一個人在忙碌。

他獨自一人把院落收拾得乾淨俐落，種上各種時令蔬菜，獨自一人漿洗衣服，獨自一人騎車去市場買東西，獨自一人承受著生活的悲悲喜喜。

為了讓師娘多曬太陽，老先生花了整整一個星期編織了一件寶貝，就是那個到了春天就可以派上用場的籐椅。

曬太陽是有講究的，上午 8 點以後，陽光充足而又不毒辣，老先生就把師娘抱出屋子，小心地放在籐椅上，然後，他拿來小凳子坐在一旁，或讀報，或聊天。有時，師娘會微笑地看他蒔弄院子裡的蔬菜，還不忘嘮叨一番，這裡的茄子該施肥了，那裡的黃瓜該搭架了，油菜該捉蟲了……

老先生最懼怕聽師娘嘮叨，倒不是師娘說話聽起來費力，而是怕嘮叨多了會累壞了師娘的身體。

這時候，老先生可是有策略的，他會笑意盈盈地走到老伴的面前，俏

皮地說，你再這樣嘮叨下去，我可要把你抱起來轉圈了啊，你看，那樓上住著的鄰居們可都看著呢。

別說，這一招可真靈，師娘必定會住了嘴，還會嗔怪地說一句，你這老鬼，又不正經了。

雖是埋怨，但我分明看到，陽光下，師娘的笑容就像熱戀中的少女一樣，浸透著無盡的甜蜜。

日出日落，時光每天機械地輪轉，日子似乎單調而枯燥。可是每天看見的他們，總是忙碌的身影、平靜的表情以及洋溢在臉上的幸福笑容。

總以為，花前月下、卿卿我我，才是幸福。總以為，兒孫繞膝、天倫之樂，才是幸福。看著這極美的風景，你能說他們不幸福嗎？

真愛不必言說，愛的真諦就深藏在平平淡淡的生活中，等待著你去體會。

相濡以沫，不離不棄，原來更幸福！

心靈感悟

人生的真愛又很多種，但不管是哪一種，真正的愛不必言說，愛的真諦就深藏在平平淡淡的生活中，等待著你去體會。

多年的堅持，相濡以沫，不離不棄，這看似平淡的愛情，才最幸福，也最浪漫。

獨處時不孤單

　　大四的時光，最是空閒無聊，女生朋友們紛紛談戀愛以消磨日子。我不願意跟隨潮流，也就只有獨處了。

　　當然，說大四談戀愛純粹是消磨時光或許並不正確，畢竟大家也都付出了一份感情，我只是在祝福朋友們找到意中人之餘，感嘆自己罷了。

　　於是，每逢週末，當女生朋友們傾巢而出時，我就只有蝸居宿舍的選擇。偶爾，我也出去走走，一個人找個清靜之處走走。

　　此時便會招來一些怪怪的目光，直刺得我逃回宿，在自己的小紅桌前面坐下來，燃上短短的一小段蠟燭 —— 這才感覺到一份真正屬於自己的溫暖與浪漫。我曾為此寫下一首小詩：〈小紅桌、燭光和流浪的我〉。

　　兩年前，我的他曾為此把他的吻輕輕印在我微翕的雙眸上，說他好喜歡。如今，他走了，遠遠的，帶走了所有的夢想，真的只留下了燭火、小紅桌和流浪的我了。

　　然我之獨處，卻並非僅僅為了他，過季的紅葉雖美麗，也已被夾進了記憶的扉頁。我之獨處，乃是為了我心中的一份真情。

　　朋友們總是戲言，追我的男孩子有一大堆，但誰也不會相信，四年大學生活，我從未在情人節收到屬於自己的玫瑰。

　　大一是不懂；大二的戀情只有短短兩個月，他送了我兩枝紅玫瑰，不是情人節，卻釀成了我一生難解的情結；大三的情人節恰好是大年三十；大四了，有人說要送我一束最大最美麗的玫瑰，我不要，扭頭跑了，後來又後悔，我為什麼不接受呢？這是大學生活的最後一個情人節啊！獨處的時候我黯然神傷。

其實我心裡很羨慕別人卿卿我我，其實我身邊也不乏好男孩，可真情未到時，我寧可獨處。

獨處自有獨處的妙處。

獨處使我得以靜靜地回味大學四年時光該說的或者不該說的，該做的或者不該做的，一一清晰如畫。

許多不可多得的人生品味溢蕩其間，風風雨雨四年，我終於沒有愧對光陰，這是我僅能自我安慰的地方。

獨處也使我冥想，編織一份流浪的情懷，千里迢迢去尋找我的他，不管成功與否，可貴的是真情，可貴的是經歷，可貴的是一份執著的追求。

女孩天生有一種依賴感，喜歡從家庭、戀人以及朋友處尋得一份安慰和支持，古人謂之「女蘿」、「菟絲」，即取其纏繞大樹依大樹扶持之意也，而獨處卻逼得你去獨自直面人生，獨自解決一切難題，於不知不覺中培養了一份自立自強的能力。

當然，某些時候，朋友、戀人、家庭的安慰和支持確也勢必不可少的，可我們為什麼就不能獨立做一株大樹呢？枝葉婆娑，花朵滿樹，是真正屬於自己的一份自豪。

獨處同時還使我超脫。獨居一室，杳無人語，戶外則車馬喧譁。這正是一個隔與不隔的世界。

記得有一次在湖邊漫步，湖的對面是小吃店，人聲鼎沸，觥籌交錯。湖的這邊卻只有形影相弔，一湖之隔，飄渺恍惚兩個世界。此時的內心體驗實不可言說。

又記得年少時曾在小鎮大街上與車聲人語一同走路，畫面清晰而生動，此時便有超脫塵世之感。

自然，所謂的超塵脫世，乃禪家之言，我不是出世之人，量能於塵世中求得一時的解脫，身心俱寧，也不失為人生一大樂趣了。

心靈感悟

獨處不是孤獨。孤獨是一種無可奈何的無助的情感體驗，而獨處則是有益的、充實的、調節身心的手段。

越是懼怕獨處的人，依賴性越強，越是缺乏自制性和獨立性，自我意識也越不健全，因而越不成熟。

高雅地蒔弄生命

有這樣一戶人家，在那個特殊的年代裡，被迫從都市流落到鄉下。朋友送他們走的時候，都落了淚。

從小在都市長大的夫妻倆，手無縛雞之力，除了滿腦子的學問，幾乎什麼農活都不會做。更要命的是，他們的一對兒女還不到 5 歲。

一家人該怎麼活啊，望著他們遠去的背影，朋友們都很擔心，而他們的臉上卻非常平靜，根本看不出痛苦和絕望。

若干年過去了，都市的朋友決定去遙遠的鄉下看看這一家人。在朋友們看來，這家人一定生活得很悽慘。於是，他們湊了一些錢，到商店裡買了所有能夠買到的東西，大大小小裝了許多包，開始朝一個叫圪塄營的村莊出發。

汽車在坑坑窪窪的土路上顛簸了很長一段時間，才到了圪塄營。這是一個荒涼的小村莊，沒有幾戶人家。

　　輕輕地走到屋裡，朋友們都呆住了，只見他們一家人圍坐在一張破舊的八仙桌旁，桌上，是新沏好的茶水，一縷淡淡的清香飄散在空氣中。

　　丈夫、妻子、兒子、女兒，每人手裡捧著一本書，在這樣一個初夏的午後，正靜靜地埋頭讀著。

　　朋友們都知道，原先在都市的時候，男人就有這樣一個習慣：每天午後，跟妻子一道沏一壺好茶，然後在茶香的氤氳中，品茗讀書。

　　沒想到這麼多年過去了，在這麼荒涼的鄉下，他們竟然還保持著一個高貴的習慣，幾年的艱苦生活，竟沒有壓垮他們。

　　據說，這一家人在小村莊裡一直這樣精神昂揚地生活了近 20 年。後來，男人又回到了都市，成了一所著名大學的教授，而他們一雙在貧窮中長大的兒女，大學畢業後，一個留學於德國，一個留學於義大利。

　　一個人出生的一剎那，堅強、勇敢、忍耐……人生這些優秀的品格，就像一顆顆種子，一同降落在了生命深處。那些屈服於命運的人，就是在自我的精神世界裡放棄了這些種子的人。

　　而生活中的勝利者，常常是蒔弄這些種子的高手。譬如，故事中的那個男人，在生活艱難中，依然饒有情致地組織全家午後品茗讀書，就是他對一粒叫作「堅強」的種子最高雅的蒔弄。

　　所以說，這個世界上，只有屈服於命運的人，沒有失敗給命運的人。

心靈感悟

　　高雅的蒔弄生命並不是任何人都能做到的，因為這裡常常包含了要忍耐常人無法忍耐的寂寞。

　　耐得住寂寞的考驗，你就會對生活中的痛苦和快樂有所感悟，精

神靈魂就會得到昇華，自然也學會享受寂寞，在寂寞中創出自己的一番成績。

培養意志力的方法

有一個國中生總是覺得自己意志力薄弱，於是去向一位著名的心理學家諮商，這位心理學家所寫的《怎樣培養意志力？》一書至今暢銷不衰。

經過評估，心理學家告訴他一些可行的方法，並把這些方法和步驟寫在一張紙上。

分手時，又送給他一本親筆簽名的《怎樣培養意志力？》，告訴他，認真讀三遍書，並按所列步驟堅持訓練，兩個月之後必有奇效。

兩個月後，這個國中生又來了。

「你訓練得怎麼樣了？」心理學家問。

「沒有任何效果。」國中生無精打采地說。

「這是為什麼呢？」心理學家十分好奇。

「因為我不知從何下手。」國中生答道。

「怎麼可能？我送你的那本書裡講得一清二楚，我還專門為你列出了詳細的實施步驟呢！」心理學家說道。

「是的，然而您親筆簽名的書非常罕見，有位同學要出 5 倍的價錢買，我就把它賣掉了。」

心理學家大跌眼鏡，他決定重新修訂自己的那本書：把如何抵制金錢的誘惑作為培養意志力的核心內容寫進書裡。

心靈感悟

誘惑是一劑毒藥，它會破壞我們心理的平衡，也會擾亂我們的日常行為。

利益是誘惑的一種，世間熙熙攘攘的人們皆為利而來或皆為利而去，真正有意義的人生，就應該能夠抵制住各種誘惑。

別讓小欲望影響大目標

有一位禁慾苦行的修道者，準備離開他所住的村莊，到無人居住的山中去隱居修行。他只帶了一塊布當作衣服，就孤身來到山中居住了。

後來，他想到當他洗衣服的時候需要另外一塊布來替換，於是他就下山到村莊中，向村民們乞討一塊布當作衣服。村民們都知道他是虔誠的修道者，於是毫不考慮地給了他一塊布。

這位修道者回到山中後發覺，在居住的茅屋裡面有一隻老鼠，常常會在他專心打坐的時候來咬他那件準備換洗的衣服。

他早就發誓一生遵守不殺生的戒律，因此不願意去傷害那隻老鼠。但是他又沒有辦法趕走那隻老鼠，於是他回到村莊中向村民要一隻貓來飼養。

得到了一隻貓後，他又想到：「貓吃什麼呢？我並不想讓貓去吃老鼠，但總不能跟我一樣只吃一些水果與野菜吧！」於是他又向村民要了一隻奶牛，這樣，那隻貓可以靠牛奶充飢了。

但是，在山中居住了一段時間以後，他發覺每天都要花很多時間來照顧那隻奶牛，於是他又回到村莊中找到了一個可憐的流浪漢，帶著他來到

了山中居住，讓他照顧奶牛。

流浪漢在山中居住了一段時間之後，他跟修道者抱怨說：「我跟你不一樣，我需要一個太太，我要過正常的家庭生活。」修道者一想也有道理，他不能強迫別人一定要跟他一樣過著禁慾苦行的生活……

這個故事就這樣繼續演變下去，你可能也猜到了，到了後來，也許是半年以後，整個村莊都搬到山上去了。

修道者的本意是找一個清靜的地方去參悟修行，但他為了自己方便卻一次又一次地向村民要這要那；他本是一個禁慾者，但他的欲望卻超過了常人。他本嚮往清靜，但村莊搬上山自然是雞犬相聞，又怎麼能夠靜下心來呢？他為修行所做的種種努力也就這樣被荒廢掉了。

心靈感悟

欲望就像是一條鎖鏈，一個牽著一個，永遠都不能滿足。而真正可悲的是：人是絕對不能為自己的欲望找不到藉口的。適當地滿足一下自己的需求本來是無可厚非的，但做任何事情都要掌握個分寸，也就是所謂的「度」。事情做得過了度，往往便會走向反面，好事也就變成了壞事，就會招致不利於自己的結果。

貪婪的眼睛如果永遠不滿足，終究會被黃土封住。

永遠堅持原則

美國前總統喬治‧布希（George Bush）是個很有原則的人，他堅持「一就是一，二就是二」的原則。

1981 年春，當時身為副總統的布希正在飛往外地，乘坐例行公務旅行的飛機「空軍 2 號」，突然，布希接到國務卿亞歷山大・海格（Alexander Haig）從華盛頓打來的電話：「出事了，請你盡快返回華盛頓。」

幾分鐘後的一封密電中告知總統雷根已中彈，正在華盛頓大學醫院的手術室裡接受緊急搶救，飛機調頭飛向首都華盛頓。

飛機在安德魯斯著陸前 45 分鐘布希的空軍副官約翰・麥肯（John Mc-Cain）中校來到前艙為結束整個行程做準備。

飛機緩緩下滑時，麥肯突然想出了個主意，他說：「如果按常規在安德魯斯降落後，再換乘海軍陸戰隊一架直升飛機，飛抵副總統住所附近的停機坪著陸，再駕車駛往白宮，要浪費許多寶貴時間。不如直接飛往白宮在南草坪上著陸。」

布希考慮了一下，決定放棄這個緊急到達的計畫，仍按常規行事。

「我們到達時，市區交通正處高峰時期，」麥肯提醒道，「街道上的交通很擁擠，坐車到白宮要多花 10 分鐘至 15 分鐘的時間。」

「也許是這樣，但是我們必須這樣做。」

麥肯點點頭：「是的，先生。」說著走向艙門。

看到麥肯中校顯得疑惑不解，布希解釋道：「約翰中校，只有總統才能在南草坪上著陸。」布希堅持著這條原則：美國只能有一個總統，副總統不是總統。

布希認為：總統與副總統之間建立在相互信任基礎上的相互尊重，是成就一個成功的副總統的最重要的條件。

> **心靈感悟**
>
> 　　堅持原則有時也意味著抵制各種誘惑，在關鍵的時候是否能夠堅持原則，常常是判斷一個人道德水準的重要依據。
>
> 　　唯有那些肯堅持原則的人，才能贏得上司的信任和下屬的支持；獲得別人同樣的尊重。

做不喜歡的事情

　　我是一位長跑愛好者，每天早上我都會慢跑 5,000 公尺。不論嚴寒酷暑、颱風下雨，我的晨跑總是堅持著。其實開始時，情況並不如此。

　　我曾經十分厭惡早起，每天早晨我都賴在被窩裡為早起掙扎。我總是使出吃奶的力氣，才勉強從被窩裡出來。

　　真的，你也許會有同感，早上在床上的每一分鐘都是如此讓人珍惜，很多次我都又迷迷糊糊地差點睡著。

　　我也同樣不喜歡跑步，尤其是長跑，我覺得它又艱苦又乏味，還會讓人腰痠背痛。因此，一大早起床跑步，對我來說無異於天方夜譚。那麼，我，這個最堅持不下去的懶惰蟲，究竟是如何轉變成今天的長跑愛好者的呢？

　　答案需要追溯到我的祖父那番改變了我一生的教誨。祖父告訴我說，為了成為一位「行動者」，一定要做到自律。他解釋道，不論我做什麼，也不論我多麼努力，如果我不能做到掌握自己，那麼，將永遠不能發揮出自己最大的潛力，這便是祖父的「夢想者」與「行動者」學說的核心觀念，

即：克己自制。

祖父引用他最喜歡的名人馬克‧吐溫（Mark Twain）的一句話，來解釋如何做到克己自制：「關鍵在於每天去做一點心裡並不願意做的事情，這樣，你便不會為那些真正需要你完成的義務而感到痛苦，這就是養成自覺行為的黃金定律。」

祖父把這叫作「磨練法則」，並鼓勵我說，我只要能夠堅持一個月，我一定能把自己改造成行動者。

我聽從了祖父的建議，並選定了晨跑這件對身體有好處但對我來說是那麼艱苦的工作，開始親身實踐祖父的「磨練法則」。

這可真是名副其實的難事。雖然我知道長跑益處多多，但我仍然討厭它。我的身體狀況很差勁，從家門口到 40 公尺開外的信箱，往返一趟就讓我氣喘吁吁了。

我確實是需要某種有助於提高心肺功能的運動，可我一定也不願意選擇長跑。於是，長跑便成了一件不折不扣的，每天都必須做的不感興趣的事情。

我的轉變非常緩慢。每天的早起，卻只能得到腰痠背痛的獎勵，我有時會感到無比的畏懼。我也總是跑不了幾步就氣喘吁吁，上氣不接下氣。

這樣子下去，猜想「磨練法則」對我很難生效了，我的克己自制的目標也渺茫了起來，但唯一讓我牢記心中的是，我必須強迫自己堅持一個月！我做到了，一些意想不到的事情也就開始發生了。

隨著身體狀況的慢慢變好，跑步逐漸變得輕鬆起來，起床也變得不再那麼艱難了，月底的時候，跑步這份難事似乎不再那麼恐怖了，儘管早起仍然有點困難、有點費力，但似乎可以克服。

一切都變得越來越容易，越來越自然，直至我竟然不自覺地渴望晨跑！這時，我才開始真正感覺到，原來清晨長跑是一種享受。

讓我們看看究竟發生了什麼：我只不過是每天早上都爬起床去跑步罷了。然而，清晨長跑竟成了我的一個習慣，成了我的日常行為的一個部分，我也不用強迫自己了，每天的晨跑成為了自然而然的習慣。

「磨練法則」對於培養克己自制的品格至關重要，克己自制則是充分發揮潛能的關鍵所在。

心靈感悟

自律是進步的階梯，自律是成功的基石。自制力對人的作用是無處不在的。那些總是在課堂上交頭接耳的學生，那些在公司不安心工作的職員，那些在官場上鋃鐺入獄的官員……這主要不是他們的想法有問題，而是他們太缺少自律意識。

自己控制不了自己，自己也就成不了自己的主人。於是，不僅一事無成，危害了良好品德的養成，還可能使自己遭遇到懲罰。

苦寒中的梅香

蘇秦自幼家境貧寒，溫飽難繼，讀書自然是很奢侈的事。為了維持生計和讀書，他不得不時常賣自己的頭髮和打零工，後又背井離鄉到齊國拜師求學，跟鬼谷子學縱橫之術。

蘇秦自恃學業有成後，便迫不及待告別師友，遊歷天下，以謀取功名利祿。一年後不僅一無所獲，自己的盤纏也用完了，沒辦法再撐下去，於

是他穿著破衣草鞋踏上了回家之路。

到家時，蘇秦已骨瘦如柴，全身破爛骯髒不堪，滿臉塵土，與乞丐無異。落魄景象，溢於言表，令人同情。

妻子見他這個樣子，搖頭嘆息，繼續織布；大嫂見他這副樣子，扭頭就走，不願做飯；父母、兄弟、妹妹不但不理他，還暗自譏笑他說：「按我們周人的傳統，應該是安分於自己的事業，努力從事工商，以賺取十分之二的利潤；現在卻好，放棄這種最根本的事業，去賣弄口舌，落得如此下場，真是活該！」

此情此景，令蘇秦無地自容，慚愧而傷心。他關起房門，不願見人，對自己作了深刻的反省：

「妻子不理丈夫，大嫂不認小叔，父母不認兒子，都是因為我不爭氣，學業未成而急於求成啊！」

他認識到自己的不足，又重振精神，搬出所有的書籍，發奮再讀，他想道：「一個讀書人，既然已經決心埋頭讀書，卻不能憑這些學問來取得尊貴的地位，那麼，書讀得再多，又有什麼用呢？」

於是，他從這些書中撿出一本《陰符經》，用心鑽研。

他每天研讀至深夜，有時候不知不覺地伏在書案上就睡著了。每次醒來，都懊悔不已，痛罵自己無用，但又沒什麼辦法不讓自己睡著。

有一天，讀著讀著實在睏倦難當，不由自主地撲倒在書案上，但他猛然驚醒 —— 手臂被什麼東西刺了一下，一看是書案上放著一把錐子，他馬上想出了制止打瞌睡的方法：錐刺股（大腿）。

以後每當要打瞌睡時，就用錐子扎自己的大腿一下，讓自己猛然「痛醒」，保持苦讀狀態。他的大腿因此常常是鮮血淋淋，目不忍睹。

家人見狀，心有不忍，勸他說：「你一定要成功的決心和心情可以理解，但不一定非要這樣自虐啊！」

蘇秦回答說：「不這樣，就會忘記過去的恥辱；唯有這樣，才能催我苦讀！」

經過「血淋淋」的一年「痛」讀，蘇秦很有心得，寫出了揣摩時事的名篇。這時，他充滿自信地說：「用這套理論和方法，可以說服許多國的君主！」

於是蘇秦開始用「錐刺股」所得的學識和「錐刺股」的精神意志，遊說六國，終獲器重，掛六國相印，聲名顯赫，開創了自己輝煌的政治生涯。

心靈感悟

一個普通的人，要想成就一番事業是不容易的，這需要具有常人所不具有的毅力。忍常人不能忍之辱，吃常人不能吃之苦，必能做常人不能做之事。以堅持不懈的信心和毅力，感動自己，感動他人，才能獲得成功。

第五　在黑夜中望見黎明

第六　慢慢等來的成功

　　寂寞使我的內心更充盈，使我的心靈更純潔，使我生命歷程更加
鮮豔。寂寞還會讓我充滿自信，變得更加堅強！

　　暴雨是一個篩子。膽小的，思前想後的，都被它篩了下去，留下
了最有膽量和最不怕吃苦的人。

信念是成功之鑰

鵝毛大雪下得正大，漫山遍野都裹上了一層厚厚的雪。

有一位樵夫挑著兩擔柴吃力地往山上爬，他要翻過眼前的大山才能到家。樵夫一腳深一腳淺地走在山地雪路上，寂靜的山頭只聽見腳踩著雪發出「吱吱」的響聲。

肩挑沉重的柴，頭頂凜冽的北風，樵夫每一步都走得十分費力。好不容易爬了一段路，以為離山頂近了，可是他抬頭仰望，看見前方仍是沒個盡頭。

樵夫沮喪極了，跪拜在雪地上，雙手合十乞求佛祖現身幫忙。

佛祖現身問：「你有何困難？」

「我請求您幫我想個辦法，讓我盡快離開這鬼地方，我累得實在不行了。」樵夫疲憊地坐在地上。

「好吧，我教你一個方法。」說完，佛祖往農夫身後一指說，「你往身後看，看見什麼？」

「身後是一片茫茫白雪，只有我上山時留下的腳印。」樵夫不解地說。

「你是站在腳印的前方還是後方？」

「當然是站在腳印的前方，因為每一個腳印都是我踩下去後才留下的。」樵夫理所當然地回答。

「孺子可教！如此即是說你永遠站在自己走過路途的頂端。只是這個頂端會隨著你腳步的移動而變化。你只需要記住一點，無論路途多麼遙遠，多麼坎坷，你永遠是走在自己路途的最頂端，至於其他的問題，你不

必理會。」說完，佛祖便消失了。

樵夫照著佛祖的指示，果然輕鬆愉快地翻過山頭回到家。

寂寞磨練出更堅強的自我

　　喜歡這種被淡淡的孤獨縈繞在心頭的感覺；喜歡獨自在暗處享受惦記和思念在眼前慢慢地滑過；喜歡香菸的味道在身體周圍像晨霧一樣飄散；喜歡在清新的早晨，愜意的午後，美麗的黃昏，靜謐的夜晚，遠離繁華城市的喧囂，泡上一杯淡淡的清茶，獨自靜坐在窗前的書桌上，看著時光從格子上漸漸溜走。

　　於是，寂寞伴著淡淡的憂愁便會在不經意間撫摸著我的心靈，緩緩地爬上了我的肩頭。

　　此刻，我會乘著回憶之舟在人生的長河裡做一次遠距離的航行，重溫往日甜蜜的笑、苦澀的淚。我深知，不斷地總結得失，在失落中享受獲得，在獲得中感悟失落，會讓我在都市紅塵中永遠不會迷失自己。

　　一直喜歡把生活比作浩瀚無際的大海，而自己就像在大海中航行的一葉孤獨的小舟。在寂寞一刻，我常問自己：我的人生目標是什麼？我將駛

向何方？

記得剛踏入職場時我是多麼的意氣風發、志高遠大，「亂石穿空，驚濤拍岸……談笑間檣櫓灰飛煙滅。」就是我當時的雄心壯志。

由於我的長相和氣質征服了上司的心，我在公司做宣傳工作，常常和報社的記者打交道，我最羨慕的是記者的工作，當一名記者成了我當時的願望。

從那以後，寂寞就開始成了我的夥伴，為了做好工作，寫好文章，我就像一個不停旋轉的陀螺，信念和理想時刻鞭策著我永不停歇，我把我的所有時間都安排的滿滿的，努力學習，勤奮工作。

我每天都重複著跟孤獨說話，和寂寞思考。在寂寞的培養下一天天長大。

功夫不負有心人，我不久就成了各大報社的特約情報員，我的文章和拍攝的照片都在各大報紙上得以刊登。寂寞則帶著依戀和憂傷，看著快樂而興奮地我向我道別……

從此我在公司出了名，人們在茶餘飯後都有可能在看我的文章，公司的上司對我也表揚有加。

同事們看見我都是笑口常開，和我親切的打招呼，「記者」這個名字就成了我的外號。

我也興高采烈，因為當一名記者就是我的願望！

可是好景不長，不幸的是我的一篇批評報導引起了一家公司的不滿，他們捏造事實，顛倒黑白，把事情告到報社，說我報導失實，要我在報紙上向他們賠禮道歉。

為了證明我的清白，我付出了沉重的代價，跟公司請假一個月去調

查，去蒐證，付出了艱辛，最後找到了證據並證明了我的報導與事實完全相符。

但是，沒有想到的是卻因此引起了公司上層的不滿：說我一個月沒有上班，不給薪資，不給獎金。公司同事也對我指指點點，在我背後竊竊私語。

我一氣之下，離開了這家公司，從此放棄當報社的特約情報員，放棄了我心愛的工作。

我發誓：從此以後再也不寫作。

久別的寂寞用熱淚盈眶擁抱了我，開始了對我長久的纏綿。為了生活我做起了小生意，整天奔波在食品批發市場，用孤獨的背影在風裡雨裡，甚至在汗臭的夾擊下穿梭，我一隻手就可以扛起 50 公斤一袋的白糖，每天都用推車來回送幾十趟的貨物，到中午都吃的是簡簡單單的麵條，深深感受生活的艱辛和苦辣！

生意一天天好起來，我在生意場上也認識了不少朋友，寂寞又不知什麼時候悄悄地從我身旁離開……

1996 年我結了婚，我有了一個漂亮的妻子和一個可愛的女兒，讓我的生活充滿了溫馨和甜蜜。

每個星期天我們都會開著車出遊，享受著和妻子、女兒一起手牽著手的天倫之樂。

我們養的一隻小型的寵物犬，也天天跟著我們的後面，無論是在郊外的草地，還是在城市裡的花園、人行道上，牠對我們都是形影不離……

這段時間我的生活過的相當充實、瀟灑、自在，而且無限的快樂。這段時間是我生活中最美好的日子。

可是我們所做的生意逐漸開始下滑，市場經濟的浪潮，衝擊了我們這艘小小的航船，我不得不賣掉了我心愛的轎車，開始了我們簡單而節儉的日子。

就在這個時候，我的妻子跟著我在生意中認識的一個最好的朋友離開了我，還帶走了我的女兒，和那隻可愛的小狗……苦澀的往事不堪回首。也讓我在很多人面前難以啟齒，難以抬頭。

我的精神開始崩潰，覺得生活已經沒有意義。可是，寂寞又像老情人似的回到我的身邊，伴著我像是離不開的永久纏綿，安慰著我要我一定要頑強度過今生的餘年。

是電腦裡的部落格點燃了我寫作的欲望，並教會我怎麼透過智慧獲取財物，我又開始了我的寫文嗜好。市場經濟的浪潮又推波助瀾的讓我不斷的向前向前……

是我的網友們，依依草薰衣、揚帆、水中浮雲、0℃的浪漫等的鼓勵讓我看見了前途的光明，是石天方、愛拚、一片紅等網友讓我覺得生活得以延續是多麼的充滿意義。

思緒回到了郊外這空蕩蕩的小屋，抿一口清雅芬芳的清茶，在淡淡寂寞的陪伴中，心靈聆聽著我悽悽慘慘的傾訴。我終於徹悟：生活應當重新開始，只要努力，還是可以闖下一片天地！

也許我這輩子都是一個寂寞的男人，但是我卻感悟：寂寞的男人更勤奮，寂寞的男人更成熟。在漫漫人生路上，我會永遠刻意地保留這份剛毅的寂寞。

寂寞使我的內心更充盈，使我的心靈更純潔，使我生命歷程更加鮮豔。寂寞還會讓我充滿自信，變得更加堅強！

心靈感悟

愛因斯坦說過：「我總是生活在寂寞之中，這種寂寞在青年時使我感到痛苦，但在成年時卻覺得其樂無窮。」

這裡的其樂無窮很好理解，對於一個以探索宇宙的奧祕為己任，希望潛心從事科學研究的人來說，寂寞無疑能夠使他靜下來工作。文中作者多次在寂寞中崛起，就是一個很好的證明。

暴雨，一個篩選過程

我的朋友講過這樣的一個故事：

我 35 歲的時候，考上了一所大學夜間部。每天下班後，要穿越五條街去讀書。一天傍晚，颱風突然來了，暴雨像牛仔的皮帶一樣寬，翻捲著抽打大地。

老師還會不會上課呢？我不清楚。那時，電話還不普及，打探不到確切的訊息。考慮了片刻，我穿上雨衣，又撐開一把傘，衝出屋門。

風雨中，傘立刻被劈開，成了幾塊碎布。雨衣陰險地背叛了我，漲鼓如帆，拚命要裹挾我去雲中。

我只有扔了雨衣，連滾帶爬。渺無人跡的城市中，我驚惶地想到，是不是只有我一個人這麼傻？也許今天根本就不上課。

遲疑了片刻後，我咬緊牙，繼續向前。好不容易到了學校，貼身的衣服已像海帶一般冷硬，牙齒像上了發條似的打顫。沒想到看門的老人說：「從老師到學生，除了你，沒有一個人來！」

那一瞬間，我非常絕望，不單極端的辛苦化為泡沫，更有無窮的委屈和沮喪。

老人看我失魂落魄的樣子，讓我進他的小屋休息。喝著他沏的熱茶，我心灰意冷。

伴著窗外瀑布般的水龍，老人緩緩地說：「你以後會有大出息。」

我說：「我是一個大傻瓜。」

他說：「所有學生裡，只有你一個人來上學了。看，暴雨是一個篩子。膽小的，思前想後的，都被它篩了下去，留下了最有膽量和最不怕吃苦的人。」

那一剎那，好似空中打了一個閃電，我的心被照得雪亮。也許我不是 3,000 名學生當中最聰明的，但今晚的暴雨，讓我知道了，我是 3,000 名學生中最有膽量和毅力的。

從那以後，我就多了份自信。你曉得，天地萬物都會齊來幫助一個有自信的人。所以，我就一步步地有了今天的成功。

我說：「那位老人，是你人生最重要的導師啊！」

心靈感悟

作家列賓說過：「靈感不過是頑強的勞動後獲得的獎賞」。

關於毅力的名人故事可謂不勝列舉，幾乎每一個成功的名人，無不具有堅強的毅力。這種堅強的毅力可以表現在一些對大事的堅持上，也可以表現在一些不起眼的小事上。

毅力能夠移山

太行、王屋兩座山，方圓七百里，高七八千丈。這兩座山本來在冀州的南面，黃河的北面。

北山愚公，年紀將近 90 歲了，面對著山居住。他苦於山北交通阻塞，進出要繞遠道，就召集全家來商量說：「我要和你們盡全力挖平險峻的大山，一直通到豫州的南部，到達漢水的南岸，可以嗎？」

大家紛紛地表示贊成他的意見。

他的妻子提出疑問說：「憑你的力氣，連一座小山都不能削減，又能把太行、王屋兩座大山怎麼樣呢？況且把挖下來的泥土石頭放到哪裡去呢？」

大家紛紛說道：「把它們扔到渤海的邊上，隱土的北面。」

於是率領挑擔子的三個兒孫，敲鑿石頭，挖掘泥土，用箕畚搬運到渤海的邊上。鄰居京城氏的寡婦有個孤兒，剛七八歲，也蹦蹦跳跳地去幫助他們。

寒來暑往，季節交換，才往返一趟。

河曲智叟笑著勸阻愚公說：「你太不聰明了。憑你在世上這最後的幾年，剩下的這麼點力氣，連山上的一棵草都剷除不了，又能把泥土石頭怎麼樣呢？」

北山愚公長長地嘆息說：「你觀念頑固，頑固到了不能通達事理的地步，連孤兒寡婦都不如。即使我死了，還有兒子在呀；兒子又生孫子，孫子又生兒子；兒子又有兒子。兒子又有孫子；子子孫孫是沒有窮盡的啊。可是山卻不會再增高加大，還愁什麼挖不平呢？」

河曲智叟沒有話來回答。

山神聽說愚公移山這件事，怕他不停地挖下去，就向天帝報告了這件事。

天帝被愚公的誠心所感動，便命令大力神誇娥氏的兩個兒子背走了兩座大山，一座放在朔方的東部，一座放在雍州的南面。

從此，冀州的南部，一直至漢水的南邊，再沒有高山阻隔了。

心靈感悟

這是一個在中國流傳甚廣的寓言故事。這個寓言故事歌頌了人毅力的偉大，更告訴我們要想成就偉業，就應該像愚公那樣，耐得住寂寞，有頑強的毅力，堅持不懈地做下去，終有一天我們會成功的。

成功背後的不屈精神

阿佛烈・諾貝爾（Alfred Nobel）出生於瑞典一個貧窮的家庭裡。他父親不得不帶領全家到國外去謀生，最後流落到美國。

漂泊的生活，使諾貝爾沒有機會受到正規的學校教育，只在學校讀過一年書，受過幾年家庭教育。

諾貝爾童年時，在父親勞作的工廠裡打雜，多少接觸到一點化學知識。從 16 歲起，父親送他到美國一家工廠當學徒，在那裡他艱苦學習了5 年。

諾貝爾目睹了勞工開山鑿礦、修築公路和鐵路，都是手工進行的，體力勞動強度大，效率低。年輕的諾貝爾想：要是有一種威力很大的東西，

一下子能劈開山嶺，減輕工人們繁重的體力勞動那該多好啊！

於是他開始研究炸藥了。

起先，一切研究較順利，他和父親、弟弟一起發明了「諾貝爾爆發油」。帶著這種樣品，打算到歐洲繼續研究。可人們都認為「危險」，沒有人願意出資合作。

後來，法國皇帝 —— 拿破崙三世路易‧波拿巴（Louis Bonaparte）出錢籌辦了一間實驗室，他們父子才得到新的實驗機會。

不料在一次實驗中，不幸的事件發生了，實驗室和工廠全部被炸毀，還炸死了 5 個人，諾貝爾的弟弟當場被炸死，父親炸成重傷，從此半身不遂，再也不能陪伴諾貝爾參加實驗。

在沉重的打擊下，他並未灰心喪氣，決心制服「爆發油」的易爆性，造福人類。為了避免傷害實驗周圍的人，他把個人的生死置之度外，在朋友的資助下，租了一隻大船在梅拉倫湖上，經過 4 年幾百次的艱苦而危險的實驗，就在矽藻土炸藥試爆的最後一次，他親自點燃導火劑，仔細觀察各種變化，當炸藥爆炸聲巨響之後，人們驚吼：諾貝爾完了……

可他頑強地從瀰漫的煙霧中爬起來，滿身鮮血淋淋，他忘掉了疼痛，振臂高呼：「我成功了！我成功了！」

終於在 1876 年的秋天，他成功地研製了矽藻甘油炸藥。之後。諾貝爾又經過 13 年的研究，終於在 1880 年又發明了無煙炸藥 - 三硝基甲苯（又名 TNT）！對工業、交通運輸作出了巨大的貢獻！

諾貝爾的一生是光榮而偉大的一生，是不疲倦、勇於奉獻、努力學習和工作的一生。

他終身末娶，把畢生的精力都獻給了科學事業。他不僅在化學方面研

究發明了硝化甘油引爆劑、雷管、硝化甘油固體炸藥和膠水炸藥而被世人譽為「炸藥大王」，而且他對光學、電學、槍炮學、機械學、生物學和生理學等方面也都很有研究。

他一生共獲得 200 多項技術發明專利。他在歐洲、北美洲和南美洲等五大洲明專利。他在歐洲、北美洲和南美洲等五大洲的 20 多個國家建立了 100 多個公司和工廠，累積了 3500 萬瑞典克郎的資金，是個赫赫有名的大發明家。

心靈感悟

成功從來來之不易，這需要全身心的投入，需要長久的堅持，有時甚至還需要打上自己的生命。

諾貝爾父子的成功無疑就是這樣的，他從年輕時就矢志研究炸藥，為此，他終生未婚，他弟弟被炸死，他自己的一生也都投入到炸彈的研究當中。於是，他也成為了享譽全球的炸彈專家。

毅力是實現目標的基石

炎帝有一個女兒，叫女娃。女娃十分乖巧，黃帝見了她，也都忍不住誇獎她，炎帝視女娃為掌上明珠。

炎帝不在家時，女娃便獨自玩耍，她非常想要父親帶她出去，到東海，到太陽昇起的地方去看一看。

可是因為父親忙於公事：太陽昇起時來到東海，直至太陽落下；日日如此，總是不能帶她去。

這一天，女娃沒告訴父親，便一個人駕著一隻小船向東海太陽昇起的地方划去。不幸的是，海上突然起了狂風大浪，像山一樣的海浪把女娃的小船打翻了，女娃不幸落入海中，終被無情的大海吞沒了，永遠回不來了。

炎帝固然痛念自己的小女兒，但卻不能用太陽光來照射她，使她死而復生，也只有獨自神傷嗟嘆了。

女娃死了，她的精魂化作了一隻小鳥，花腦袋，白嘴殼，紅腳爪，發出「精衛、精衛」的悲鳴，所以，人們便叫此鳥為「精衛」。

精衛痛恨無情的大海奪去了自己年輕的生命，她要報仇雪恨。因此，她一刻不停地從她住的發鳩山上銜了一粒小石子，展翅高飛，一直飛到東海。她在波濤洶湧的海面上飛翔，悲鳴著，把石子樹枝投下去，想把大海填平。

大海奔騰著，咆哮著，嘲笑她：「小鳥兒，算了吧，你這工作就做一百萬年，也休想把我填平！」

精衛在高空答覆大海：「哪怕是做上一千萬年，一萬萬年，做到宇宙的盡頭，世界的末日，我終將把你填平的！」

「你為什麼這麼恨我呢？」

「因為你奪去了我年輕的生命，你將來還會奪去許多年輕無辜的生命。我要永無休止地做下去，總有一天會把你填成平地。」

精衛飛翔著、鳴叫著，離開大海，又飛回發鳩山去銜石子和樹枝。她銜呀，扔呀，成年累月，往復飛翔，從不停息。

後來，一隻海燕飛過東海時無意間看見了精衛，他為她的行為感到困惑不解，但了解了事情的起因之後，海燕為精衛大無畏的精神所打動，就

與其結成了夫妻，生出許多小鳥，雌的像精衛，雄的像海燕。小精衛和她們的媽媽一樣，也去銜石填海。

直至今天，她們還在做著這種工作。

心靈感悟

面對巨大的困難，人們一般會產生望而卻步之心，然而，精衛卻用行動告訴人們毅力可以戰勝所有的困難。精衛鍥而不捨的精神，善良的願望，宏偉的志向，受到人們的尊敬。

後世人們也常常以「精衛填海」比喻志士仁人所從事的艱鉅卓越的事業。

成功，漫長等待的旅程

古時候有個叫作樂羊子的人，他娶了一位知書達理，勤勞賢惠的好妻子，她總是幫助和輔佐丈夫力求上進，做個有抱負的人。

妻子常常跟樂羊子說：「你是一個七尺男子漢，要多學些有用的知識，將來好做大事，天天待在家裡或者只在鄉裡四鄰，開闊不了眼界，長不了見識，不會有什麼出息的。不如帶些盤纏，到遠方去找名師學習本領來充實自己，也不白活一世啊！」

日子一長，樂羊子被說動了，就按照妻子的話收拾好行李出遠門去了。

自從那天和樂羊子依依惜別後，妻子一天比一天思念自己的丈夫，掛念他在異鄉求學的情況，但她把這份惦念埋在心底，只是每天不停地織布

做活來排遣這份心情，好讓樂羊子安心學習，不牽掛自己和家裡。

一天，妻子正織著布，忽然聽見有人敲門。

她過去開了門一看，簡直不敢相信自己的眼睛，站在面前的竟然是自己日夜想念的丈夫。

她高興極了，忙將丈夫迎進屋坐下。可是驚喜了沒多久，妻子似乎想起了什麼，疑惑地問：「才剛剛過了一年，你怎麼就回來了，是出了什麼事嗎？」

樂羊子望著妻子笑答：「沒什麼事，只是離別的日子太久了，我對你朝思暮想，實在忍受不了，就回來了。」

妻子聽了這話，半晌無語，表情很是難過。她抓起剪刀，快步走到織布機前「咔嚓咔嚓」地把織了一大半的布都剪斷了。

樂羊子吃了一驚，問道：「你這是做什麼？」

妻子回答說：「這匹布是我日日夜夜不停地織呀織呀，它才一絲一縷地累積起來，一分一毫地變長起來，終於織成了一整匹布。現在我把它剪斷了，白白浪費了寶貴的光陰，它也永遠不能恢復為整匹布了。學習也是一樣的道理，要一點點地累積知識才能成功。你現在半途而廢，不願堅持到底，不是和我剪斷布一樣可惜嗎？」

樂羊子聽了這話恍然大悟，意識到自己錯了，不由得羞愧不已。他再次離開家去求學，整整過了 7 年才終於學成而返。

心靈感悟

樂羊子妻以她的遠見和勇氣幫助丈夫堅定了求學的意志，而樂羊子也終於以驚人的毅力克服困難，堅持學習。

這一切都告訴我們學習需要持之以恆的精神，不是一蹴而就的事，我們應該磨練自己的意志，不懈地努力。

刻苦鑄就成功

相傳，晉代王羲之在木板上寫了一篇祭文，後來人們為了換寫一篇新的祭文，要把木板上的祭文削去，足足刨了三分厚才把王羲之寫的祭文墨跡刨光。從此，人們便以「入木三分」來形容王羲之寫字的功力深厚。

這故事是否誇張，不得而知，但王羲之的書法，史稱「飄若浮雲，矯若驚龍」，「為古今之冠」，卻是名不虛傳，至今仍為不少書法家稱讚和仿效。他的一手好字，是由刻苦練寫得來的。

王羲之字逸少，晉司徒王導的姪子，父親王曠曾為淮南太守。王羲之在青少年時期就不慕榮利，很少與官場人交談，而是一心一意學習，特別是練習寫字。

當時，太尉郗鑑派門生前往向司徒王導家求親，想把自己的女兒嫁給王導的兒子。

王導說：「我的幾個兒子都在東廂，你看看哪一個合適？」

郗鑑的門生跟著王導來到東廂，只見王導的兒子們個個整裝端坐，裝模作樣，希望被選中，只有王羲之卻毫不在乎，披著衣服，露著肚皮，坐在床上，一邊吃東西，一邊練寫字，根本不為郗家來選女婿所動。

門生回到太尉府，將所看到的情況向郗鑑報告，並說：「王司徒的兒子個個英俊漂亮，只有那個王羲之……」

門生話未說完，郗鑑哈哈大笑說：「王羲之這樣的人，正是我要尋找

的佳婿呀！」就這樣，王羲之作了太尉郗鑑的女婿。

王羲之從小就喜歡練字。他父親王曠也很愛寫字，常拿出一本名叫《筆說》的字書去學習寫字，寫後又像寶貝一樣把它藏在枕中。這個祕密被王羲之發現了，等父親外出，他就從枕中拿出那本《筆說》來，像父親那樣照著書中的要求偷偷練寫。

這天，他正在看《筆說》，不想父親突然回來了，生氣地說：「你何敢私偷我的藏書？」

王羲之不好意思地笑了笑。母親在一旁幫忙說：「兒啊，你不是想拿來練寫字的嗎？」

父親轉怒為喜，說：「你想練字，這是好事，我支持你。可你年紀太小。這本書是很難得到的，我怕丟失，所以藏起來。等你長大了，我把它送給你。」

「我現在就想用這本書來練字。」王羲之歪著小腦袋看著父親，請求說，「你現在就給我吧！不然，等我長大了，我小時的聰明就被埋沒了！」

「好，好！現在就送給你。」父親見王羲之說得有理，就把《筆說》送給他。

從此，王羲之就根據《筆說》中的要求，天天練寫字。《筆說》是前代書法家寫字的經驗總結，它對王羲之寫字有很大幫助。

王羲之刻苦練寫，不到一個月，字已經寫得很像樣了。當時曾名噪一時的書法家衛夫人，看到王羲之寫的字，大吃一驚，感嘆說：「這孩子真了不起，小小年紀寫的字便能符合筆訣的要求，老練有力，不久就會超過我了！唉，後生可畏！」說罷，流下了兩行熱淚。

然而，王羲之並不滿足於已有的成績。他得到父母的允許，躲在山谷

的幽靜處，全力以赴地練字。既模仿三國魏鍾繇下筆入神的隸書、楷書法，又模仿東漢書法家「草聖」張芝的草字法。

紙張用完了，就寫在竹葉、樹皮、木板、山石、紗布等上面，凡是能寫字的東西都給他寫遍了。

寫完了，擦掉再寫，反覆練習，長達 20 年之久。功夫不負苦心人，王羲之終於成為冠絕古今的書法家。

王羲之由於練得一手好字出了名，朝裡的大官都想找他寫字留念，推薦他為侍中、吏部尚書、護軍將軍等高官，都被他謝絕了，最後推辭不掉，才接受了一個右軍將軍的頭銜，因此人們也稱他為王右軍。

心靈感悟

王羲之的書法是中國書法領域一個無人可以超越的高峰，其《蘭亭序》更是名垂千古，享譽中外。王羲之這些成就的取得，自然和他的勤奮，和他在顯赫之家，竟能排除各種干擾，靜下心來的苦練。有了這種精神，他取得如此大的成就不足為奇了。

堅持，勝利的姿態

一位資深的廣告公司文案人員在接受記者採訪時，當記者問她成功的感悟時，她只說了兩個字：「堅持。」

6 年前，她是一家棉紗廠的失業人員，除了愛好文學之外，她一無所長。

那年夏天，她深愛著的那個乖男孩也向她提出了分手，男孩說，他的

媽媽覺得女孩子不能沒有工作。

她笑笑，看著男孩遠去。

為了愛情，她來到了這家只要有創意不必有文憑的廣告公司。

應徵的有上百人，大都是藝術學校的大學生，他們朝氣蓬勃，青春煥發，他們才華橫溢，且有作品得獎。在應徵過程中，她一遍遍地問自己：是不是應該放棄？直至輪到她時，她的心中還在問自己：是不是應該放棄？

她看到了和藹可親的經理。就在他善意的一笑中，她突然有了勇氣。

她想努力一搏。幸運的是，經理愛好文字，文人之間總有別人無法言傳的默契，更重要的是，經理讀過她的詩。

很神奇的，她被錄取了。

但是她很快發現了自己與別的創意人員的差距，她的點子經常不能想到點上，等到別人設計出來，她才有一種如夢方醒的感覺。

廣告公司的收入按照業績取酬，整整 6 個月，她的薪資是最低的，除了工讀生，就是她了。

她覺得自己並不適合這份工作，準備放棄，當有人因為承受不住工作壓力而轉行時，她隨時都想把口袋中的那張辭職報告拿出來。

但是，她不願就這樣輸了。

其實她是有天分的，只是在文學和文案之間，還有一段過渡的時期。6 個月後，她第一個創意被公司採納。再一個月後，她為一家實力雄厚的公司作的廣告詞，那家公司竟然沒有改動一個字。

那兩則成功的創意撕毀了她黑暗的世界，希望的曙光已經降臨。

從此她的創意點子如火山一樣噴發，有時候甚至連她自己也不明白自己會如此適合做廣告這一行。

成功也許真的只是一種「堅持」，當成功與失敗的比例是三七開時，堅持的時間越長，成功的機會就越大。凡事堅持，不屈不撓，就有了贏的姿態。

心靈感悟

天無絕人之路，路就在自己腳下，決定權永遠屬於你自己，只要你選對了方向並且堅持不懈地走下去，那麼你一定會走到勝利的彼岸。

也許途中充滿荊棘與艱險，但你要始終堅信：堅持到底，就一定會贏！

不懈努力，創造奇跡

曾聽過這麼一個故事：

陳阿土從來沒有出過遠門，後來狠狠心拿出存了半輩子的錢，終於風風光光地出了一趟國。

國外的一切都是非常新鮮的，陳阿土參加的是豪華團，一個人住一個套房的那種。這讓他新奇不已。

早晨的時候，服務生來敲門送早餐時大聲說道：「Good morning sir！」

陳阿土愣住了。這是什麼意思呢？心想，在自己的家鄉，一般陌生的人見面都會問：「您貴姓？」

於是陳阿土大聲叫道：「我叫陳阿土！」

如是這般，連著三天，那個服務生來敲門的時候，每天都大聲說：「Good morning sir ！」而陳阿土也大聲回道：「我叫陳阿土！」

這讓陳阿土非常地生氣。這個服務生怎麼這麼笨，天天問自己叫什麼名字，都告訴他這麼多遍了還問。他終於忍不住去問導遊，「Good morning sir ！」是什麼意思。

導遊告訴他是「早安，先生！」

陳阿土立即覺得應當找個地洞鑽進去。於是他開始反覆練習「Good morning sir ！」這個詞，以便能體面地應對服務生。

第二天早晨，當服務生照常來敲門的時候，門一開陳阿土就大聲叫道：「Good morning sir ！」

與此同時，服務生叫的是：「我叫陳阿土！」

每次看這個故事的時候都忍禁不住啞然失笑。人與人之間就是這麼相互影響的，不是東風壓倒西風，就是西風壓倒東風。人與人交往，常常是意志力與意志力的較量。不是你影響他，就是他影響你，關鍵在於誰比誰更瘋狂更強勢。

心靈感悟

我們大多數人缺少的不是聰明，而是這股有點傻帽的瘋勁。成功源於寂寞、源於堅持並非一句空話。

試想，成功之前，沒有鮮花，沒有掌聲，沒有讚美，更無人關注，有時甚至還要遭受他人譏諷。此時，如果我們耐不住寂寞放棄了，那麼我們就會前功盡棄；如果堅持，才能有望成功。

成功的細節

現在日本有 10,000 多家麥當勞分店，一年的營業總額突破 40 億美元大關，創造這一輝煌業績的藤田田，年輕時有一段不平凡的經歷。

1965 年，藤田田畢業於日本早稻田大學經濟學系，畢業之後隨即在一家大型電器公司工作。

1971 年，他開始創立自己的事業，經營麥當勞生意。麥當勞是聞名全球的連鎖速食公司，採用的是特許連鎖經營機制，而要取得特許經營資格是要具備相當的財力和特殊資格的。

而藤田田只是一名才出校門幾年，毫無任何資金支持的上班族，根本無法具備麥當勞總部所要求的 75 萬美元存款和一家中等規模以上銀行信用支持的苛刻條件。

只有不到 50,000 美元存款的藤田田，看準了美國連鎖速食文化在日本的巨大發展潛力，決意要不惜一切代價在日本創立麥當勞事業，於是絞盡腦汁東湊西借起來。

事與願違，5 個月下來只借到 40,000 美元。面對巨大的資金落差，換作一般人也許早就心灰意冷了。然而藤田卻偏有對困難說不的勇氣和銳氣，偏要迎難而上遂其所願。

於是在一個風和日麗的早晨，他西裝革履滿懷信心地跨進住友銀行總裁辦公室的大門。藤田田以極其誠懇的態度，向對方表明其創業計畫和求助心願。在耐心地聽完他的陳述之後，銀行總裁回答：「你先回去吧，讓我再考慮考慮。」

藤田田聽後，心裡即刻掠過一絲失望，但馬上鎮定下來，懇切地對總裁

說了一句：「先生，可否讓我告訴您，我那 50,000 美元存款是怎麼來的嗎？」

「那是我 6 年來按月存款的收穫，」藤田田說道，6 年裡，我每月堅持存下薪資獎金，分文不動，從未間斷。6 年裡，無數次手頭拮据的時候，我都咬緊牙關，硬撐了過來。有時候，碰到意外事故需要額外用錢，我也照存不誤，甚至不惜厚著臉皮四處借貸，保持固定存款。這是沒有辦法的事，我必需這樣做，因為跨出大學門欄的那一天我就立下宏願，要以 10 年為期，存夠 10 萬美元，然後自創事業，出人頭地。我堅信，在小事情上熬得過的人才能做成大事情。現在機會來了，我一定要提前開創自己的事業……」

藤田田一口氣講了 20 分鐘，總裁越聽神情越嚴肅，並向藤田田詢問他存錢的那家銀行的地址，然後對藤田田說：「好吧，年輕人，我下午就會給你答覆的。」

送走藤田田後，總裁立即驅車前往那家銀行，親自了解藤田田的存錢情況。櫃檯行員了解總裁的來意後，說了這樣幾句話：「哦，是問藤田田先生啊！他可是我接觸過最有毅力，最有禮貌的一名年輕人。6 年來，他真正做到了風雨無阻地準時來我們銀行存錢，老實說，這麼嚴謹的人我真是佩服得五體投地！」

聽完行員說明後，總裁大為動容，立即打通了藤田田家裡的電話，告訴他住友銀行可以毫無條件地支持他創立麥當勞事業。藤田田追問了一句：「請問，您為什麼要決定支持我呢？」

總裁在電話那頭感慨萬千地說到：「我今年已經 58 歲了，再過兩年就要退休，論年齡我是你的兩倍，論收入我是你的 40 倍，可是，直至今天我的存款卻還沒有你多……我大概是奢侈慣了。光說這一句，我就自愧不如，敬佩有加了。我敢保證，你會很有出息的，年輕人，好好努力吧！」

心靈感悟

做事情要有毅力和恆心，每個人都知道，但不一定能做到。成功可以從一個人日常生活中的一個小細節中看出來。

藤田田能夠在 6 年的時間裡，厲行節約，堅持儲蓄，僅從一件事中就可以看出他是一個有毅力的人。因此，他也能夠成為一個做大事的人。

與命運的持久對峙

人若以命運來劃分，大致可以分為兩種：一種來就走運；一種來就倒楣。畫家謝坤山就屬於後一種，似乎生來就和好運無緣，而與倒楣結伴，倒楣了一次又一次，也倒楣得一塌糊塗，簡直成了「倒楣家」。

由於家境貧寒，沒錢供他讀書，謝坤山很早就輟學。不過，生活貧困也使他早熟，很小就懂得父母的勞苦與艱辛。因而從 12 歲起，他就到工地上打工，用他那稚嫩的肩頭支撐著這個家。

然而，命運偏不垂青這個懂事的孩子，總將災難一次次降臨到他的頭上。16 歲那年，他因誤觸高壓電，失去了雙臂和一條腿；23 歲，一場意外事故，又使他失去了一隻眼睛。隨後，心愛的女友也悄然離他而去⋯⋯

面對接踵而來的打擊，謝坤山並不抱怨，也沒有因此沉淪。但為了不拖累可憐的父母，他毅然選擇了流浪，帶著一身殘疾上路，獨自一人，與命運展開了搏鬥。

在流浪的日子裡，謝坤山一邊忙於打工，賺錢餬口；一邊忙於公益，援助社會。後來，他漸漸地迷上了繪畫，他想重新為自己上色。

起初，謝坤山對繪畫一無所知，他就去藝術學校旁聽，學習繪畫技巧。沒有手，他就用嘴作畫，先用牙齒咬住畫筆，再用舌頭攪動，嘴角時常滲出鮮血。

少條腿，他就「金雞獨立」作畫，通常一站就是幾個小時。他尤其愛在風雨中作畫，捕捉那烏雲密布、寒風吹襲的感覺……然而就在他最困頓的時候，一個名叫也真的漂亮女孩，不顧父母的強烈反對，依然走進了他的生活。

有了一個支點，從此謝坤山更加勤奮作畫，到處舉辦畫展，作品也不斷地在繪畫大賽中獲獎。苦心人，天不負。後來，他終於贏得了的殘局。

他不僅贏得了，有了一個美滿的家；而且贏得了事業，成為很有名的畫家；同時也贏得了社會的尊重。他的傳奇故事，在臺灣早已家喻戶曉，成為無數青年的楷模。

曾有人問他：「假如你有一雙健全的手，你最想用它做什麼？」他笑著說：「我會左手牽著太太，右手牽著兩個女兒，一起走好路。」

其實就是一盤棋，而與你對弈的是命運。即便命運在棋盤上占盡了優勢，即使你剩下一炮的殘局，你也不要推盤認輸，而要笑著面對，堅持與命運對弈下去，因生往往就在堅持中轉機！

心靈感悟

大凡成功者都是孤獨而執著的，身體健全者如此，身體具有某些殘障者也如此。

因為耐得住寂寞，是一個人能展現想法與靈魂修養，是難能可貴的一種風範，更是一個人排除干擾，關注目標，積聚能量所必不可少的條件。

天下沒有不勞而獲的東西

從前，有一位愛民如子的國王，在他的英明領導下，人民豐衣足食，安居樂業。

深謀遠慮的國王卻擔心當他死後，人民是不是也能過著幸福的日子，於是他召集了有識之士，命令他們找尋一個能確保人民生活幸福的永世法則。

一個月後，三位學者把三本六寸厚的帛書呈給國王說：「國王陛下，天下的知識都彙集在這三本書內，只要人民讀完它，就能確保他們的生活無憂了。」

國王不以為然，因為他認為人民不會花那麼多時間來看書。所以他再命令這些學者繼續鑽研。

兩個月內，學者們把三本書簡化成一本。國王還是不滿意。一個月後，學者們把一張紙呈上給國王。

國王看後非常滿意地說：「很好，只要我的人民日後都真正有奉行這寶貴的智慧，我相信他們一定能過上富裕幸福的生活。」說完後便重重地獎賞了學者們。原來這張紙上只寫了一句話：「天下沒有不勞而獲的東西」。

大多數的人都想快速發達，但是卻不明白做一切事都必須老老實實地努力才能有所成就。只要還存有一點取巧、碰運氣的心態，你就很難全力以赴。不要夢想中樂透，或把時間花在賭桌上。這些一夜之間發達的夢想，都是人們努力的絆腳石。

自從傳言有人在塞文河畔散步時無意間發現金子後，這裡便常有來自四面八方的淘金者。他們都想成為富翁，於是尋遍了整個河床，還在河床

上挖出很多大坑，希望藉助它找到更多的金子。的確，有一些人找到了，但更多的人卻一無所得，只好掃興而歸。

也有不甘心落空的，便駐紮在這裡，繼續尋找。彼得‧弗雷特就是其中的一員。他在河床附近買了一塊沒人要的土地，一個人默默地工作。

他為了找金子，他把所有的錢都押在這塊土地上。他埋頭苦做了幾個月，直至土地全變成坑坑窪窪，他失望了──他翻遍了整塊土地，但連一丁點金子都沒看見。

6 個月以後，他連買麵包的錢都沒有了。於是他準備離開這裡到別處去謀生。就在他即將離開的前一個晚上，天下起了傾盆大雨，並且一下就是三天三夜。

雨終於停了，彼得走出小木屋，發現眼前的土地看上去好像和以前不一樣：坑坑窪窪已被大水沖刷平整，鬆軟的土地上長出一層綠茸茸的小草。

「這裡沒找到金子，」彼得忽有所悟地說，「但這土地很肥沃，我可以用來種花，並且拿到鎮上去賣給那些富人。他們一定會買些花裝扮他們的家園。如果真這樣的話，那麼我一定會賺很多錢，有朝一日我也會成為富人……」

彼得彷彿看到了將來，美滋滋地說：「對，不走了，我就種花！」

於是，他留了下來。彼得花了不少精力培育花苗，不久田地裡長滿了美麗嬌豔的各色鮮花。他拿到城市去賣，那些富人一個勁兒地稱讚：「瞧，多美的花，我們從沒見過這麼美麗的花！」他們很樂意付少量的錢來買彼得的花，以便使他們的家變得更富麗堂皇。

5 年後，彼得終於實現了他的夢想，成了一個富翁。

心靈感悟

天下沒有不勞而獲的東西，同時，要想收穫常常也不是短暫的勞動就能夠有所收穫的。彼得用幾月的時間，才培育出第一棵花；用 5 年的時間，才成為一個富翁。

人生中的奮鬥常常要比彼得的奮鬥時間要長。這要求我們要能夠耐得住寂寞，只有這樣成功才會來敲門。

持之以恆，方證成功

也許還有很多人不知道原一平是誰，但在日本壽險業，他卻是一個聲名顯赫的人物。日本有近百萬的壽險從業人員，其中很多人不知道全日本 20 家壽險公司總經理的姓名，卻沒有一個人不認識原一平。

他的一生充滿傳奇，從被家鄉公認為無可救藥的小混混，最後成為日本保險業連續 15 年全國業績第一的「推銷之神」，最窮的時候，他連坐公車的錢都沒有，可是最後，他終於憑藉自己的毅力，成就了自己的事業。

1904 年，原一平出生於日本長野縣。他的家境富裕，父親德高望重又熱心公務，因此在村裡擔任若干要職，為村民排憂解難，深受敬重。

原一平是家中的老么，從小長得矮矮胖胖的，很受父母親的寵愛。可能是被寵壞的緣故，原一平從小就很頑皮，不愛讀書，喜愛調皮搗蛋，捉弄別人，甚至常常與村裡的小孩吵架、毆鬥。

甚至於老師教育他，他竟然拿小刀刺傷了老師，父母對他實在無可奈何了。

23 歲那年，原一平離開家鄉，到東京闖天下。第一份工作就是做推銷，但是碰上了一個騙子，捲走保證金和會費就跑了。為此，原一平陷入了困境之中。

1930 年 3 月 27 日，對於還一事無成的原一平是個不平凡的日子。27 歲的原一平拿著自己的履歷，走入了明治保險公司的應徵現場。

一位剛從美國研習推銷術歸來的資深專家擔任主考官。他瞟了一眼面前這個身高只有 145 公分，體重 50 公斤的「傢夥」，丟擲一句硬邦邦的話：「你不能勝任。」

原一平呆住了，好半天回過神來，結結巴巴地問：「何……以見得？」

主考官輕蔑地說：「老實對你說吧，推銷保險非常困難，你根本不是做這個的料。」

原一平被激怒了，他頭一抬：「請問進入貴公司，究竟要達到什麼樣的標準？」

「每人每月 10,000 元。」

「每個人都能完成這個數字？」

「當然。」

原一平不服輸的勁兒上來了，他一賭氣：「既然這樣，我也能做到 10,000 元。」

主考官輕蔑地瞪了原一平一眼，發出一陣冷笑。

原一平斗膽許下了每月推銷 10,000 元的諾言，但並未得到主考官的青睞，勉強當了一名「見習業務員」。

沒有辦公桌，沒有薪水，還常被老業務員使喚。在最初成為業務員的

七個月裡，他連一分錢的保險也沒拉到，當然也就拿不到分文的薪水。為了省錢，他只好上班不坐電車，中午不吃飯，晚上睡在公園的長凳上。

然而，這一切都沒有使原一平退卻。他把應徵那天的屈辱，看作一條鞭子，不斷「抽打」自己，整日奔波，拚命工作，為了不使自己有絲毫的鬆懈，他經常對著鏡子，大聲對自己喊：「全世界獨一無二的原一平，有超人的毅力和旺盛的鬥志，所有的落魄都是暫時的，我一定要成功，我一定會成功。」他明白，此時的他已不再是單純地推銷保險，他是在推銷自己。他要向世人證明：「我是做推銷的料。」

他依舊精神抖擻，每天清晨 5 點起床從「家」徒步上班。一路上，他不斷微笑著和擦肩而過的行人打招呼。

有一位紳士經常看到他這副快樂的樣子，很受感染，便邀請他共進早餐。儘管他餓得要死，但還是委婉地拒絕了。

當得知他是保險公司的業務員時，紳士便說：「既然你不賞臉和我吃頓飯，我買你的保單好了！」他終於簽下了生命中的第一張保單。

更令他驚喜的是，那位紳士是一家大飯店的老闆，幫他介紹了不少業務。

從這一天開始，原一平的工作業績開始直線上升。到年底統計，他在 9 個月內共實現了 16.8 萬日元的業績，遠遠超過了當時的許諾。

公司同仁頓時對他刮目相看，這時的成功讓原一平淚流滿面，他對自己說：「原一平，你做得好，你這個不吃午餐，不坐公車，住公園的窮小子，做得好！」

1936 年，原一平的推銷業績已經名列公司第一，但他仍然狂熱工作，並不因此滿足，他構想了一個大膽而又破格的推銷計劃，找保險公司的董

事長串田萬藏，要一份介紹日本大企業高層人員的「推薦函」，大幅度、高層次地推銷保險業務。

因為串田先生不僅是明治保險公司的董事長，還是三菱銀行的總裁、三菱總公司的理事長，是整個三菱財團名副其實的最高首腦。透過他，原一平經手的保險業務不僅可以打入三菱的所有組織，而且還能打入與三菱相關的最具代表性的所有大企業。

但原一平不知道保險公司早有被嚴格遵守的約定：凡從三菱來明治工作的高級人員，絕對不介紹保險客戶，這理所當然地包括董事長串田。

原一平為突破性的構想而坐立不安，他咬緊牙關，發誓要實現自己的推銷計劃。他信心十足地推開了公司主管推銷業務的常務董事阿部先生的門，請求他代向串田董事長要一份「推薦函」。

阿部聽完了原一平的計畫，默默地瞪著原一平不說話，過了很久，阿部才緩緩地說出了公司的約定，回絕了原一平的請求。

原一平卻不肯打退堂鼓，問道：「常務董事，能不能自己去找董事長，當面提出請求？」

阿部的眼睛瞪得更大了，更長時間的沉默之後，說了 5 個字：「姑且一試吧。」說罷，用擠出的難以言狀的笑容，打發了原一平出門。

等了幾天，終於接到了約見通知，原一平興奮不已地來到三菱財團總部，層層關卡，漫長的等待，把原一平的興奮勁耗去大半。

他疲乏地倒在沙發裡，迷迷糊糊地睡著了。不知過了多長時間，原一平的肩頭被戳了幾下，他愕然醒來，狼狽不堪地面對著董事長。串田大喝一聲：「找我什麼事？」

還未清醒過來的原一平當即被嚇得差點說不出話來，想了一會兒才結

結巴巴地講了自己的推銷計劃，剛說：「我想請您介紹……」

就被串田截斷：「什麼？你以為我會介紹保險這種東西？」

原一平來前曾想到過請求被拒絕，還準備了一套辯駁的話，但萬萬沒有料到串田會輕蔑地把保險業務說成「這種東西」。他被激怒了，大聲吼道：「你這混帳的傢夥。」

接著又向前跨了一步，串田連忙後退一步。「你剛才說保險這種東西，對不對？公司不是一向教育我們說：『保險是正當事』嗎？你還是公司的董事長嗎？我這就回公司去，向全體同事傳播你說的話。」

原一平說完轉身就走。

一個無名的小職員竟敢頂撞、痛斥高高在上的董事長，使串田非常氣憤，但對小職員話中「等著瞧」的潛臺詞又不能不認真思索。

原一平走出三菱大廈，心裡很不平靜，他為自己的計畫被拒絕又是氣惱又是失望，當他無可奈何地回到保險公司，向阿部說了事情的經過。

剛要提出辭職，電話鈴響了，是串田打來的，他告訴阿部剛才原一平對自己惡語相加，他非常生氣，但原一平走後他再三深思。串田接著說：「保險公司以前的約定確實有偏差，原一平的計畫是對的，我們也是保險公司的高階職員，理應為公司貢獻一份力量幫助擴展業務。我們還是加入保險吧。」

放下電話，串田立即召開臨時董事會。會上決定，凡三菱的有關企業必須把全部退休金投入明治公司，作為保險金。」

原一平的頂撞痛斥，不僅贏得了董事長的敬服，還獲得了董事長日後充滿善意的全面支持，他逐步實現了自己的宏偉計劃：3 年內創下了全日本第一的推銷紀錄，到 43 歲後連續保持 15 年全國推銷冠軍，連續 17 年

推銷額達百萬美元。

1962 年，他被日本政府特別授予「四等旭日小綬勳章」。獲得這種榮譽在日本是少有的，連當時的日本總理大臣福田赳夫也羨慕不止，當眾慨嘆道：「身為總理大臣的我，只得過五等旭日小綬勳章。」

1964 年，世界權威機構美國國際協會為表彰他在推銷業作出的成就，頒發了全球業務員最高榮譽——學院獎等，他是明治保險的終身理事，業內的最高顧問。真正是功成名就了！

儘管原一平功成名就，但他根本不願意停下來，還要繼續工作，他的太太埋怨說：「以我們現在的儲蓄已夠終生享用，不愁吃穿，何必每日再這樣勞累地工作呢？」

原一平卻不以為然地回答：「這不是有沒有飯吃的問題，而是我心中有一團火在燃燒著，這一團永不服輸的火在身體內作怪的緣故。」

原一平用自己一生的實踐書寫了作為一個偉大的業務員、一個優秀的業務員應該具有的技巧。他要把這些技巧告訴每一個普通人、每一個即將走向成功的人。

心靈感悟

在當今社會中，保險業務員無疑是最難做的一種。因為，推銷是一條孤寂而寂寞的路，遭到的白眼和冷遇都遠遠超過其他行業，然而，獨一無二的原一平用自己的汗水和勤奮、韌力和耐心走過了這條荊棘路，創造了世界奇蹟。

失去勳章的科學家

18 世紀瑞典化學家卡爾・威廉・舍勒（Carl Wilhelm Scheele）在化學領域作出了傑出的貢獻，可是瑞典國王毫不知情。有一次在去歐洲旅行的旅途中，國王才了解到自己的國家有這麼一位優秀的科學家，於是國王決定授予舍勒一枚勳章。

可是負責發獎的官員孤陋寡聞，又敷衍了事，他竟然沒有找到那位全歐洲知名的舍勒，卻把勳章發給了一個與舍勒同姓的人。

其實，舍勒就在瑞典一個小鎮上當藥劑師，他知道瑞典國王要發一枚勳章給自己，也知道給錯了人，但他只是付諸一笑，只當沒有那麼一回事，仍然埋頭於化學研究之中。

舍勒在業餘時間裡用極其簡陋的自制設定，首先發現了氧，還發現了氯、氨、氯化氫，以及幾十種新元素和化合物。

他從酒石中提取酒石酸，並根據實驗寫成兩篇論文，送到斯德哥爾摩科大學的自然科學學院。但科學院竟以「格式不合」為理由，拒絕發表他的論文。

舍勒並不灰心，在他獲得了大量研究成果以後，根據這個實驗寫成的著作終於與讀者見面了。舍勒在 32 歲那年當選為瑞典科學院院士。

心靈感悟

如果你也有舍勒這種埋頭苦做、鍥而不捨不追名逐利的精神，在平凡中追求偉大的品性，那麼成功也就離你不遠了。

要知道在整個社會系統中，除了一些特殊的人從事特定工作之

外，一般人的工作都是很平凡的。雖然是平凡的工作，但只要努力去做，充分發揮自己的主觀能動性，依然可以做出不平凡的業績。

自勝勝於勝人

◆ 先忍受寂寞再當高手

個性決定命運。我就是個內向、安靜、骨子裡好強的人，有人稱我為「寂寞高手」。

我小時候的理想是當個畫家。我 3 歲開始學畫，那時候，父母去上班，因怕我一人在家不安全，就把我反鎖在家裡，一鎖就是一整天，而我就安安靜靜地待在家裡畫畫，一畫也是一整天。

從那時起，我就養成了獨處和靜思的習慣。至今，我的朋友也不多。朋友多的話難免要應酬，應酬就要進入吵雜的公共場所和方方面面的人接觸，這樣既占用我練球的時間，也不符合我的個性。

我一個人待在家裡看書，看搞笑影片，吃點零食，偶爾陪媽媽逛街。壓力特別大的時候練練瑜伽，一個人靜靜地打坐，聽聽輕鬆的音樂減壓，就是我很享受的業餘生活狀態。

現在想想，安靜的人真的很適合做職業撞球手，因為打撞球需要很專注，凝神思考，耐得住性子，不急不躁，心理素養要特別穩定，而這些我都具備。

如今，能耐得住寂寞的人不多，我偏是其中之一。所以說，先忍受寂寞，再當高手吧。好的心態是成功的必備條件。

◆ 贏自己比贏別人更重要

前不久，我在美國打公開賽期間，和艾利森‧費雪（Allison Fisher）打的那場球，令我終生難忘。

我曾經和這個世界排名第一的選手交過兩次手，過往一勝一負的戰績，讓我在比賽中得以輕裝上陣。比賽到決勝盤 8 比 8 平手時，局勢對我來說是有利的，可我沒把握好機會。

再者，比賽主場在美國，美國人當然希望自己的選手能贏，所以在我擊關鍵一桿時，主辦方突然廣播通知，說觀眾可以換票離場了，結果有些觀眾就開始在場上走動，這種混亂的局面影響了我的情緒，我最終輸掉了本來可以勝利的比賽。

賽後，我沮喪極了！我跟艾利森這個世界排名第一的頂尖選手已較量到最後，但由於我的失誤，沒能戰勝自己的偶像，這是我無法原諒自己的。

當晚，我徹底失眠。和父親通話時我說：「這場球，我會記一輩子！」

睡不著的時候，我就重溫一個故事：一個女孩在一望無際的沼澤裡行走，但她卻迷路了。聰明的女孩沒有慌亂，而是沿著自己一路留下的腳印回到出發的地方，開始試走新的路線，最終，她離開了茫茫無際的大沼澤。

這個故事再一次鞭策我，即使輸了一場比賽，只要能從中找到失誤和欠缺之處，總能回到起點重新開始。

人不可能事事順利，一路走來，留下腳印，能找到來時的路就好。這件事之後，我思考過，也許，人能贏自己比贏別人要重要許多。

◆ 吃苦是為了做金字塔尖上的人

我的同行說過這樣的話：「潘曉婷能有今天的成績，在意料之中。」可能，他們知道我的付出是常人無法比擬的。

我 15 歲開始在父親的球館裡練球，一待就是 4 年。球館裡有個小屋子，裡面的一張單人床、一個衣櫃就是我全部的財產。

那 4 年裡，父親訂定了嚴格的規矩，每天練球 8 小時至 12 小時，沒有週末，一個禮拜只能休息半天。即使我生病了，上午在醫院吊點滴，下午回到球館還是要補足當天的練球時間。

以前，家裡經濟拮据，父親陪我到北京參加比賽，我們就從山東濟寧乘火車一路站到北京。

在北京，因為沒錢，我和父親只能住 18 元錢一晚的地下室。地下室陰暗潮溼，推門就能聞到刺鼻的霉味。第一次拿了全國冠軍，獎金只有 4,000 元，為了能細水長流，我和父親只點了半份烤鴨。看著那半份香氣撲鼻的烤鴨，我卻痛哭不止。

所有這一切，我都忍受了。因為，我 15 歲開始摸球桿時，父親就說過，要想做到最好，就要比別人付出更多、犧牲更多。

父親當過國家級的足球運動員、籃球裁判，後來改行業做廚師，又被評為魯菜特一級廚師。父親希望我像他一樣，做事要麼不做，要做就要做金字塔尖上的人。為實現這樣的目標，人家練 3 個小時的球，我要多練好幾個小時，這樣才可能趕上別人。

所以，吃不了這份苦，受不了這份罪，趁早放棄，另謀出路；但是，一旦選擇了這條道，想要成功，吃苦就成了最基本的準備。就看人有沒有對苦難的耐受力，耐受力強的人早晚都能品嚐到成功的喜悅。

心靈感悟

對寂寞，有人畏懼，避之；有人喜愛，求之。在職業撞球領域，潘曉婷獲得的冠軍非常多。

這些榮譽的取得，自然和她默默的努力有關。正是因為她多年能夠安於寂寞，艱苦奮鬥，才取得了如此巨大的成就。

耐力，成功的關鍵

聰明人能夠專注於做一件事，直至成功，奧托・勒維（Otto Loewi）就是這樣一個聰明人。勒維是美國的著名醫師及藥理學家，1936 年榮獲諾貝爾生理學及醫學獎。

勒維 1873 年出生於德國法蘭克福的一個猶太人家庭。從小喜歡藝術，繪畫和音樂都有一定的水準。

但他的父母是猶太人，他們對猶太人深受各種歧視和迫害心有餘悸，不斷督促兒子不要學習和從事那些涉及意識形態的行業，要他專攻一門科學技術。他們認為，學好數理化，可以走遍天下都不怕。

在父母的教育下，勒維進入大學學習時，放棄了自己原來的愛好和專長，進入史特拉斯堡大學醫學院學習。

勒維是一位勤奮志堅的學生，他不怕從頭學起，他相信專著於一，必定會成功。他帶著這個心態，很快進入了角色，他專心致志於醫學課程的學習。

心態是行動的推進器，他在醫學院攻讀時，被導師的學識和專心鑽研

精神所吸引。勒維在這位教授的指導下，學業進展很快，並深深體會到醫學也大有施展才華的天地。

勒維從醫學院畢業後，他先後在歐洲及美國一些大學從事醫學專業研究，在藥理學方面取得較大進展。

由於他在學術上的成就，奧地利的格拉茨大學於 1921 年聘請他為藥理教授，專門從事教學和研究。

在那裡他開始了神經學的研究，透過青蛙迷走神經的試驗，第一次證明了某些神經合成的化學物質可將刺激從一個神經細胞傳至另一個細胞，又可將刺激從神經元傳到感知器官。他把這種化學物質稱為乙醯膽鹼。

1929 年他又從動物組織分離出該物質。勒維對化學傳遞的研究成果是一個前人未有的突破，對藥理及醫學上作出了重大貢獻，因此，1936 年他與亨利・戴爾（Henry Dale）獲得了諾貝爾生理學及醫學獎。

勒維是猶太人，儘管他是傑出的教授和醫學家，但也如其他猶太人一樣，在德國遭受了納粹的迫害，當局把他逮捕，並沒收了他的全部財產，被取消了德國籍。

後來，他逃脫了納粹的監察，輾轉到了美國，並加入了美國籍，受聘於紐約大學醫學院，開始了對糖尿病、腎上腺素的專門研究。

勒維對每一項新的科學研究，都能專著於一，不久，他這幾個專案都獲得新的突破，特別是設計出檢測胰臟疾病的勒維氏檢驗法，對人類醫學又作出了重大貢獻。

心靈感悟

決定成功的因素有很多，如一個人的的心理素養，他的人生態度，他的才能資質，他的機遇等。

當然，這些因素雖然都很重要，但僅靠這些還不夠，因為沒有專心致志的毅力，是不可能取得大的成功的。

堅持，石中藏玉

世上傳聞有人在焦山之中學道成仙，因而想進山修道的人一直絡繹不絕。

這天，正是春光明媚的時候。一個名叫何仁的青年正在急急地向前趕路，山道上有兩個人唉聲嘆氣地下來，何仁上去便問：「請問此山中能不能修道成仙？」

下來的一人對他道：「你也想修道啊？慢慢上去熬吧！」另外那個人根本就不答理他。

何仁滿心歡喜地想上山修道，卻沒想到從山上下來的人是這副模樣，不禁有些不解。等到上了山頂，才看見有座破敗的茅屋，茅屋外稀稀拉拉坐了十幾個人，一律盤腿在地上打坐。茅屋中也有個白鬍子的老頭在打坐。

那老者一見何仁來了，就指著地上叫他坐下。老者問他：「你想來學道？」

何仁點頭。

老者又道：「我是太上老君，你想學道的話，就安下心來跟我學吧！」

何仁一聽，高興道：「大家都說學道難，我看不難嘛！」

太上老君微笑道：「的確不難！只要你有恆心，堅持七年就可以開始學了！」

何仁一聽就愣了：7 年啊……我現在 20 歲，7 年之後就 27 歲了！而且才開始學，學到什麼時候呢？何仁小心地問：「那 7 年之後學什麼呢？」

太上老君道：「你看看，還是心急吧！你才來就想學 7 年之後的道，那怎麼可能呢？」

太上老君指著打坐的人道：「這些都是我的徒弟，他們上山最長的有 5 年了！剛才下去的兩個已經熬不住了，他們也學了有 3 年了！你準備學多久呢？」

何仁道：「弟子從小愚笨，但一直都想修道，今日請師傅指點一下，不知能否學成？」

太上老君道：「任何人想學道，都是可以學成的。你能不能學成就看你有沒有心了！」

何仁這下才定下心來：「弟子有心學道！」

太上老君點頭道：「孺子可教也！」

從此，何仁就在山上住下來。每日白天跟著太上老君打坐修道，空閒時出去砍柴挑水。

7 年時間說長也長，說短也短，而太上老君其他的弟子一個個都熬不住下山去了。7 年之後，何仁猛然才發現太上老君身邊只剩下了自己一個人。

這天，何仁小心地問太上老君：「師傅，我修煉了 7 年，但什麼法術

都還不會，你什麼時候能教我呢？」

太上老君道：「天上一日，人間一年。7 年時間對我們修道之人來說，也就是 7 天時間，你如果覺得神仙的日子太寂寞，為師的也不勉強你。外面的世界很精彩啊！所謂煉丹成仙的法術，我平時講道時都一一傳給了你，以後繼續修道就看你自己的悟性和定力了！」

說完，太上老君用手一指，只見一個石磨緩緩地飛了過來，落在何仁的面前。太上老君對何仁道：「我給你一個木鑽，你用它來鑽開石磨。什麼時候鑽開了，你的功力也就練成了！」

何仁見太上老君露了這一手，心裡一下子佩服得五體投地，連忙道：「師傅，弟子明白了！弟子願意聽從師傅的教誨，鑽石磨，修正道！」

太上老君哈哈一笑：「好！今日就是你我分別之日。你好自為之吧！」說完，太上老君拈來一朵白雲，駕乘而去。

於是，何仁便一個人住在焦山頂上，潛心修道，每日用木鑽去鑽石磨。不知不覺中，40 年過去了，那塊石磨也被何仁鑽開了。原來石磨中暗藏一本太上老君留下的修道祕籍。何仁精誠所至，石磨洞開，終於得道成仙。

心靈感悟

成功的道理就是那麼簡單，學習也好，修道也好，做事也好，要想成功，就要有耐力，能夠忍受寂寞。否則，淺嘗則止，學到的永遠只是些皮毛。

如果你想學到精髓，必須靜下心來，仔細地研習。不論是學什麼，還是做什麼，這個道理永遠都是正確的。

堅持，鑄成大業

他是一個漁民的兒子，19 歲那年，帶著多年的積蓄來到波士頓謀生。用 500 美元和一個叫荷頓的販布小商人合夥開了個布店，可不久，兩人便分道揚鑣，合作以失敗而告終。

不久，他另找了了間小房子，和妻子一塊開了間小店，經營針線、鈕釦等小商品。但這些小東西消耗量不大，一包針賣出去可用上幾年，回購率相當低。沒多久，只好關門，把貨物盤給了別人。結果，本錢丟了一大半。

再不久，他又辦了自己的布店。本以為自己經驗老道，能夠駕輕就熟，可操作起來，他發現布匹、服裝雖是熱門商品，但顧客卻習慣與老布店打交道，並不相信他這個外鄉人。因此，生意顯得冷冷清清。

就在他徘徊觀望的時候，美國西部掀起了淘金熱，他也動心了，於是，把存貨又盤給了老員工荷頓，帶著妻子踏上了西去旅程。

一到加利福尼亞平原，他發現這裡的金礦擠滿了淘金者，為了爭奪財富，他們爾虞我詐，你搶我奪。自己若真加入他們的行列，能搶到的利益其實也不多，但發現這裡有無限商機。於是，打定主意，不去淘金，而是攜帶僅有的資本來到舊金山，在舊金山開了一個小店，堅持經營熱門貨。

最初，他看到種淘金用的平底鍋非常好，就購進大批平底鍋，然後以低於其他商店一成的價格出售，不久竟銷售一空，由此賺了一大筆錢。

用這筆錢，他購進了淘金者各式各樣的必需品，一律以低廉的價格出售。

很快，他的店便因貨美價廉、品種齊全在淘金者中享有了聲譽，光顧

的人越來越多，他也因此累積了不少資金。儘管這樣，他還是感到自己要想在商業上取得長足進步，就應該到東部去，只有在那些商業中心，才能創辦一流的商店。

一年之後，他和妻子把商店轉讓了出去，一塊回到麻薩諸塞州，在哈佛山定居下來，開了一家布店。當時，店面很小，但他採用所有商品明碼標價出售的經營方式，很快便顧客盈門。

但由於利潤低，顧客有限，店面開銷很大，過久了，便讓他感到入不敷出，緊接著，連老本也賠進去了，再度陷入困境。

就在此時，老夥伴荷頓找上門來，想和他再次聯手經商，到波士頓開一家商店。他也深深被荷頓的想法打動，但這次失敗使他認識到，要想在商業取得更大成功，僅把店擴大是不夠的，還應找最繁華的地區經營。他打算把店開到紐約去。

荷頓聽完，也只好黯然失神地返回。

他在紐約 14 號街租了一個店面，開始了他商業輝煌的第一步，他首先把重點放在服務措施上，對店員的服務態度要求非常嚴格，不允許店員和顧客發生爭執。

還經常對店員進行不同形式的考驗，請人到店裡幫忙出難題給店員，對不合格的店員，毫不客氣把他解僱。只要能方便顧客，他不斷地改進經營方式滿足他們。在他這裡，每個顧客都會感到自己是上帝，都會得到最好的服務。

除了堅持「薄利多銷」的一貫原則，他還在美國首次實行記帳買貨的方法，這樣一來既方便了顧客，又穩定了客源，促進了銷售。

由於他經營有方，又重視研究市場情況，10 年之後，他的公司便占

了紐約 14 號街的半條街，成為美國當時最大的百貨公司老祖宗之一，直至 100 多年以後的今天，它仍是世界上最大的百貨公司之一美國梅西公司（Macy's, Inc.）。而梅西公司的創始人，就是當年捲著 500 美元打天下的那位年輕人 —— 羅蘭・梅西（Rowland Macy）。

心靈感悟

做任何事都要有堅持的精神，在在各種挫折考驗的打擊下，仍能夠默默堅持的人，才能獲得成功。

商場如拳場，每個拳手都有挨拳頭被人擊倒的時候，問題是，一次次摔倒後，你還能不能頑強地爬起來，總結經驗重整旗鼓，繼續把比賽堅持下去，直至成功為止。

辛苦終有回報

那年，我落榜了。

一個人躲在家裡誰都不想見，也不敢見，總感覺自己是天下最不幸的人，想來想去總覺得命運對自己不公平：為什麼那麼多平時成績不如自己好，學習沒有自己努力的人都考上了大學了，而自己卻偏偏落榜了呢？

時間一天天地過去了，父母每天都在農田裡奔忙著，只有我一個人呆呆地躺在自己的房間裡，在一遍遍地向天、向地不斷地發問。

終於，有一天我待不下去了，扛起鋤頭走出了家門，我家就三塊地，很快便找到了母親，她正在鋤草，烈日下她臉上滿是汗水，我走過去。

那是一塊黃豆地，雜草滿地，幾乎看不到豆苗了，當時，別人家的豆

子都已經老高了，「媽，這豆還能長起來嗎？」我剛鋤幾下，就有點洩氣了，因為僅有的幾棵苗也都被蟲子吃得不成樣子了。

「能，土地不會虧待人！」母親十分堅定地說，「累了，你就到樹下休息一下。」

也許是肚裡憋了考試的怨氣，我一氣做到了天黑，第二天接著鋤，到第三天天黑終於把草鋤完了，整塊地剩下的只有稀稀疏疏的豆苗，黃黃的葉子被蟲子吃得慘不忍睹，看著它們我又落下了淚，這些豆苗真像是考試後的自己一樣的可憐。

當天夜裡，天下了一夜的雨，我的腦子裡滿是被雨水擊打的豆苗的身影，第二天我沒忍心再去看它們。

半個月後，當我再次走進那塊豆地時，看到的卻是一塊整齊碧綠的豆地，我十分驚奇。

兩個月後，顆粒飽滿的黃豆堆滿了院子，在街坊鄰居中，我家的豆子產量最高，母親笑了，指著豆子問我：「孩子，怎麼樣，『土地不會虧待人』吧？唸書也一樣，只要用心，就能有出息。」

當夜想著母親的話，我一夜未睡。

第二天，我便找出了那藏在深處的備考講義……我比過去更加刻苦了，透過一年的發奮苦讀，第二年，我終於如願以償地走入了大學的課堂。

後來我才知道，母親在那塊豆地裡比別人多用了一倍的肥，整整忙了一個多月。

我在吃驚之餘便更加懂得了母親的良苦用心和「土地不會虧待人」的深刻含義，其實不只是種地和讀書，做什麼都一樣，「皇天不負苦心人」。

只要你付出了就一定會有收穫，只要你不懈地努力就一定能成功。

十幾年過去了，那塊豆地和母親的話一直印在我的腦海裡，直到今天，每當我在工作中遇到失敗時，我總是這樣勉勵自己：土地不會虧待人！

心靈感悟

風雨之後見彩虹，付出之後必然會有收穫。一個人，無論做什麼事，碰到什麼挫折與困難，絕不能怨天尤人，或自暴自棄，失去恆心與毅力，應持之以恆，再接再厲，必會有成功與幸福來到身邊，因為「土地不會虧待人」。

偉大作品背後的寂寞

海明威每天早晨 6 點 30 分便聚精會神地站著寫作，一直寫到中午 12 點 30 分，通常一次寫作不超過 6 小時，偶爾延長兩小時。

他喜歡用鉛筆寫作，便於修改。有人說他寫作時一天用了 20 支鉛筆。他說沒這麼多，寫得最順手時一天只用了 7 支鉛筆。

海明威在埋頭創作的同時，每年都要讀點莎士比亞（William Shakespeare）的劇作，以及其他著名作家的鉅著；此外還精心研究奧地利作曲家莫札特（Amadeus Mozart）、西班牙油畫家戈雅（Francisco Goya）的作品。

他說，他向畫家學到的東西跟向文學家學到的東西一樣多。他特別注意學習音樂作品基調的和諧和旋律的配合。難怪他的小說情景交融，濃淡

適宜，語言簡潔清新、獨具一格。

海明威寫作態度極其嚴肅，十分重視作品的修改。他每天開始寫作時，先把前一天寫的讀一遍，寫到哪裡就改到哪裡。

全書寫完後又從頭到尾改一遍，草稿請人家打字謄清後又改一遍，最後清樣出來再改一遍。他認為這樣三次大修改是寫好一本書的必要條件。

他的長篇小說《戰地春夢》(*A Farewell to Arms*) 初稿寫了 6 個月，修改又花了 5 個月，試印出來後還在改，最後一頁一共改了 39 次才滿意。

《戰地鐘聲》(*For Whom the Bell Tolls*) 的創作花了 17 個月，脫稿後天天都在修改，試印出來後，他連續修改了 96 個小時，沒有離開房間。他主張「去掉廢話」，把一切華而不實的詞句刪去。

心靈感悟

當我們看到那些優秀的作品時，可能想像不到，這些都是作家，耐得住寂寞，付出了幾倍甚至幾十倍的精力和心血去完成的！

文中用海明威對工作認真的態度來啟迪我們：做任何事都要靜下心來，專心致志，一絲不苟，全身心投入，這樣才能把事情做好，達到預期效果！

小力量帶來大變化

一位著名的推銷大師，在一生中取得了輝煌的成就，因為年紀大了，他即將告別自己的職業生涯，應人們的邀請，他將舉辦一場演說。

這天，會場上座無虛席，人們在熱切地、焦急地等待著。紅幕徐徐拉

開，舞臺的正中央吊著一個巨大的鐵球。為了這個鐵球，臺上搭起了高大的鐵架。

一位老者在熱烈的掌聲中，走了出來，站在鐵架的一邊。他穿著一件紅色的運動服，腳下是一雙白色軟膠鞋。

人們驚奇地望著他，不知道他要做出什麼舉動。兩位工作人員抬著一個大鐵錘，放在老者的面前。主持人邀請兩位身體強壯的聽眾到臺上來，推銷大師請他們用大鐵錘去敲打那個吊著的鐵球，直到把它蕩起來。

年輕人掄起大錘奮力向那吊著的鐵球砸去，一聲震耳的響聲後，吊球動也沒動。他們用大鐵錘接二連三地砸向吊球，很快就氣喘吁吁，還是未能將鐵球打動。

會場寂靜無聲，這時，推銷大師從上衣口袋裡掏出一個小錘子，然後開始認真地面對著那個巨大的鐵球敲打。他用小錘對著鐵球「咚」地敲了一下，然後停頓一下，再用小錘敲一下。

人們奇怪地看著，老人就那樣「咚」地敲一下，然後停頓一下，就這樣持續地做。

10 分鐘過去了，20 分鐘過去了，30 分鐘過去了，會場早已開始騷動，人們用各種聲音和動作發洩著自己的不滿。

老人仍然用小錘不停地敲著，彷彿根本沒有看見人們的反應。許多人憤然離去，會場上到處是空著的座位。

40 分鐘後，坐在前排的人突然叫道：「球動了！」

霎時間，會場又變得鴉雀無聲，人們聚精會神地看著那個鐵球。那個球以很小的弧度擺動了起來，不仔細看很難察覺。大師仍舊一小錘一小錘地敲著，人們默默地聽著那個錘敲打吊球的聲響。

　　吊球在大師一錘一錘的敲打中越蕩越高，它拉動著那個鐵架子「咿咿」作響，它的巨大威力強烈地震撼著在場的每一個人。

　　年輕人用大錘也沒有打動的鐵球，在大師小錘的敲打中卻劇烈地擺盪起來，終於，場上爆發出一陣陣熱烈的掌聲。

心靈感悟

　　沒有什麼事情是可以一蹴而就的，通往成功的道路往往是曲折而漫長的；它需要我們有持久的耐心以及不斷奮進的動力。

　　如果你沒有足夠的無奈等待成功到來，那麼你就得用一生的耐心去面對失敗。

忍受成功前的孤獨與荒蕪

　　寂寞是無時無刻不在創業者的心夢裡出現的夢魘。

　　在挫折面前，即使流淚也只能自己抹去淚水。創業失敗的原因有時不是可能不在外部在困難，而在創業者自己無法踰越的承受精神障礙上的壓力。

　　寂寞是無時無刻不在創業者的心夢裡出現的夢魘。在挫折面前，即使流淚也只能自己抹去淚水。尤其選擇獨自起家個人創業的創業者更難體會能感受到集體歸屬感的溫暖。

　　可是人已在路上，又必須走下去。創業失敗的原因有時不是可能不在外部在困難，而在創業者自己無法踰越的承受精神障礙上的壓力。

　　因此，做好心理預防顯得防範非常必要。如果在創業之前，沒有打做好這樣的心理基礎預期，後果「很嚴重」，很有可能最終導致事業未競人已累。

阿毅出生在一個邊遠小鎮，家裡經濟條件不是很好，上大學也是父母東拼西湊，從親戚朋友那裡借錢，才勉強支持他讀完大學。

大學畢業後，他和很多年輕人一樣，抱著滿腔熱情奔向城市。但是由於他的專業是政治與教育，很難找到一份薪水不錯又合適的文書工作。

後來，經在朋友介紹，他得以在一家貿易公司做文書處理、送檔案的工作以勉強度日。

在這段日子裡，阿毅不停得在思考自己未來的路該怎麼走。一次偶然機會，一天他讀了看到一本介紹世界數十位富翁白手起家的傳記後，他備受鼓舞，於是決定自己創業。

由於自己沒有什麼資金積蓄，決定先從擺地攤做起。他從禮品市場進了 100 多塊錢的小飾品，在人流量很大的超市門口開始了他的創業生涯。

可是奇怪的是，幾天下來，一件也沒買出去。是自己的東西不好嗎？阿毅心裡再次遭受打擊挫折。他決定改該賣草頭娃娃，可是產品還就是沒有賣不出去。

後來旁邊其他擺地攤的人告訴他，這些飾品在這個地段不會有銷量，因為旁邊不遠一條街聚集了很多精品店，商品品種多，而且價格也很低廉。

阿毅的第一次創業就這樣宣告失敗了。但是他對自己說，再苦再難自己一定要堅持下去。

後來，他發現深圳每天要處理的生活廢品很多，回收的人卻很少。一旦家裡積存了有廢品，卻很難找到收購的人。

於是他決定想自己建立一個平臺，市民只需要在網站上填上相關訊息，業務員親自上門來回收。

阿毅不懂什麼 IT 技術，沒有什麼積蓄，於是自己邊學邊做，硬是自

學 IT 技術，開設了一個網站。

沒有錢僱傭業務員，他就自己親自去收。這樣一天下來常常城東跑到城北，有時光上下樓十幾趟，晚上累得腰痠背痛。

阿毅有時候自己想想都想掉淚，很想跟家裡人傾訴。但是他知道現在只能自己先扛下來，再難再孤獨也要堅持。好在很快他熱情及時的服務被很多客戶誇讚獎，還把自己的親戚朋友介紹給他，他的業務也越來越多。

兩個月後，阿毅賺到了 10,000 元。三個月後他又僱傭了兩個業務員，生意的規模也逐漸擴大了。

阿毅的創業道路也開始平坦寬闊起來。如願以償地當上了小老闆。

心靈感悟

但凡成功都要經歷孤獨寂寞的。但是這種孤獨寂寞是暫時和區域性的，耐得住，撐過去就是豔陽天。因為在孤寂中，我們才能夠保持清醒，隨時捕捉各種機會。

即使抓住機會後，我們仍然可能會遇到各種阻力，例如別人的譏諷，自己的懈怠等。因此，此時，我們仍然要耐得住寂寞，認真做事，直至成功。

持久方能成就非凡

蘇格拉底是古希臘的大哲學家，他曾經出過兩個考題給他的學生。第一道考題是這樣的：

一天，他對學生們說：「今天我們只學一件最簡單也是最容易做的事，

即把你的手臂盡量往前甩，再盡量往後甩。」

然後，自己示範了一遍，「從現在開始，每天甩臂 300 下，大家能做到嗎？」

學生們可能感到這個問題可笑，這麼簡單的事怎麼能做不到呢？便一起回答：「能！」

過了一個月，蘇格拉底問道：「每天甩臂 300 下，哪些同學堅持了？」有 90% 以上的學生驕傲地舉起了手。

兩個月後，當他再次提到這個問題時，堅持下來的學生只有 80%。

一年後，蘇格拉底再次問道：「請你們告訴我，最簡單的甩臂運動，還有哪些同學堅持每天做？」

這時候，只有一個學生舉起了手，這個學生叫柏拉圖，他後來成為了古希臘的另一位大哲學家。

還有一個故事講到，蘇格拉底曾經給他的學生們又出了一道難題，讓他們每個人沿著一壟麥田向前走去，不能回頭，搞到一束麥穗，看能不能拔到最大最好的。

對蘇格拉底的這道考題，答案不外乎兩種：一種是學生們根據自己平時的經驗，先在自己的心裡定下一個大體的標準，走上一段特別是在走過一半或三分之二的路程後，遇見差不多的便摘下來。

也許這就是最好的，也許後面還有比這更好的，但不能好高騖遠，就這樣「認了」。

另一種答案是一直往前走，總覺得前面會有更好的麥穗。這時要麼放棄選擇，寧缺毋濫，要麼委屈自己，隨便湊一束，而心裡卻是萬分懊悔。

蘇氏的兩個考題，第一道啟發人們，成功在於堅持，堅持是最容易做

到的事，只要願意，人人都能做到。

　　堅持又是最難的事，因為真正能做到的，終究是少數人，柏拉圖堅持做到了，他後來就能成為古希臘的另一位大哲學家。也許正因為柏拉圖做到了這一點，他給後人留下一句名言：「耐心是一切聰明才智的基礎。」這應當說是經驗之談，也是肺腑之言。

　　蘇氏的第二個考題則告訴我們，在追求目標時要把握好時機。我們在自己的奮鬥和追求過程中，應為自己定好座標，通盤審視，在適宜自己發展的情況時就要當機立斷，莫要遲疑，選擇出屬於自己的那束「麥穗」。

　　千萬不要左挑右挑，挑花了眼，挑走了神，其結果事與願違，高不成低不就。

　　凡事講起道理來好說，真正辦起來總有一定的距離。「堅持」和「選擇」，看起來是兩碼事，實際上又有著協調統一的一面，堅持是對一個人意志和品德的考驗，選擇是對一個人洞察力的檢驗，選擇離不開判斷與比較，離不開對自己的定位。

心靈感悟

　　柏拉圖因為能堅持到底，最終他成為了大哲學家，這個故事告訴我們，沒有什麼事情是可以一蹴而就的，沒有恆心的人永遠也與成功無緣，只要讓煩躁的心靈歸於平靜，耐心地堅持，一步一步，踏踏實實便沒有什麼是不可能的。

　　只有志向明確，深思熟慮，選擇才可能正確，才有可能達到最佳效果，一個人只要對自己和社會負責，謹慎為其定位，並能堅持不懈，持之以恆，要成就大業，就不會太難。

走完下一步

西華‧萊得是英國知名作家兼戰地記者，二戰結束後，他接了一個每天寫一個廣告的工作，出於信任，廣告商並沒有跟他簽訂合約，也沒有明確一共需寫多少個廣告劇本。

心無旁騖的萊得這樣不停地寫下去，結果連續寫完了 2,000 個廣告劇本。

他在事後很有感慨地說：「如果當初簽的是一張寫 2,000 個劇本的合約，我一定會被這個數目嚇倒，甚至把它推辭掉。」

在 1983 年，蜘蛛人伯森‧漢姆徒手登上了 400 多公尺高的紐約帝國大廈，創造了金氏世界紀錄。當時，他的 93 歲高齡的曾祖母聽到這一訊息後，決定從 100 公里外的葛拉斯堡羅步行趕往漢姆在費城的住所。

老人要以這種特殊的方式，為重孫子的創紀錄慶祝活動添彩，她剛一到達費城，便被在場的十幾名記者圍住了。因為她的這一舉動，又創造了一個耄耋老人徒步百來公里的世界紀錄。

一名《紐約時報》的記者問這位老人，哪來這麼大的勇氣，是否因為年齡等原因動搖過。

老人面對記者的驚奇與疑問，很平靜地說：「要知道，向前邁一步是不需要勇氣的，只要你邁一步，接著再邁一步，然後再邁一步，100 公里也就走完了。」

從老人睿智的回答中，記者們一下就明白了漢姆登上帝國大廈的祕訣，原來他有向上前進一步的勇氣。漢姆的祕訣和他曾祖母的回答被報導出來後，引起不小的轟動，許多年輕人都把「走完下一步」作為自己的座右銘。

有一點需要補充的是，一些不同行業的成功人士就此話題在接受電臺的採訪時，都一致認為：創造出奇蹟的人，憑藉的都不是最初的那點勇氣，但是隻要把最初那微不足道的一點勇氣保持到底，任何人都能創造奇蹟，也一定會成功！

心靈感悟

「走一步路是不需要勇氣的，只需朝著選準的目標，一步接一步地走下去，成功就自然地擁抱了你。」

這個關於成功的原則其實很簡單，只不過有些人因為過於好高騖遠，而忽略了邁開腳步，或者沒有堅持走下去的信心，因而也就失去了擁抱成功的機會。

人生，以結果論英雄

1867 年，瑪麗誕生於波蘭首都華沙。她的父親是國中的數學和物理老師，母親當過小學校長。瑪麗從小就愛好科學，父親房間裡放著的物理儀器、礦物標本等，都引起了她的興趣。

1890 年，瑪麗帶著積蓄下來的錢，隻身來到法國，進入巴黎大學理學院讀書。

在巴黎求學的 4 年裡，瑪麗以非同凡響的毅力過著一種貧寒卻高尚的生活，克服了常人難以想像的困難。

在漫長的冬季，住在頂層閣樓中的瑪麗因寒冷而無法入睡，她便從箱子裡取出所有的衣服穿在身上或蓋在被子上，有時她甚至把椅子拉過來壓

在被子上取暖。

對科學知識無止境的追求，使她忘記物質上的困窘，她似乎被一種神奇的力量驅使著，在科學的海洋裡漫遊，不知疲倦，永不停歇。

為實現自己的抱負，她放棄一般年輕女子的快樂享受，過著與世隔絕的枯燥生活，縈繞在她頭腦中的只有學習和工作。

她對自己的要求始終很高，她不滿足一個物理學碩士學位，她還要爭取獲得數學碩士學位，她不斷鞭策自己在科學研究的道路上奮勇向前。

就是憑著這種堅忍不拔、永遠進取的頑強精神，才使她在科學領域裡逐漸顯露頭角，並且最終成為一顆耀眼的明星。

1895 年，瑪麗和居禮結婚。以後，人們才開始稱瑪麗為瑪里‧居禮。後來，在世界上他們第一次發現並提取了放射性元素鐳。

瑪里‧居禮是工作條件是很艱苦的，裝置相當簡陋。在提取和尋找鐳的過程中，瑪里‧居禮常常在她的「實驗室」裡搬成袋子的瀝青礦渣，把它們倒在一口大鐵鍋裡，用粗棍子攪拌。

由於瑪里‧居禮只是理論上推測但無法證明新元素鐳，所以巴黎大學的董事會拒絕為她提供她所需要的實驗室、實驗裝置和助理員，她只能在校內一個無人使用的四面透風漏雨的破舊大棚子裡做實驗。

她工作了 4 年，最初兩年做的是粗笨的化工廠的工作，不斷的溶解分離，最後剩下的就是鐳。

經過 1,000 多個日夜的辛苦工作，8 噸小山一樣的礦渣最後只剩下小器皿中的一點液體，再過一會兒將結晶成一小塊晶體，那就是新元素鐳！

當她滿懷希望抑制住激烈跳動的心朝那隻小玻璃器皿中看時，她看到 4 年的汗水和 8 噸的瀝青礦渣最後的結果只是一團汙跡！

假如換了別人，也許會很生氣，大發火，然後把那個小器皿連同裡面的那團汙跡摔得粉碎！但是瑪里‧居禮沒有，幸虧沒有。

瑪里‧居禮疲倦地回到家，晚上她躺在床上，還在想著那團汙跡，想找出失敗的原因：「如果我知道為什麼失敗，我就不會對失敗太在意了。

為什麼只是一團汙跡，而不是一小塊白色或無色晶體呢？那才是我們想要的鐳。」瑪里‧居禮像是對自己又像是對居禮先生說著。

突然，她眼睛一亮：也許鐳就是那個樣子，不像預測的那樣是一團晶體。他們起身跑到實驗室，還沒等開門，瑪里‧居禮就從門縫裡看到了她偉大的「發現」：器皿裡不起眼的那團汙跡，此時在黑夜中發出耀眼的光芒。

這就是鐳 —— 一種具有極強放射性的新被發現的元素！

心靈感悟

成功之路是坎坷的，也是漫長的，因此也只有少數的人能夠堅持走完。大多數人因為太早放棄或者把結果想像得過於美好，就與成功失之交臂了。也許當我們被現實的困難壓得喘不氣來的時候，成功的光亮就眼前。

毅力造就非凡人生

1965 年，我在西雅圖一間學校圖書館擔任管理員。一天，有同事推薦一個四年級學生來圖書館幫忙，並說這個孩子聰穎好學。

不久，一個瘦小的男孩來了，我先告訴圖書分類法，然後讓他把已歸

還圖書館卻放錯了位的圖書放回原處。

小男孩問：「像是當偵探嗎？」

我回答：「那當然。」

接著，男孩不遺餘力在書架的迷宮中穿來插去。中場休息時，他已找出了三本放錯地方的圖書。

第二天他來得更早，而且更不遺餘力。做完一天的活後，他正式請求我讓他擔任圖書管理員。

又過兩個星期，他突然邀請我到他家做客。吃晚餐時，孩子母親告訴我他們要搬家了，到附近一個住宅區。

孩子聽說轉校卻擔心：「我走了誰來整理那些站錯隊的書呢？」

我一直記掛著他。但沒過多久，他又在我的圖書館門口出現了，並欣喜地告訴我，那邊的圖書館不給學生做，媽媽把他轉回我們這邊來上學，由他爸爸開車接送。「如果爸爸不帶我，我就走路來。」

其實，我當時心裡便應該有數，這小傢夥決心如此堅定，則天下無不可為之事。我可沒想到他會成為訊息時代的天才、微軟公司（Microsoft）老闆、美國首富 —— 比爾蓋茲（Bill Gates）。

心靈感悟

在許多傑出人物身上，總有還有一些優於常人的閃光點。在成名之前，這些異象猶如稍縱即逝的流星難以被人察覺，大多在功成名就之後，人們才能體會他們當初的不凡，然後細細品味，詳加揣摩。

但不管事前或事後的記錄，無疑都是給人類的一份珍貴的禮物。

永不言棄

英國前首相溫斯頓·邱吉爾（Winston Churchill）是一個非常有名的演說家，他生命的最後一次演講是在一所大學的畢業典禮上，那次演講的全過程大概持續了 20 分鐘，但是在那 20 分鐘內，他只講了兩句話，而且都是相同的：堅持到底，永不放棄，堅持到底，永不放棄！

這場演講是成功演講史上的經典之作。邱吉爾用他一生的成功經驗告訴人們：成功根本沒有什麼祕訣可言，如果真是有的話，就是兩個：第一個就是堅持到底，永不放棄；第二個就是當你想放棄的時候，回過頭來看看第一個祕訣，堅持到底，永不放棄。

在成功的道路上要具有敏銳的目光、果斷的行動和堅持的毅力。用你敏銳的目光去發現機遇，用你果斷的行動去抓住機遇，最後還要用你堅持的毅力才能把機遇變成真正的成功。

人生有兩杯水，一杯是苦水，一杯是甜水，只不過不同的人喝甜水和喝苦水的順序不同，成功者都是先喝苦水，再喝甜水；一般人都是先喝甜水，再喝苦水。

毅力非常重要，面對挫折時，要告訴自己：要堅持，再來一次，因為這一次的失敗已經過去，下次才是成功的開始。

人生的過程是一樣的，跌倒了，爬起來。只是成功者跌倒的次數比爬起來的次數要少一次，平庸者跌倒的次數比爬起來的次數多了一次而已，最後一次爬起來的人我們就叫他成功，最後一次爬不起來，不願爬起來，喪失堅持的毅力的人就叫失敗。

心靈感悟

　　失敗的本質就是這個失敗根本就沒有失敗，只是暫時地還缺乏成功的條件。

　　所以面對挫折時，正確的做法是絕對不可以輕易低頭認輸，而是要勇於堅持，堅持，再堅持。

等來的成功，耐心與堅持的生活哲學：

學會等待，即使失敗仍要挑戰！享受生命中的每一刻，毅力造就非凡人生

作　　者：吳勵名，悠然

發 行 人：黃振庭

出 版 者：崧燁文化事業有限公司

發 行 者：崧燁文化事業有限公司

E-mail：sonbookservice@gmail.com

粉 絲 頁：https://www.facebook.com/
　　　　　sonbookss/

網　　址：https://sonbook.net/

地　　址：台北市中正區重慶南路一段六十一號八
　　　　　樓 815 室

Rm. 815, 8F., No.61, Sec. 1, Chongqing S. Rd.,
Zhongzheng Dist., Taipei City 100, Taiwan

電　　話：(02)2370-3310

傳　　真：(02)2388-1990

印　　刷：京峯數位服務有限公司

律師顧問：廣華律師事務所 張珮琦律師

國家圖書館出版品預行編目資料

等來的成功，耐心與堅持的生活哲
學：學會等待，即使失敗仍要挑
戰！享受生命中的每一刻，毅力造
就非凡人生 / 吳勵名，悠然 著 . --
第一版 . -- 臺北市：崧燁文化事業
有限公司，2024.03
面；　公分
POD 版
ISBN 978-626-394-065-9(平裝)
1.CST: 成功法 2.CST: 自我實現
177.2　　113002037

定　　價：399 元

發行日期：2024 年 03 月第一版

◎本書以 POD 印製
Design Assets from Freepik.com

電子書購買

臉書

爽讀 APP